Elisabeth Moltmann-Wendel · Maria Schwelien ·
Barbara Stamer
Erde – Quelle – Baum
Lebenssymbole in
Märchen, Bibel und Kunst

Elisabeth Moltmann-Wendel
Maria Schwelien
Barbara Stamer

ERDE
QUELLE
BAUM

Lebenssymbole in Märchen, Bibel und Kunst

KREUZ

Die Deutsche Bibliothek – CIP-Einheitsaufnahme

Erde – Quelle – Baum : Lebenssymbole in Märchen – Bibel – Kunst /
Elisabeth Moltmann-Wendel; Maria Schwelien; Barbara Stamer. –
Orig.-Ausg. – Stuttgart : Kreuz-Verl., 1994
 ISBN 3-7831-1289-3
NE: Moltmann-Wendel, Elisabeth; Schwelien, Maria; Stamer, Barbara

1 2 3 4   97 96 95 94

© Kreuz Verlag GmbH, Stuttgart 1994
Postfach 800669, 70506 Stuttgart, Tel. 0711–788030
Umschlaggestaltung: Jürgen Reichert, Stuttgart
Umschlagbild: Fragment 1b/c aus der Exultetrolle Barb.lat.592,
Biblioteca Apostolica Vaticana
© Chr. Belser, AG für Verlagsgeschäfte, Zürich
Abbildung S. 236: Magritte, René: La Voix du Sang, 1959
© VG Bild-Kunst, Bonn 1993
Gesamtherstellung: Wilhelm Röck, Weinsberg
ISBN 3 7831 1289 3

Inhalt

Einführung 9

I. DIE ERDE 15

1. Die Erde im Märchen 19
Barbara Stamer

Die Erde in den Vorstellungen des Mythos 19
Die Bedeutung der Erde im Märchen 25
Die Große Mutter – der Lebens- und Todesaspekt ... 26
Die Erde – die Liebes- und Lebensgöttin 31
Die Erde – die Göttin der Gebärenden 32
Die Erde als verschlingende, rächende Kraft 36
Die Erde als Schöpfergöttin 37
Die Erde als verwandelnde Kraft 38
Die Große Göttin in Gestalt der drei
  Schicksalsgöttinnen 39
Texte 42

2. Die Erde in der Bibel 53
Elisabeth Moltmann-Wendel

Die Erde in biblischer und nachbiblischer Tradition .. 53
Die Erde als mütterliche, selbsttätige Kraft 54
Die gerechte und richtende Erde 56
Die Erde als verschlingende Mutter 59
Die verwandelnde Erde: Sterben und Auferstehen ... 61
Der Mensch – ein Stück Erde 64
Die Erde – Ursprung eines kosmischen Erlösers 68
Texte 71

3. Die Erde in der Kunst 74
Maria Schwelien

Die Erde in Kunst- und Kulturgeschichte 74
Die Höhle birgt das Göttliche 76
Die Schicksalsgöttinnen und Maria 77
Die nackte Erde 79

Die Madonna im Ährenkleid 79
Der Granatapfel 81
Die Erdgöttin in Gestalt der schwarzen und braunen
   Madonnen 83
Bilder 88

II. QUELLE/WASSER 101

1. Quelle/Wasser im Märchen 104
Barbara Stamer

Das Symbol des Wassers im Mythos 104
Das Symbol von Quelle und Wasser im europäischen Volksmärchen 109
Das Wasser des Lebens – heilend, verwandelnd,
   verjüngend 109
Der Brunnen als Ort erotischer Begegnung 112
Der Brunnen als Ort der Verwandlung,
   der Erneuerung, der Geburt 114
Das Wasser als Wohnstätte des Göttlich-Numinosen .. 117
Texte 120

2. Quelle/Wasser in der Bibel 129
Elisabeth Moltmann-Wendel

Quelle/Wasser in biblischer und nachbiblischer Tradition 129
Brunnen/Quelle als Grundlage von Leben und
   Wohlstand 130
Der Brunnen als Ort erotischer Begegnung 130
Der Brunnen als Ort göttlicher Offenbarung 132
Gott, der Schöpfer der Brunnen und Quellen 133
Die Quelle des Lebens – Symbol für Gott 133
Der Mensch – eine lebendige Quelle 134
Gib mir zu trinken 136
Texte 142

3. Quelle/Wasser in der Kunst 146
Maria Schwelien

Quelle/Wasser in Kunst- und Kulturgeschichte 146
Das Urelement Wasser 146

Die erotische Qualität des Wassers 147
Wassergöttinnen und Nixen 150
Maria als lebensspendende Quelle 151
Quellgöttinnen und Brunnenheilige 156
Die Wallfahrtskirche Maria Brünnlein 159
Bilder 162

III. DER BAUM 167

1. Der Baum im Märchen 171
Barbara Stamer

Heilige Bäume und Baumkulte in den alten
Kulturen 171
Der Baum in der Mythologie 173
Das Symbol des Baumes im europäischen
Volksmärchen 176
Der Lebensbaum 176
Der Weltenbaum 179
Der Schicksalsbaum 180
Die Baummutter – der matriarchale Aspekt 182
Der Baum als Schutz und Zuflucht 184
Texte 186

2. Der Baum in der Bibel 199
Elisabeth Moltmann-Wendel

Der Baum in biblischer und nachbiblischer
Tradition 199
Bäume als Schutz und Speise 200
Heilige Bäume 202
Weltenbaum/Lebensbaum als Herrschaftskritik 204
Matriarchales Denken 206
Baumspuren in jüdischer und christlicher Tradition . . 208
Texte 212

3. Der Baum in der Kunst 217
Maria Schwelien

Der Baum in Kunst- und Kulturgeschichte 217
Adam, Eva, der Paradiesbaum und die nordische
Mythologie 217

Die ägyptische Baumgöttin 219
Baumkulte im frühen Christentum 220
Der Olivenbaum 221
Daphne und der Lorbeerbaum 223
Der Marienbaum 223
Das Kreuz – der Lebensbaum 224
Mariendarstellungen im Baum 226
Nymphen, Feen und Waldgeister 227
Die drei Madeln 228
Das Baumhaus 229
Bilder 231

Sachregister 238
Allgemeine Literaturhinweise 239
Spezielle Literatur zu Mythos und Märchen 240

Einführung

Erde, Quelle, Baum gehören zu den *Grundelementen des Lebens*. Die Erde gibt uns Nahrung, und in ihren Schoß kehren wir alle zurück. Quellen geben Wasser, ohne das kein Mensch, kein Tier, keine Pflanze leben könnte. Bäume schützen vor Sonne und Wind, schützen den Boden vor Zerstörung. Die Erde, die Quellen, die Bäume aber sind gefährdet. Das wissen wir aus täglichen Nachrichten. Die Erde ist in vielen Teilen vergiftet, den Quellen wird das Wasser abgegraben, und das Trinkwasser wird immer knapper. Das Baumsterben nimmt kein Ende. Wird das Leben auf dieser Erde absterben? Wird unsere Tierwelt, unsere Pflanzenwelt und werden wir selbst in den nächsten Generationen überleben? Das ist die bedrängende Frage, die sich heute viele Menschen stellen.

Erde, Quelle, Baum sind aber auch *uralte Symbole der menschlichen Kultur*. Sie sind profane Erscheinungen, die aber als lebenswichtige Elemente zugleich auch auf unsere Ursprünge verweisen und das Geheimnis des Lebens und Entstehens, des Wachsens und Sterbens darstellen. Sie sind in unterschiedlicher Form Zeichen der Vitalität, der Ausweitung unseres Daseins, der Durchdringung der Welt, des organischen Wachstums. Zugleich können sie das Ende von Fruchtbarkeit und Lebenskraft anzeigen. Sie können die menschliche Angst vor der Endlichkeit ausdrücken: die Erde, die für die Toten ihren Schoß öffnet, die Quelle, die versiegt, der Baum, der abstirbt, weil er zu groß wurde. Mit diesem Geheimnis des Lebens stellen sie etwas Heiliges dar und manifestieren es zugleich. Alle drei sind Muttersymbole, die uns nicht als Kopfgeburten ausweisen, sondern uns an die heilige Materialität unseres Daseins erinnern. In unserer vergeistigten Religiosität, in unserer funktionalen Gesellschaft zeigen sie Wege zum Ganz-Werden auf.

Lange haben wir in unserer rationalen und technischen Kultur beides vergessen: die Grundelemente des Lebens, aber auch ihre Symbole. Heute entdecken viele sie mit ungestümer Gewalt wieder. Sie werden in verschiedenen Kontexten gesehen, im religiösen, im matriarchalen, im kirchlichen. Sie werden gebraucht, um das Innen und das Außen zu spiegeln. Bedeuten werden sie uns auf Dauer aber nur etwas, wenn ihre profanen Urbilder mit der ihnen angemessenen Ehrfurcht wieder geehrt und gefürchtet werden. Sterben sie hier weiter, wird auch ihr Symbolcharakter uns wenig erreichen können. Wie können wir die schützende, mütterliche Kraft der Erde spüren, wenn sie rings um uns giftig ist? Wie können wir Wurzeln schlagen und uns ausbreiten, wenn unsere Bäume keine Modelle mehr sind? Wie können wir lebendig und phantasievoll aus uns selbst werden, wenn die Quellen versickern? Nur indem Erde, Quelle und Baum wieder in unserer Lebenswelt Räume finden, werden auch Menschen mit Erde, Quelle und Baum sich wieder »erden«, werden sie zu ihren Quellen und zu ihren Wurzeln zurückfinden. Chemie und Technik allein werden auch Erde, Quelle und Baum nicht retten. Es braucht das Zusammenspiel von Natur und Mensch; es braucht neben der Technik die Intuition und Phantasie des betroffenen Menschen, um der betroffenen Natur beizustehen. »Wir müssen uns selbst heilen, um für die Schöpfung zumutbar zu werden«, so hat es einer ausgedrückt. Vielleicht ist das eine, nicht die Bedingung des anderen. Vielleicht muß beides parallel laufen. Wir sind zusammen gefährdete Gefährten. Dennoch: wohlhabende Banken und Versicherungsgesellschaften in New York bauen so, daß sich der Besucher, betritt er das Gebäude, zuerst einmal wie in freier Natur wähnen kann, denn er ist augenblicklich umgeben von einer riesigen Gartenanlage mit Bäumen, Büschen und über Felsen herunterplätschernden Bächlein; so gesehen in der Chemical Bank in der Park Avenue 270 in New York. Aber ist das nicht eine Illusion?

Wir – eine *Märchenforscherin*, eine *Theologin* und eine *Kunstgeschichtlerin* – sind diesen drei Lebenssymbolen in unseren unterschiedlichen Kontexten nachgegangen. *Märchen, Bibel, Kunst* sind die Bereiche, in denen wir arbeiten und in denen wir immer wieder auf diese Symbolik in ihrer *Profanität* und in ihrer *Heiligkeit* stoßen. Märchen, Bibel, Kunst sind nun allerdings drei höchst unterschiedliche, für manche sogar höchst widersprüchliche Medien. Warum haben wir sie zusammengestellt?

Einführung

Das *Märchen* nimmt uns in den Prozeß der Verzauberung, der Erlösung und Selbstfindung mit. Es entwirft Bilder vom gelingenden Leben. Durch Tapferkeit befreit der Held/die Heldin Lebenskräfte und bringt Erlösung. Die Fabulierkunst des Märchens beflügelt unsere Phantasie, das Märchen erfaßt uns ganz, es inspiriert Kopf und Gemüt. Das Märchen ist die Urform der menschlichen Kommunikation, in allen Völkern und Sprachen beheimatet, in seiner Symbolsprache ist es universal. Es enthält Lebenserfahrungen und Weisheiten vieler Generationen. In der Vielfalt der Märchenvarianten ist stets ein »archetypisch verstehbares Grundmuster« (Heinz Rölleke) zu entdecken. Der Märchenheld/die Märchenheldin befindet sich auf einer Fahrt in die Anderswelt, muß unzählige und übermenschliche Leiden und Gefahren durchstehen, die Dunkelseiten des menschlichen Daseins erkennen und überwinden, d. h. stellvertretend für jedes Ich sich mit den Grundsituationen des Lebens auseinandersetzen: mit Not und Glück, Einsamkeit und Partnerschaft, Tod und Geburt, Haß und Liebe. Märchen enthalten einen Reichtum seelischer Erfahrungen, einen unerschöpflichen Schatz an Wissen, der den tiefsten Schichten unserer Psyche entspringt. C. G. Jung (tiefenpsychologischer Ansatz der Märchendeutung) bezeichnet das »archetypische Phantasiematerial«, das die Märchen uns liefern, als wertvollen Zugang zum Unterbewußten. Die symbolische Bilderwelt des Märchens bedeutet so viel wie sich selbst verstehen; wir selbst finden uns wieder im Märchen. »Das Abgespaltensein von dieser Bilderwelt aber bedeutet ein Getrenntsein von der eigenen Lebensquelle« (Marie-Louise von Franz).

Die Märchengestalten sind keine »normalen« Menschen mit Gefühlen wie Angst und Freude, die einer realen Welt entstammen, sondern es sind gleichbleibende Ur-Typen, d. h. archetypische Gestalten, die in bildhafter und symbolischer Sprechweise, ähnlich dem Mythos, von den elementaren Konflikten der Menschen erzählen. Erich Fromm weist in seinem Buch »Märchen, Mythen und Träume« auf den erstaunlichen Zusammenhang zwischen den »ältesten Schöpfungen der Menschheit« und den oft rätselhaften Träumen des modernen Menschen hin. »Aber trotz aller Unterschiede haben alle

Mythen und Träume eines gemeinsam: alle sind in der gleichen Sprache, der symbolischen Sprache geschrieben.« Für die Menschen der alten Kulturen waren Mythen und Träume die bedeutendsten Ausdrucksformen des menschlichen Geistes, Quelle der Weisheit. Auch die Schreiber der alttestamentlichen Texte konnten diese Symbolsprache verstehen und anwenden. Der moderne Mensch muß sie wieder erlernen, um Wesentliches über sich und seine Eingebundenheit in die kreatürliche Schöpfung zu erfahren.

Die *Bibel* ist eher ein Erzählbuch mit unterschiedlichen historischen, lyrischen, erzählenden Texten und Geschichten. Sie erzählt von Gefangen-Sein, von Befreiung und Selbstfindung – eine Selbstfindung, die immer auch eine Gotteserkenntnis ist. Die Menschen sind von Fleisch und Blut, haben Ängste und Freuden. Sie scheitern und straucheln. Gelingendes Leben und Glück ist nicht die Norm.
Die Frage ist, wie geht die Bibel mit Lebens- und Ursprungssymbolen um? Okkupiert Gott sie? Ist Gott nicht alles in allem? Ist er nicht Urheber und Schöpfer von Erde, Baum und Quelle? Manche christlichen Vorstellungen und auch Theologien lassen diesen Schluß zu. Doch sehen wir genau hin, dann haben Symbole, auch Ursprungssymbole, eine eigene Bedeutung in der Bibel. Gott ist nicht der große Okkupator. Zwar wird er hin und wieder in Polemik gegen heidnische Kultur als Inbegriff solcher Lebens- und Ursprungsvorstellungen proklamiert, aber auch die Erde ist selbständig, auch der Mensch ist Quelle, auch der Baum hat eine eigene Heiligkeit. So kann neben den biblischen Gott in der Spätzeit Israels die Zweiggöttin gestellt werden. Eros und Sexualität in ihrer lustvollen Eigenständigkeit sind in vielen Schriften nicht unterdrückt wie in der späteren Kirche, sondern Motivation physischen und geistigen Lebens. Nicht allein der Himmel, auch die Erde wird als Ursprung von Heil und Heiland gesehen. Der biblische Gott ist weiter und reicher, als es uns manche patriarchalen Vorstellungen vorgegaukelt haben. Er – und viele Menschen nennen ihn heute »sie« – braucht die kosmischen und menschlichen Energien, die in der Welt wirken. Symbolfor-

schung läßt dieses Gott-Sein farbiger, plastischer, realitätsnäher sehen.

In ihren unterschiedlichen Literaturformen und ihren auch verschiedenen Anschauungen vom Menschen, ihren pessimistischen und ihren hoffnungsvollen Weltsichten wird ein Trend der Bibel aber immer durchbrechen: ihre Leidenschaft für soziale Gerechtigkeit. Und ihr ordnen sich letztlich auch wieder die Symbole ein. Verbunden damit ist eine gewisse Nüchternheit, zuweilen Prüdität, auch Rationalität, die die Grenzen des Menschen sieht. Der Baum z. B. ist in der Bibel weniger ein Wunderbaum, eher Sinnbild sowohl für Heil als auch für Hybris. Aus Mutter- und Ursprungssymbolen entfalten sich dadurch soziale Botschaften. Aber wie anders sieht die Forderung nach Nachfolge und die Vision des Reiches Gottes aus, wenn das Bild des schützenden, Früchte tragenden und von Vögeln belebten Baumes sie illustriert! Wir haben die soziale Botschaft der Bibel in einer christlichen Moral oft überbetont. Sie wieder sinnenhaft zu machen, sie wieder in Verbindung mit Ursprung, Kosmos und Schöpfung zu erleben, schafft neue Dimensionen und lädt uns ein, zu unseren Ursprüngen, zu unserem Körper, unseren Träumen und Sinnen zurückzukehren, ohne die eine soziale Leidenschaft auf Dauer blutleer wird.

*Kunst*geschichte ist gleichsam das I-Tüpfelchen der Geschichte, in der sich jede Zeitspanne mit ihren Geschehnissen, ihrem Glauben, ihren Ängsten und Ambitionen reflektiert: Was in der Bibel erzählt wird, was aus Mythen und Sagen über die Jahrhunderte weitergegeben wurde und sich in die christliche Kunst eingeschlichen hat, wie etwa die Verwandlung antiker Göttinnen in die Maria auf der Mondsichel oder die heidnischen Amoretten, aus denen das vielbeschäftigte himmlische Kleinpersonal der Kirche wurde, die Putten, all das findet sich in Bildern, auf Flügelaltären und Fresken, in Mosaiken und Portalen vieler Kathedralen wieder, in den sogenannten Bilderbibeln, den »Büchern« der Gläubigen, die weder lesen noch schreiben konnten.

Auf der Suche nach gemeinsamen Symbolen stießen wir immer wieder auf matriarchale Traditionen, welche die weiblichen Elemente des Göttlichen enthalten, und es ergaben sich faszinierende Parallelen und Verknüpfungen zwischen Bibel, Märchen und Kunstgeschichte. Beim »Zusammenlesen« und »Zusammenschauen« der vorliegenden Bilder und Texte aus den drei unterschiedlichen Medien entsteht auch kaleidoskopartig ein neues Bild, eine neue Vorstellung weiblicher Traditionen und Aspekte des Göttlichen.

Wir wollen diese *drei Medien* also keinesfalls in Konkurrenz, aber auch nicht in falsche Harmonie miteinander bringen. Ihre Botschaften berühren heute höchst unterschiedliche Menschen. Sie berühren auch Menschen in unterschiedlichen Lebenssituationen. Wir brauchen sowohl Verzauberung als auch Transformation. Wir brauchen befreiende Botschaften. Wir brauchen die Ruhe, die uns die Anschauung eines Bildes gibt und unsere Sinne unmittelbar berührt. Wir brauchen Lebenssymbole, die uns in verschiedener Weise die Liebe zum Leben und die Verantwortung für das Leben nahebringen. Die uns auf unsere Herkunft und auf unsere Zukunft hinweisen.

Das Symbol im Märchen kann uns für das Symbol in der Bibel aufgeschlossen machen, das wir lange übersehen haben. Das Symbol in der Bibel – neu gesehen – kann uns neugierig auf das Symbol im Märchen machen. Das Bild weckt wieder neue Sinne und Erlebnisse, die Worte nicht berühren können. Ihre Zusammenschau ist ein Experiment, das uns selbst bereichert hat, eine Bereicherung, die wir auch unseren Leserinnen und Lesern wünschen.

Aus der Fülle des Materials haben wir Texte und Bilder zu den Lebenssymbolen Erde, Quelle, Baum zusammengestellt, die uns wichtig wurden. Ein Sachregister am Ende des Buches verweist auf symbolüberschneidende Interpretationen aus den Fachbereichen Märchen, Bibel, Kunst. Vollständigkeit konnten und wollten wir dabei nicht erreichen, eher Anregung geben, selbst weiterzusuchen und Verknüpfungen zu entdecken. Die Literaturangaben sollen auf andere, detaillierte Untersuchungen hinweisen. Für den Märchenteil war *Barbara Stamer* zuständig, für den biblischen Teil *Elisabeth Moltmann-Wendel* und für die Kunst *Maria Schwelien*. Die Bibelzitate gehen fast immer auf die revidierte Lutherbibel zurück.

I. DIE ERDE

Die Erde

Erde ist das, was wir anfassen können, auf der wir stehen, sitzen, liegen können. Die Erde gibt Nahrung, und wo sie sich verweigert, droht der Hungertod. Sie ist die Grundlage unseres Lebens. Erde ist auch die Materie, in die wir unsere Toten legen und in die wir alle wieder zurückkehren. Sie umfaßt Ursprungs- und Enderfahrungen, und sie selbst ist in ständigem Wandel begriffen, indem sie Wachsen und Absterben, Reifen und Vergehen repräsentiert. Einst wurde die Erde deshalb als heilig verehrt, als Trägerin, Gebärerin und geheime Urkraft des Lebens.

Die Erde, die in den Mythen und Riten der alten großen Kulturen als Erdmutter und Göttin geachtet wurde, ist heute jedoch zum abstrakten Begriff verfremdet und uns entfremdet worden. Erdkatastrophen wie Erosion und Verkarstung, die durch jahrhundertelangen Raubbau an der natürlichen Vegetation vom Menschen selbst verschuldet wurden, Versalzung und Vergiftung des Erdbodens, Verknappung des Lebens- und Wohnraumes Erde lassen die Erde als vom Menschen ausgebeutete, zerstörte und leblose Materie erscheinen, die unter Beton, Asphalt und Zierrasen weitgehend aus unserem Gesichtskreis verschwunden ist. Andererseits ist die Forschung in das Innere der Erde vorgedrungen, und es ist – in Windischeschenbach – das bislang »senkrechteste Loch« in sie in mehrere tausend Meter Tiefe vorangetrieben worden, um sie zu erforschen.

Die Erdkrume, die uns Nahrung gab, wurde jedoch in vielen Gegenden bereits von steriler Steinwolle, umspült von chemischen Nährlösungen, ersetzt. Zum Erdboden, der seine Bewohner jahrtausendelang ernährte, haben Stadtmenschen keine Beziehung mehr. Erde ist sozusagen der letzte Dreck, den wir mit superstarken Wasch- und Desinfektionsmitteln aus unserer »sauberen« Gesellschaft verbannen.

In Wahrheit ist die Erde, die uns auch heute noch trägt und nährt, trotz der Zerstörungen der Menschen das komplexeste und kunstvollste Ökosystem der Welt: *Die Erde lebt,* und dies in ganz außerordentlicher Weise: Eine Handvoll fruchtbarer Erde bietet mehr Lebewesen Platz, als es Menschen auf der Welt gibt! Was der Mensch der alten Kulturen als göttliches

Ereignis verehrte, die jährliche Wiederkehr der Vegetation, des Lebens, aus der dunklen Erde, läßt sich heute naturwissenschaftlich in Fakten belegen: Rund 20 Millionen mikroskopisch kleiner Bodenlebewesen, die einen Kubikmeter Erde – die Zahl der Mikroben geht in die Billiarden – bevölkern, setzen jahrein, jahraus in dem komplexen Mikrokosmos Erde die abgestorbenen organischen Stoffe in neues organisches Leben um. Ist dieser Prozeß der mannigfachen Umwandlung und Verwandlung deshalb weniger wunderbar geworden, weil wir ihn heute mit chemischen Formeln erklären können? Könnte er uns wieder Ehrfurcht vor dem Leben entlocken, Ehrfurcht, die uns auch zu einem sorgfältigeren Umgehen mit der Erde inspirieren könnte?

Wir haben den Kontakt zur Erde verloren und damit die unmittelbare Notwendigkeit, eine Nähe zur Erde zu spüren. Wir haben vergessen, daß wir selbst Teil des biologischen Kreislaufs sind, wir fühlen uns nicht mehr eingebettet in den kreatürlichen Prozeß von Werden und Vergehen, dem alles organische Leben unterliegt. Die Endlichkeit des eigenen Lebens ist deshalb für viele nicht mehr denkbar. Der Tod wird verdrängt aus dem Leben. Der Tod ist in der Gesellschaft tabu. Gerade weil wir keine Erdverbundenheit in diesem Sinne mehr haben, müssen wir auch den Tod eliminieren.

Im Märchen hat die Gestalt der Erdgöttin viele Aspekte: Sie ist die doppelgesichtige Frau Holle, die gute Mutter Erde, die sich öffnet und das böse Drachenblut schluckt, sie ist die geheimnisvolle Erdfrau, die in einer Erdhöhle schlafend mit Bienen bedeckt ist und Fruchtbarkeit spendet, sie ist die Herrscherin über Erde und Meer, die sogar neue Menschen erschaffen kann.

In der Bibel ist sie zuweilen eine eigenwillige Energie mit Anklängen an die alte Erdgöttin, aber die Botschaft der Bibel: die Gerechtigkeit, vertretend. Im späteren Christentum, wie es in der Kunst sichtbar wird, vereinigen sich viele Erd-Vorstellungen in der Person der Maria. Malen ließ sich die Erde schwer, aber wir haben auch Versuche, Erde darzustellen. So tritt sie auch in der Kunst als personifizierte Muttergestalt auf, die alten Muttergöttinnen der Antike und der früheren Kulturen verkörpernd. So zeigt eine frühe mittelalterliche Darstellung die Mutter Erde als Frauengestalt, die Schlange und das Schwein säugend: Anklang an eine mythisch-matriarchale Vorwelt.

Was uns Symbole, Geschichten, Bilder in aller farbigen Unterschiedlichkeit von ihr vermitteln, ist stets dieser doppelte Aspekt: Leben und Sterben, Trost und Bedrohung, Bergung und Verschlungen-Werden. Sie teilt uns heute neu wieder ihren Rhythmus mit, von dem wir abhängig sind und immer sein werden. Verdrängen wir unsere Ursprungserfahrungen, verlieren wir Boden unter den Füßen. Vergessen wir unsere Sterblichkeit, betrügen wir uns um unser Leben. Eine dualistische Weltsicht, die Erde, Körper, Leib nicht ernst nahm, sondern als minderwertig ansah, hat uns lange darin bestärkt, den Boden unseres Daseins zu verleugnen. Diese dualistische Weltsicht hat auch die christliche Theologie bestimmt und viele Auferstehungsvorstellungen von der Erde abheben lassen, die in der Bibel noch sehr konkrete Heils- und Lebenserfahrungen sind.

Rückkehr zur Erde heißt heute, einen pfleglichen Umgang mit ihr üben, unsere Abhängigkeit von ihr realisieren, den Tod in unser Dasein einbeziehen und den Weg geistig-geistlicher Verdrängungen verlassen. Nicht der Himmel unserer technischen, geistigen, persönlichen Möglichkeiten, sondern die Erde unserer Wirklichkeit ist die Basis unseres Daseins. Das zeigt uns das Symbol Erde in ihrer vielfältigen Darstellung.

1. Die Erde im Märchen
Barbara Stamer

Die Erde in den Vorstellungen des Mythos

Fragen wir zurück in alte Kulturen, in denen die Mutter Erde noch als heilig galt, so beschäftigen wir uns zunächst mit den *Mythen,* den Erzählungen von Göttern und Helden, die von Ereignissen der Ur- und Vorzeiten berichten, Erzählungen, die in ihrer symbolischen Verdichtung Urerlebnisse des Menschen und seine religiöse Weltdeutung wiedergeben. Für unsere europäische Geistesgeschichte ist hier insbesondere der griechische Mythos von Bedeutung. Viele europäische *Volksmärchen* haben in dem Prozeß der mündlichen und schriftlichen Überlieferung die archaischen Motive und Figuren aus den Mythen (besonders die der griechischen) aufgenommen und weitertradiert.

Die Erde als eines der vier Elemente spielt insbesondere in den verschiedenen *Schöpfungsmythen* eine zentrale Rolle. Wissenschaftler nehmen heute an, daß es in dem archaischen religiösen Weltbild keine männlichen Götter gab, »die ›Große Göttin‹ allein wurde als unsterblich, unveränderlich und allmächtig betrachtet« (v. Ranke-Graves).

Religiöse Vorstellungen von der Erdgöttin sind schon aus neolithischer Zeit überliefert: die Tempelbauten auf *Malta* und *Gozo* haben einen Grundriß in Gestalt einer dickleibigen Göttin (4000–3000 v. Chr.). Mehrere Tonstatuetten (u. a. die »Venus von Malta« und »Die Schlafende«) stellen Frauengestalten mit überaus üppigen Formen dar, die als Fruchtbarkeitssymbole gewertet wurden. Auch in der Bretagne finden sich viele eindrucksvolle Beispiele eines frühen Muttergottheitskultes (4.–3. Jahrtausend v. Chr.). In einem neolithischen Langgrab (sog. allée couverte bei Tregastel) sind auf der Innenseite der mächtigen Granittragesteine des Dolmengrabes acht deutlich sichtbare Brustpaare reliefartig herausgehauen, Symbole der fruchtbaren Erdgöttin, die im Tode sich zeigt. Ritzzeichnungen und Eingravierungen auf anderen Dolmenplatten, u. a. in Locmariaquer und Gavrinis, werden als schematische Darstellungen einer Mutter- und Erdgöttin gedeutet.

In England erhebt sich in der Nähe der prähistorischen Kultstätte Avebury der Silbury Hill, ein geheimnisvoller, terrassenförmiger Erd-Hügel, eine erdummantelte Stufenpyramide, über die sich schon die Römer bei der Eroberung Englands gewundert haben. Neueste Forschungen und astrologische Berechnungen haben ergeben, daß es sich nicht, wie man jahrhundertelang geglaubt hatte, um einen Grabhügel handeln konnte, sondern daß der Erd-Hügel vor 4500 Jahren als Kultstätte der Großen Göttin gebaut worden ist. Silbury Hill bildet unter Einbeziehung von Landschaftsformationen und in der Korrespondenz mit den jahreszeitlichen Bewegungen der Himmelskörper, insbesondere des Mondes, architektonisch den Körper der Göttin für Leben und Fruchtbarkeit nach.

Als Knossos auf *Kreta* erbaut wurde, waren religiöse Vorstellungen, Riten und Symbole der welterschaffenden und -erhaltenden Erdgöttin bereits sehr verfeinert und entwickelt. Die Fruchtbarkeitskulte der Erdgöttin mit ihren Symbolen der Doppelaxt, der Hörner, der Schlangen und Blumen bildeten den Mittelpunkt der minoischen Kultur, dessen früheste Phase ca. um 2600 v. Chr. zu datieren ist. Vom Palast in Knossos fällt der Blick immer wieder auf den heiligen Jouchtas-Berg, der mit seinen wuchtigen Formen die Gestalt der Erdgöttin einst symbolisiert haben soll. Auf seinem Gipfel befindet sich ein Heiligtum, das häufig auf kretischen Vasen dargestellt wird. Berühmt ist auch die Diktäische Höhle, der Sage nach der Ort, an dem Zeus als Säugling von der heiligen Ziege Amaltheia genährt wurde. Der Wohnort der Götter ist der Berg, und auf dem Berg die Höhle: So ist das Göttliche zugleich hochoben *und* tiefunten, Himmel *und* Erde umfassend.

Im pelasgischen (prähellenistischen), im homerisch-orphischen und im olympischen Schöpfungsmythos entstand das Leben durch die Schöpferkraft dieser Großen Göttin, Herrscherin über Himmel und Erde und Unterwelt, Lenkerin der Jahreszeiten und des Wachstums, Schöpfergöttin der Lebewesen, der Pflanzen, aber auch der Gestirne. Die Große Göttin wird meist in einem dreifachen Aspekt gesehen. Sie ist die *Mondgöttin:* Zunehmender Mond, Vollmond, abnehmender Mond symbolisieren die drei Lebensabschnitte der Göttin: Mädchen, Nymphe (reife Frau), altes Weib. So ist die Göttin selbst Frühling, Sommer, Herbst und Winter, sich jeweils mit den jahreszeitlichen Veränderungen identifizierend.

Der *pelasgische Schöpfungsmythos* erzählt von der Erdgöttin *Eurynome,* der Göttin aller Dinge, die »nackt dem Chaos entstieg«. Sie paarte sich mit *Ophion,* der großen Schlange, die aus dem Nordwind entstand. Ophion oder Boreas ist die schöpferische Schlange der hebräischen und ägyptischen Mythologie. Auch in den frühen mediterranen Kultstatuetten ist die Große Göttin immer mit der Schlange verbunden.

Der *homerische oder orphische Schöpfungsmythos* berichtet davon, daß alle Götter und Lebewesen ihren Ursprung im Wasser hatten, daß *Tethys,* die Urmutter allen Lebens, sich mit dem Okeanos, dem weltumgürtenden Strome, verband und so Mutter aller seiner Kinder war (nach Homer). Die Orphiker erzählten, daß

> »die schwarzgeflügelte Nacht, eine Göttin, vor der selbst Zeus in Ehrfurcht stand, vom Wind umworben wurde und daß sie ein silbernes Ei im Schoße der Dunkelheit legte und daß Eros ... diesem Ei entschlüpfte und das All in Bewegung setzte« (v. Ranke-Graves).

Der bekannteste griechische Schöpfungsmythos ist der *olympische:*

> »Am Anfang aller Dinge tauchte Mutter Erde aus dem Chaos und gebar im Schlafe ihren Sohn Uranos. Er blickte von den Bergen liebevoll auf sie herab und sprühte fruchtbaren Regen über die geheimen Öffnungen ihres Leibes. Da gebar sie das Gras, die Blumen und die Bäume und auch die Tiere und Vögel, die dazu gehörten. Der gleiche Regen brachte die Flüsse zum Fließen und füllte die Tiefen, so daß Seen und Meere entstanden« (v. Ranke-Graves).

Der erste biblische Schöpfungsbericht (Gen 1,1–2,4 a) zeigt sprachliche und inhaltliche Parallelen (s. S. 54).
Hesiod (»Theogonie« 105–107 und 117–138) erzählt in seiner *»Hymne an die Erde«,* daß die Erde Gaia vor dem Himmel

Die Erde

da war und daß sie als Urgebärerin den Himmel, die Berge und das Meer aus sich heraus gebar (Parthenogenese). Himmel (Uranos) und Erde (Gaia) zeugen sodann das erste Geschlecht der Urungeheuer: der Titanen und Zyklopen. Dieser Mythos von Mutter Erde und Vater Himmel ist ein »Leitmotiv der Mythologie der Welt« (Eliade). Nur in einem frühägyptischen Mythos finden wir eine Vertauschung der Geschlechterrollen von Himmel und Erde: Die Göttin Nut erscheint als Himmel, und Gott Neb als Erde liegt unter ihr.

In vielen Sprachen bedeutet der Mensch der »Erdgeborene« (hebräisch) Erde/Erdboden: »adamah«. Im Volksglauben heißt es, daß die Kinder aus dem Schoß der Erde stammen, Sagen und Volksmärchen wissen von »Kindlesbrunnen, Kindlesteichen« etc. Insofern galt jede Mutter als Repräsentantin der Großen Muttergottheit, jede Mutter imitiert nur den Urakt der Hervorbringung neuen Lebens.

> »Infolgedessen muß sich jede Mutter in unmittelbarer Verbindung mit der tellurischen Gebärerin befinden. Hier liegt der religiöse Grund für das Ritual der Niederkunft ›auf bloßer Erde‹ (humi positio), das man fast überall auf der Welt trifft« (Eliade).

Auch in der Malerei finden sich Darstellungen von Christi Geburt, wo der Jesusknabe auf nackter Erde liegt (s. S. 79, 93).

Das Volksbrauchtum kennt die Sitte, das Neugeborene auf die Erde zu legen. Gleiches tat man auch mit Kranken bzw. grub diese sogar in die Erde ein, um sie durch deren Heilkraft von ihrer Krankheit zu befreien. Auch die Bibel kennt eine heilende Erdkraft (siehe S. 61).

Die großen Dichter des antiken Griechenlands weisen ebenfalls auf die Urgewalt der Muttergöttin hin. So schreibt Aischylos:

> »Gaia gebiert alle Wesen, ernährt sie und erhält von ihnen wieder die fruchtbare Saat« (Choephoroi 5).

Und Homer formuliert:

> »In deiner Macht steht es, den Sterblichen das Leben zu geben und es von ihnen zu nehmen.«

Die Erde in den Vorstellungen der Mythen

Auch die *germanischen* Völker kannten die Verehrung der Mutter Erde. *Tacitus* berichtet von dem Kult der Fruchtbarkeitsgöttin Nerthus, die mit der mater terra zu identifizieren ist (Tacitus, Germania). Auch in der »Edda« wird sie genannt.

Eine erst vor kurzem ausgegrabene, kunstvoll-zierliche kanaanitische Fruchtbarkeitsfigurine aus dem 13. Jahrhundert v. Chr. (Israel-Museum, Jerusalem) zeigt die Göttin »Asherah« oder auch »Qudshu« als lebengebende Muttergöttin. Sie gebiert und säugt die Kinder zugleich. An ihren vollen Brüsten säugt sie ein Zwillingspaar, die Vagina zur Geburt geöffnet; ihre starken Schenkel sind geschmückt mit einem Hirsch und einem Baum. Das Motiv des Baumes symbolisiert möglicherweise die Lebensquelle der Fruchtbarkeit, der Hirsch ist auch in anderen Kulturen ein Symbol der Muttergöttin (s. o.). (Zahlreiche andere künstlerische Darstellungen der Erdmutter siehe S. 89, 94.)

Sagen und Volksbrauchtum berichten ebenfalls davon, daß es als Sünde galt, die Erde zu schlagen, und wer gegen die Erde gesündigt hatte, durfte nicht in ihr ruhen, d. h., er fand nach dem Tode keine Ruhe. Sagen berichten davon, daß die Erde selbsttätig den Sarg wieder herauswerfe. Die Erde besitzt magische Eigenschaften, sie kann sprechen und auch die Identität eines Mörders enthüllen. Dämonen können durch Erde vom Grab eines Heiligen abgehalten werden.

Ältestes Zeugnis für eine einmalige Symbiose zwischen Gebets- und altem Zauberspruch ist folgender frühchristliche angelsächsische Text:

»Heil sei dir, Erde, der Menschen Mutter, sei du wachsend in Gottes Umarmung, erfülle dich mit Frucht, den Menschen zunutze!« (Hoops, Reallexikon I, 625)

Die Erde als weibliche Gestalt, Tiere säugend, als Zeichen der Fruchtbarkeit, findet sich in mittelalterlichen Kunstdarstellungen, so im Limburger Dom (1235).

Ein Gebet in *lateinischer Sprache* (aus einem Herbarium des 12. Jahrhunderts) ist ein ähnlich bewegendes Zeugnis dafür, daß einst die Erde als heilig geachtet und auch im Christlichen als solche verehrt wurde:

Die Erde

> »Erde, göttliche Königin, Mutter Natur, die du alle Dinge geschaffen und immer aufs neue die Sonne aufgehen läßt, die du den Völkern geschenkt hast; Hüterin des Himmels und des Meeres und aller Götter und Nächte; durch deinen Einfluß wird alle Natur stumm und sinkt in den Schlaf ... Mit Recht bist du die Große Mutter der Götter genannt; Sieg ist dein göttlicher Name. Du bist die Quelle der Kraft von Göttern und Völkern; ohne dich wird nichts geboren und nichts vollkommen; du bist mächtig, Königin der Götter ...« (v. Ranke-Graves, »Die weiße Göttin«).

Aus der *lateinischen Literatur* ist uns weiterhin ein interessantes Zeugnis der Verehrung der alten Muttergottheit überliefert:

In *Apuleius' »Goldenem Esel«* findet sich folgendes Gebet zu der mächtigen Erdgöttin:

> »O gesegnete Königin des Himmels, seist du die Frau Ceres, die ursprüngliche Frucht und Quelle aller Früchte auf Erden, ... oder seist du die himmlische Venus, die du am Anfang der Welt Männer und Frauen vereintest in zeugender Liebe und so auf ewig die menschliche Art mehrtest, ... oder seist du die schreckliche Proserpina, so genannt nach dem tödlichen Geheul, das du ausstößt, die du die Macht hast, mit dreifachem Antlitz dem Ansturm von Hexen und Geistern, die den Menschen erscheinen, zu wehren und sie in den Tiefen der Erde zu halten ... Du, die du alle Städte der Erde mit deinem weiblichen Licht erhellst; du, die du alle Samen der Welt durch deine feuchte Wärme nährst ...« (v. Ranke-Graves).

Apuleius entwirft ein poetisch schönes Bild von der Göttin, – der Mond, die Früchte der Erde und die Schlange sind ihr Wahrzeichen:

> »Und allmählich ... erschien mir aus der Mitte des Sees ein göttliches, verehrungswürdiges Antlitz, angebetet selbst von den Göttern, dann meinte ich, nach und nach, die ganze Gestalt ihres Körpers zu erschauen, strahlend und weithin über das Meer ragend stand sie vor mir: ... Vor allem besaß sie eine große Fülle von Haaren, die in Wellen und Strahlen um ihren göttlichen Nacken flossen und wallten, auf dem Haupte trug sie reiche Girlanden mit Blumen geflochten, und mitten auf der Stirn fand sich ein flaches Diadem in der Art eines Spiegels, oder vielmehr nach dem Lichte, das von dort strahlte, dem Mond zu vergleichen; und dieser wurde von beiden Seiten von Schlangen getragen, die aus den Furchen der Erde emporzuwachsen schienen, und darüber wölbten sich Kornähren. Ihr Gewand war von feinstem Leinen, in verschiedenen Farben

leuchtend, dort weiß und strahlend, dort gelb wie die Krokusblüte, dort rosenrot, dort hell flammend, und ihr Mantel war ganz dunkel und finster, mit leuchtender Schwärze bedeckt ... Hie und da funkelten an dessen Rändern und über seine Oberfläche verstreut die Sterne, und inmitten zwischen ihnen stand der Mond in halber Fülle, der wie eine Feuerflamme leuchtete; und rund um die ganze Länge des Saumes dieses göttlichen Gewandes war eine Krone oder Girlande ununterbrochen geflochten aus allen Blumen und allen Früchten des Feldes ...« (ebda.).

Viele Mariendarstellungen nehmen diese Motive und Attribute der alten Muttergottheit auf und verschmelzen sie mit der christlichen Deutung der Mutter Gottes: Eine *Garbenmadonna* um 1450 (Bayern, Holzschnitt) zeigt Maria in einem prächtigen Gewand, geschmückt mit Garben und umgeben von Blumengirlanden. Albrecht Dürers »Marienleben« (1511) stellt Maria in der Mondsichel, mit Sternenkrone und Strahlenkranz dar, umflossen von dem üppigen Mantel. Maria hat wie Aphrodite (Venus) einen sternenbesäten Mantel, sie thront auf der Mondsichel wie Artemis und trägt die Ähre wie Demeter (Ceres) (s. auch S. 96, 99). Auf dem christianisierten Menhir von St. Uzec in der Bretagne trägt die in bäuerlich-bretonischer Steinmetzkunst gearbeitete Muttergottes die Insignien der alten Muttergottheit, Sonne und Mond. Noch bis in die Neuzeit schrieb die Lokalbevölkerung den Menhiren Zauberkräfte zu, und heimlich wurden dort die alten Fruchtbarkeitsrituale abgehalten.

Die Bedeutung der Erde im Märchen

Nicht nur der Mythos stellt die Erde als autarke göttliche Kraft dar, deren Heiligkeit gewahrt werden mußte, sondern auch das europäische *Volksmärchen*. Insbesondere das *Urbild der Mutter,* der Archetypus in seiner Doppelgestalt der »Guten« und der »Furchtbaren Mutter« (nach Neumann), ist in den Märchen in seinen unendlich zahlreichen positiven und negativen Bildern vertreten. Der Archetypus der »Großen Mutter« ist den beiden Naturelementen Erde und Wasser zugeordnet, die Große Mutter ist die Erde selbst, aus der alles

Leben entspringt und im Tod zurückgegeben wird. Die verschiedenen Schöpfungsmythologien berichten aber auch von dem Wasser als »Urschoß des Lebens«.

Das Märchen personifiziert die mater terra. In vielen schillernden Gestalten erkennen wir sie wieder, meist ausgestattet mit den Attributen der großen Erdmuttergöttin, wie wir sie aus den Mythen kennen. Sie kann sich verwandeln, sie erscheint zumeist in ihrer Dreigestalt als Mädchen (Kore), reife Frau (Nymphe) und alte Frau (s. S. 228). Sie zeigt geheimnisvollerweise immer zwei Gesichter: Sie ist die todbringende Hexe und die strahlend gute Fee, die Häßliche und die Schöne. Sie kann sich auch wie Artemis in ein Tier verwandeln, sie zeigt sich dem Märchenhelden helfend und verderbend. Als Herrin über Himmel und Erde, über Quellen und Flüsse, als Regentin der Unterwelt, als Ursprung und Schöpferin allen Lebens, ja als Schicksalsgöttin, welche die Götter selbst regiert, tritt sie uns im Märchen gegenüber.

Die große Mutter – der Lebens- und der Todesaspekt

Beginnen wir mit dem bekannten »*Frau Holle*«-Märchen der Brüder Grimm (KHM Nr. 24). Es gibt rund neunhundert Erzählarten auf der ganzen Welt, was die archetypische Grundstruktur des Märchens aufzeigt. Die etymologische Wurzel des Namens Frau Holle, ›hel‹ = bergen, weist uns auf die *Todesgöttin* (germ.) Hel hin, und unser Wort »Hölle« oder auch »Höhle« ist ebenfalls davon abgeleitet. Frau Holle ist also zunächst die Todesgöttin, die tief unten im Brunnen, in der Erdhöhle wohnt. Sie birgt aber ein tiefes Geheimnis in sich, sie ist die Doppelgesichtige, das Tief-unten ist gleichzeitig das Hoch-oben, die Erdhöhle ist zugleich der Himmel, der sich über der Erde spannt: Frau Holle läßt »die Federn fliegen, daß es auf der Welt schneit«. Die »alte Frau« ist auch die *Gute Mutter,* welche Goldmarie, die in »Herzensangst« in den Brunnen sprang, rettet. Der Sprung in den Tod verwandelt das Mädchen; für das neue Leben stehen die Märchensymbole des *Brotes,* der *Äpfel* und des *Goldes*.

Die Erdmutter regiert hier über eine paradiesische Unterwelt: eine herrlich blühende Wiese mit Apfelbäumen. Dies ist das Paradies: Elysium bedeutet »Apfelland«, nach der indogermanischen Wurzel »abol« = Apfel (nach v. Ranke-Graves). Die griechische Sage berichtet von dem Hochzeitsgeschenk der Mutter Erde an Hera, einem Apfelbaum mit goldenen Früchten, über den sich Hera so freute, daß sie ihn in einen eigenen göttlichen Garten pflanzte. Die Äpfel sind aber auch die Liebes- und Todesäpfel der Aphrodite. Auch das Brot, das Korn kennzeichnet Frau Holle als Fruchtbarkeitsgöttin, als Demeter. Sie zu treffen bedeutet Leben, Neuwerden, Sichverwandeln. So kehrt Goldmarie ganz selbstverständlich aus dem Jenseitsbereich, aus dem Dunkeln, wieder zurück, sie hat ihr Leben gewonnen, das Gold ist Symbol für die innere Erneuerung. Für Pechmarie zeigt sich Frau Holle als »Furchtbare Mutter«, vernichtend und strafend sendet sie Pech, Schlangen, Kröten und Ungeziefer, worin sich auch ihr todbringender Aspekt äußert. – In einer anderen »*Frau Holle*«-Variante lesen wir von der »*Holundermutter*« (Märchen aus Lothringen), welche zur Belohnung statt Gold ein Säckchen mit Samen schenkt. Sie ist die Erdmuttergöttin, deren Wahrzeichen die Ähre, das Korn ist.

»Die Goldmarie und die Pechmarie haben nun den Samen gesät, den sie von der Holundermutter empfangen haben. Da wuchsen auf dem Feld der Pechmarie lauter Dornen und Disteln. Der Samen der Goldmarie aber ging auf zu den schönsten blauen Blüten.«

Der Dunkelaspekt der Erdmutter äußert sich darin, daß der Holunder ein Baum des Todes ist, ein Baum, der von alters her mit dem Tod, dem Verhängnis in Verbindung gebracht wurde. Der Holunder war der Legende nach auch der Kreuzigungsbaum. Die Holunderblatt-Form von Feuersteinen in alten megalithischen Hügelgräbern zeugt ebenfalls davon, daß der Holunderbusch ein geheimnisvoller Todesbaum war. Das Märchen von der Holundermutter zeigt beide Aspekte der Erde: den todbringenden und den lebensspendenden.

Gleich Frau Holle wohnt die Göttin Hulda oder Perchta in unterirdischen Räumen, in Bergen, in der Tiefe von Brunnen und Quellen (siehe auch S. 157). Eine Ortssage aus dem Donaugebiet berichtet, es sei dort ein Kind in den Brunnen gefallen und verschwunden:

»Alles Suchen nach ihm war vergebens. Die Nachbarin sagte: ›Das ist kein Wunder, denn in der Tiefe des Brunnens ist eine schöne Stube, darin sitzt die alte Hexe und spinnt. Und wenn ein Kind an den Brunnen kommt, so lockt sie es mit allerlei guten Sachen zu sich herab.‹ Daraufhin wurde der Brunnen verschüttet« (Kapff).

Eine handschriftliche Fassung einer anderen »*Frau Holle*«-Variante der Brüder Grimm, »*Das Murmeltier*«, berichtet von einer »schönen Brunnenfrau«, die sich in einer »klaren Kristallkugel« befand. Auch sie ist die Erdmutter, die gütig die Verfolgte aufnimmt. Das Glück und die Verwandlung, die das Mädchen durch das Zusammentreffen mit der Muttergöttin erfährt, wird symbolisch in dem Bild der »schönen Blumen«, die aus ihrem Haar wachsen, symbolisiert.

»Eines Tages wollte sie sich das Gesicht waschen, fiel aber dabei vornüber und stürzte hinab in den Brunnen. Sie erschrak zutiefst, doch als sie sich von ihrem Schrecken erholt hatte, befand sie sich in einer klaren Kristallkugel unter den Händen einer schönen Brunnenfrau. Diese war gar freundlich zu ihr, kleidete sie in ein schönes Gewand und schenkte ihr die Gabe, daß aus ihren Haaren, sooft sie diese schüttelte oder kämmte, glänzende Blumen herausfielen. Komme sie jemals in Not, sprach die Brunnenfrau, brauche sie sich nur in den Brunnen zu stürzen.«

Heide Göttner-Abendroth geht in ihrem Buch »Die Göttin und ihr Heros« sogar noch einen Schritt weiter: Sie sieht in den Märchen auf Grund ihrer kulturhistorischen Deutung derselben »Abbilder der komplexen Praxis archaischer Gesellschaften, ... in erster Linie matriarchaler Gesellschaften«. Sie erkennt in dem Märchen »Frau Holle« das Abbild »ältester matriarchaler Initiation«. Männer kommen in diesem Märchen nicht vor, es ist nur die älteste matriarchale Mutter-Tochter-Beziehung abgebildet.

In dem Märchen »*Die Erde will das Ihre haben*« (siehe S. 42) tritt die Große Mutter als Göttin in ihrem Lebens- und Todesaspekt auf. In diesem Märchen manifestiert sich der ewige

Traum des Menschen, den Ort zu finden, wo es keinen Tod mehr gibt.

Auf seinem langen Such-Weg findet der Held in einem glänzenden Glashaus am Meere die schlafende Schöne, ein Mädchen, »so schön, daß die Sonne es sogar um seine Schönheit beneidete«. Sie offenbart sich dem naiven und staunenden Helden als Göttin der Schönheit, sie ist die Liebes- und Todesgöttin in ihrer Mädchengestalt, ewig jung, sich stets verjüngend, unsterblich und unveränderlich. »Ich werde ewig so bleiben, wie ich jetzt bin«, sagt sie, sie ist aber schon »am ersten Schöpfungstage erschaffen worden«. Das Motiv des rituellen Bades zur Verjüngung und Erneuerung der Jungfräulichkeit kennen wir aus dem griechischen Mythos (s. o.). Das Märchenmotiv »Glas« deutet schon auf den Jenseitsbereich hin, auf den Todesaspekt. Auch in anderen Märchen findet sich das Symbol »Glas« im Zusammenhang mit dem Tod, so z. B. in den Motiven des Glassarges und des Glasberges.

Die Sehnsucht der Sterblichen nach ewigem Leben ist ambivalent: Obwohl die Göttin dem Helden gewährt, ewig zu bleiben – denn bei ihr ist die Unsterblichkeit, und sie schenkt ewiges Glück und Liebe –, will der Held zurück in seine Heimat. Er weiß nicht, daß ein Jahrtausend vergangen ist, denn bei der Göttlichen sind Raum und Zeit aufgehoben. Sie schenkt ihm als Liebesgabe drei Äpfel. In diesem Märchensymbol des Apfels sind wiederum beide Aspekte der Göttin enthalten: die Liebe und der Tod. Es sind gleichzeitig die Äpfel der Aphrodite und die Äpfel der Persephone. Zurückgelangt auf die Erde, wird seine ewig junge Gestalt ihm zum Gespött und Ärger: Erst als er die Äpfel der Göttin ißt, kann er altern und darf dann sterben.

Dieses Märchen enthält für den modernen Menschen einen verblüffenden Wahrheitsgehalt: Der Mensch, der, auf Jugend getrimmt, mit lebensverlängernden Apparaturen und Medikamenten dem Traum ewiger Jugend nähergekommen zu sein scheint, erhält hier eine unmißverständliche Antwort: Der Tod ist gut und notwendig, der Tod ist Teil des Lebens. Wir kehren dorthin zurück, von woher wir kommen, wir gehen ein in die heilige Schöpfung; sie wird im Mythos und Märchen in dem sinnenstarken Bild der Großen Göttin, die Leben und Tod umfaßt, versinnbildlicht. Hier klingen die Bibelworte nach: »Du bist Erde und sollst zu Erde werden« (Gen. 3,19; s. S. 64). Im Märchen heißt es: »Die Erde will das Ihre haben.«

Interessanterweise enthält das Märchen noch weitere Bildsymbole, die ebenfalls auf die Gestalt der Erdgöttin verweisen und so die matriarchalen Aspekte des Märchens verstärken. Die beiden Tiere – der Hirsch und der Rabe –, die der Held auf seinem Such-Weg zu der Göttin trifft und nach dem Ort der Unsterblichkeit befragt, sind immer Attribute der Großen Göttin.

Der Hirsch, dessen Geweih so mächtig ist, daß es sich »in den Wolken verlor«, ist ihr heiliges Tier. Sie kann sich auch in seine Gestalt verwandeln und so den Augen der Menschen entfliehen. In Los Millares, Spanien, fand man eine Kultschale, auf der die Augen der Muttergöttin sowie Hirschgeweihe abgebildet sind. Auch in Silbury Hill (s. o.), Sommerset (England), wurden bei archäologischen Grabungen in der neolithischen Erdpyramide mehrere Hirschgeweihe gefunden, die man als Teil matriarchaler Kulte deutet. In Al Ubaid, Mesopotamien, wurde ein kunstvolles Kupferrelief entdeckt, es stellt die Große Göttin in doppelter Hirschgestalt dar (British Museum).

Der Rabe ist ebenfalls ein göttliches Tier, in seiner schwarzen Gestalt dem Todesaspekt der Muttergöttin zugeordnet. Deshalb erscheinen im Märchen die Hexen mit einem Raben. Der Rabe ist aber auch ein Vogel des Orakels und der Bote Apollons, des Gottes der Weissagung. Der germanische Gott Odin zeigt sich ebenfalls mit seinen zwei Raben Hugin (»Gedanke«) und Munin (»Gedächtnis«), oder er selbst verwandelt sich in einen Raben, ist er doch der Sturm-, Toten- und Kriegsgott.

Die Erde – die Liebes- und Lebensgöttin

Ein Märchen aus den Dolomiten, »*Tjan-Bolpin*«, erzählt von der schönen Herrin Dòna Kenìna: Sie wohnt in schwindelnder Höhe hoch oben in einer tiefen Felsenhöhle, es ist ein Eispalast mit geheimnisvollen Eigenschaften (in allen Mythen ist der Berg die Wohnstätte der Toten). Sie ist die Herrin über Wachstum und die wechselnden Jahreszeiten: Bis der Frühling und damit das neue sprossende Leben erwacht, schläft sie mit ihrem Geliebten in einem Schnee- und Eisbett:

> »Wer ist Dòna Kenìna?« fragte Tjan Bolpin. »Dòna Kenìna ist die Herrin dieses Palastes und des ganzen Berges.« ... Nun entfernte sich das Mädchen, um die Herrin zu rufen. Als diese aber erschien, verschlug es dem Hirten die Rede: so unvergleichlich und überwältigend war der Anblick der Dòna Kenìna. Sie lächelte ... zugleich gab sie ihm die Hand, führte ihn in den Palast und lud ihn ein, dazubleiben. In dem Palaste waren viele Merkwürdigkeiten zu sehen. Am seltsamsten, aber auch am schönsten, erschienen Tjan Bolpin die großen silbernen Behälter, die überall herumstanden und mit Erde gefüllt waren; aus diesen Behältern sprossen Blumen von einer Größe und Farbenpracht, wie sie Tjan Bolpin noch nirgends kennengelernt hatte.«

Die Herrin ist die Personifizierung der alten mater terra, deutlich erkennbar an ihrer Fähigkeit, Fruchtbarkeit und Wachstum der Erde zu bestimmen und hervorzurufen.

Das Märchen ist dem griechischen *Persephone-Demeter-Mythos* eng verbunden: Persephone, die schöne Tochter der Demeter (Fruchtbarkeitsgöttin), wird von Hades, dem Unterweltsfürsten, beim Pflücken von Blumen auf einer herrlich blühenden Wiese überrascht und gewaltsam entführt. Wutentbrannt läßt Demeter zur Strafe alles Wachstum und Leben auf der Erde ersterben. Nicht eher wolle sie die Erde wieder fruchtbar machen, bevor Hades die Tochter wieder herausgebe. Demeter bewirkt bei Zeus, daß Hades Persephone herausgibt. Da sie jedoch den »honigsüßen Granatapfelkern« gegessen hat, muß sie ein Drittel des Jahres *unter der Erde* bei Hades verbringen, die restliche Zeit des Jahres – Frühling / Sommer / Herbst – darf sie bei der Mutter Erde, Demeter, bleiben.

Daß der Hirte bei einer Göttin wohnt, erkennen wir auch daran, daß ihn die Zeit nicht berührt. Er bleibt ewig jung, während seine Altersgenossen schon tot sind:

>>Nun fühlte er sich dem Elend entronnen ... So lebte er lange herrlich und in Freuden ...«
»Sie sind alle tot, denn du bist schon viel länger hier bei mir, als du denkst ... denn jede Nacht, die du hier verbracht hast, zählt für ein Jahr, wir schlafen stets neun Monde lang und sind nur im Sommer wach, darum scheint es dir immer Sommer zu sein ...«

Dieses Märchen weiß also noch von der mater terra, der selbsttätigen Kraft, die das Leben auf dieser Erde hervorruft, und erzählt uns in poetischen Bildern von deren geheimnisvollem Wirken und von der im Märchen existierenden Möglichkeit, bei und mit der Göttin zu leben – es ist ein paradiesischer Zustand, dem Raum und der Zeit enthoben.

Die Erde – die Göttin der Gebärenden, die Lebengebende

Das griechische Märchen »*Das schwarze, das rote und das weiße Haar*« erzählt von einer geheimnisvollen Frau, die seit tausend Jahren in einer *Erdhöhle* hoch in den Bergen schläft. Zu ihr geht der Mann, dessen Frau keine Kinder bekommen kann, um von ihr Rat und Hilfe zu bekommen. Er erklimmt den Berg und entdeckt die Frau, sie »lag wie tot da und war ganz von *Bienen* bedeckt«. Sie hatte dreierlei Haare, schwarze, rote und weiße. Nachdem er die Bienen mit Wachs weggelockt hat, erwacht die Schlafende und spricht ihn an, als ob sie ihn schon lange kenne.

»Ich weiß schon, was du willst. Und da du ein guter Mensch bist und meinen Bienen Honig und Wachs gebracht hast, sollst du haben, was du wünschest. Hier gebe ich dir einen Apfel und eine Birne, wenn deine Frau den Apfel ißt, wird sie einen Sohn gebären, verspeist sie jedoch die Birne, so wird sie ein Mädchen bekommen. Nun zupfe mir noch ein Haar aus jeder Strähne: ein schwarzes, ein rotes und ein weißes. Das schenke ich deinem ältesten Kind zum Angebinde. Es soll die Haare als Kette tragen, so wird es Glück haben.«

Die Erde – die Göttin der Gebärenden

In diesem Märchen klingen archaische Bilder aus dem griechischen Mythos an, der untrennbar mit der lichthellen mediterranen Landschaft verbunden ist.

Bei Amnissos auf der Insel Kreta befindet sich die *Höhle der Eileithyia,* der Göttin der Schwangeren. Schon Homer kannte die Höhle. Er berichtet, daß Odysseus in Amnissos gelandet sei, »wo die Höhle der Eileithyia liegt.« Schon in der frühesten neolithischen Zeit und sodann in allen minoischen Perioden – dies zeigen Funde aus der Höhle, unter anderem weibliche Statuetten – haben Frauen die Fruchtbarkeitsgöttin um eine glückliche Geburt angefleht und ihr geopfert. Die geheimnisvolle Frau des griechischen Märchens, die seit tausend Jahren in der Erdhöhle schläft, ist niemand anders als die alte Muttergöttin. Interessanterweise kehrt dieses Bild der Schlafenden Göttin auch in anderen mythologisch-religiösen Vorstellungen wieder: Eine der berühmtesten Figuretten ist »Die Schlafende« aus dem Hypogeum in Saflieni auf der Insel Malta (ca. 3300 v. Chr.). Es war ein Kultort für die Toten unter der Erde, der aber auf das innigste mit den Kulten für »Mutter Erde« zusammenhing, da die architektonischen Merkmale stark den oberirdischen Tempeln ähneln. Es mag durchaus der Fall sein, daß das Hineingehen in diesen Tempel, in das Erdinnere, verbunden mit gewissen Riten, die zeitweilige Rückkehr in den »Bauch der Erde« symbolisierte, aus dem alles Leben entstanden ist und zu der alles im Tode zurückkehrt.

Auch in der Kunstgeschichte finden wir diese Vorstellung der »heiligen Erdhöhle« wieder (siehe S. 76). Die schwarzen Madonnen, die meist in Grotten oder Krypten verehrt werden, haben die vorchristlichen Göttinnen abgelöst. Das mythologische Bild der Geburt in der Erdhöhle kehrt auch bei sehr frühen Darstellungen von Christi Geburt, insbesondere in der Ikonenmalerei der griechisch-orthodoxen Kirche, wieder: In der Geburtsbasilika in Bethlehem z. B. finden sich zwei Ikonen, die die Geburt Jesu in einer Felsengrotte darstellen. Die Legende überliefert, daß Jesus in einer Felsengrotte geboren sei, solche Felsengrotten befinden sich noch heute unter der Geburtsbasilika in Bethlehem (siehe auch S. 97, Abb. 10).

Die *Biene* ist in vielen Kulturen als heiliges Tier verehrt worden. Insbesondere in der kretischen Kultur galt sie als Zeichen der heiligen Muttergöttin, als Symbol der Fruchtbarkeit (berühmt ist die goldene Biene aus Malia, 1700 v. Chr.). Der *Omphalos,* d. h. der Nabel der Welt, aus dem Allerheiligsten des Apollontempels in Delphi, der als Mittelpunkt der Welt betrachtet wurde, weist eine bienenkorbartige Verzierung auf. Der Wahrsageschrein war der Sage nach aus Bienenwachs und Federn gefertigt (v. Ranke-Graves). Alle *Orakel,* insbesondere das von Delphi, waren der *Erdmutter* geweiht und unterstanden ihr. Die Biene war die Inkarnation der heiligen Erde. Der Honig galt nicht nur als heilige Lebensessenz, sondern war auch der Todessymbolik verbunden: Die Verwendung von Honig beim Totenkult war in der vorgriechischen Zeit schon weit verbreitet. Die Vision des Volkes Israel war »das Land, wo Milch und Honig fließt« (siehe S. 55).

So ist die schlafende Frau in der Erdhöhle, die ganz von Bienen bedeckt ist, eine märchenhafte Symbolfigur der alten Erdmuttergöttin. Weitere übermenschliche Eigenschaften kennzeichnen sie als Göttin: Schlafend weiß sie schon, was der Mann will, sie kennt ihn, sie spendet Fruchtbarkeit und Schutz. Die Märchenfarben Weiß, Rot und Schwarz werden auch als die Farben der Mondgöttin (Erdgöttin) bezeichnet: Sie symbolisieren die drei Stadien der Göttin, den Mondphasen gleichend. Der zunehmende Mond ist der Farbe Weiß, der Vollmond dem Rot, der abnehmende Mond dem Schwarz zugeordnet. Die drei Haare sollen das Neugeborene schützen. Die Göttin ist mit ihrem Körper bei ihm, wenn das herangewachsene Mädchen im richtigen Augenblick die Haare auf die Erde wirft:

> »Catalineta, flicht das schwarze Haar aus deiner Kette und laß es auf die Erde fallen, dann wird euch geholfen sein ...«

Die drei Haare entwickeln also nur in dieser Erdverbindung, durch diese Erdberührung, ihre magische Kraft.

Ganz selten sind Märchen, in denen die Erdgöttin in ihrer ursprünglichen mythologischen Gestalt als Große Mutter dargestellt wird. In einem Märchen von der Schwarzmeerküste,

Die Erde – die Göttin der Gebärenden

»*Alecko und seine drei Schwestern*«, weist die Haselnußfrau (der Haselnußbaum galt als einer der »edlen heiligen Bäume des Hains« der Erdmutter) dem Helden den Weg zur *Großen Mutter*, die im Sommer bei ihrem ältesten Sohn hoch in den Bergen auf einem Felsenschloß lebt, im Herbst bei ihrem zweiten Sohn im Kristallpalast im tiefen Meer weilt und im Winter zu dem dritten Sohn in die Unterwelt hinabsteigt. Sie ist eine mächtige Göttin und Regentin, sie lenkt das Wachstum, das Leben und den Tod.

Die Haselnußfrau sprach: »Es ist so, wie deine Eltern es befürchtet haben. Deine Schwestern wurden von drei mächtigen Dämonen entführt, die in der Luft, im Meer und der Unterwelt herrschen. Sie gehorchen alle drei der uralten Großen Mutter, die streng über ihre Söhne herrscht. Im Sommer lebt sie bei ihrem ältesten Sohn hoch in den Bergen auf einem Felsenschloß. Dann scheint für die Menschen die Sonne und segnet ihre Fluren. Doch ist die Große Mutter zornig, dann sengen und brennen die Sonnenstrahlen unbarmherzig auf die Erde herab. Ist die Mutter im Felsenschloß des Sommers überdrüssig, so zieht sie zu ihrem zweiten Sohn in den Kristallpalast im tiefen Meer. Ihre Söhne jagt sie auf grauen Wolkenrossen über die große Wasserwüste zu den Ländern der Menschen. Dann beginnt bei uns der Herbstregen. Schließlich verläßt die Mutter auch das Wasserschloß und steigt zu dem dritten Sohn in die Unterwelt hinab. Dann wird es bei uns Winter. Das Herrschen fällt der Großen Mutter nicht schwer, aber das Arbeiten. Und so müssen die Söhne ihr Dienerinnen herbeischaffen ... So manches Mädchen ist seither geraubt und niemals wieder nach Hause gekommen. Deine Schwestern aber haben von dem gesegneten Brot gegessen. Daher sind sie noch am Leben und warten auf ihre Erlösung.«

Alecko kann die Schwestern erlösen und tritt am Schluß des Märchens vor den Thron der Großen Mutter, deren »Strahlenaugen« keiner Lüge Platz lassen.

»Alecko folgte ihr in einen großen Saal und vor einen hohen Thron, auf dem die Große Mutter saß. Diese lächelte ihm überaus freundlich zu und sprach: ›Du hast keine Anstrengung gescheut, deine Schwestern zu erlösen. Die Vögel unter dem Himmel und der Delphin im Meer haben dir geholfen ...‹«

Auch dieses Märchen zeigt starke Parallelen zu dem Demeter-Persephone-Mythos.

Die Erde als verschlingende, rächende Kraft

Das russische Märchen »*Vom Drachen Gorynytsch und dem Helden Dobrynja*« (s. S. 46) stellt die Erde als verschlingende Mutter dar, die das Böse vernichten kann. Der Held Dobrynja muß einen schrecklich grausamen Kampf gegen das feuerspeiende Drachenungeheuer mit drei Köpfen und sieben Schwänzen bestehen. Es ist ein apokalyptischer Kampf, aussichtslos für den starken, aber waffenlosen Helden. Er hat nur eine siebenschwänzige seidene Zauberrute, die ihm seine Mutter gab.

»Es begann ein erbitterter Kampf, ein Kampf, wie ihn die Erde noch nicht erlebt hatte. Die Berge stürzten ein, die Eichen entwurzelten, und die Gräser fuhren eine Elle tief in den Boden ... Dobrynja preßte den Drachen mit der linken Hand in die Erde, und mit der rechten peitschte er auf ihn ein. So schlug er ihn mit der seidenen Peitsche, bändigte ihn wie ein Vieh und schlug ihm alle Köpfe ab. Da floß aus dem Drachen schwarzes Blut, es strömte nach Osten, und es strömte nach Westen und stieg Dobrynja bis zum Gürtel. Drei Tage und Nächte stand Dobrynja im schwarzen Blut des Drachens, seine Glieder erstarrten, und schon schlich sich die Kälte an sein Herz, denn die russische Erde verweigerte das Drachenblut. Als die Gefahr am höchsten war, griff Dobrynja nach der siebenschwänzigen Peitsche, peitschte die Erde und sprach dazu:
›Tu dich auf, Mutter Erde,
Mutter Erde, alt und gut,
daß ich nicht zuschanden werde,
ach verschling das Drachenblut!‹
Da öffnete sich die Erde und verschlang das Drachenblut.«

Dieses Märchen zeigt erstaunliche Parallelen zu der biblischen Szene der Apokalypse des Johannes (12, 13–16). Die Erde als helfende und rettende Macht, die vom Helden in höchster Not angerufen wird, läßt sich bitten. Zunächst verschmäht sie das Blut des Bösen, aber dann ist sie die Strafende und nimmt das unsäglich Böse – deshalb ist das Blut »schwarz« und läßt das Leben »erstarren« – in sich auf. Die Erdmutter in ihrer Ambivalenz von hell und dunkel, gebärend und verschlingend hat auch über das Böse Macht. Bezeichnenderweise ist es im Märchen die weise *Mutter,* die dem Helden die siebenschwänzige Seidenrute flicht (die Sieben ist eine heilige Zahl), welche die Erde zu öffnen vermag.

So kennt auch das Märchen die »selbsttätige, Gerechtigkeit schaffende Kraft« der Erde – ein Gedanke, der auch in der alttestamentlichen Erzählung von Kain und Abel zum Ausdruck kommt (vgl. Gen. 4,3) (siehe S. 57).

Die Erde als Schöpfergöttin

Manchmal verwischen sich die Grenzen zwischen Mythos, Sage und Märchen, so etwa in dem griechischen Erzähltext *»Die Herrin über Erde und Meer«* (s. S. 44). Deren Palast liegt in *der Erde:* »... da werde er an eine Erdöffnung kommen, diese führe zu ihrem Palaste!« Ein feuerspeiender Drache bewacht sie. Diesen jedoch kann der Held geheimnisvollerweise besiegen, wenn er ihm »einen großen Haufen Erde« in den Rachen wirft.

»Hier sah er aus einer Höhle drei Häupter hervorblicken mit feuerspeienden Augen und Mäulern, daß einen schauderte. Aber der Königssohn warf dem Ungeheuer schnell die Erde hin, an der sättigte es sich ... und legte sich schlafen. Da versetzte der Jüngling ihm einen tödlichen Hieb ... und kehrte damit zur Herrin über Erde und Meer zurück ...«

Die Urkraft der Erde besänftigt und *schläfert das Böse ein.* (Der Drache galt in allen Mythen als das Symbol des verschlingenden Bösen, des Dunklen, Bedrohenden; s. auch Hiob 3,8 und Hiob 41.) Das Ende des Märchens zeigt die Herrin über Erde und Meer als Göttin, der Eurynome des pelasgischen Schöpfungsmythos (s. o.) verwandt, ja sie selbst »macht neue Menschen«:

»Und eines Tages geriet die Herrin über Erde und Meer in solchen Zorn, daß sie den Wassern gebot, die ganze Erde zu überschwemmen. Da ertranken sämtliche Menschen. Sie aber schwebte in der Luft und schaute zu. Nachdem nun alle Menschen ertrunken waren und die Wasser wieder abgelaufen waren, stieg sie auf die Erde herunter und machte neue Menschen, indem sie Steine säte. Hierauf beherrschte sie wieder die ganze Welt von dem Throne aus, auf dem sie geboren war.«

Auch in alten Mythen und Kulturen lag der Palast der Göttin *in* der Erde. Der erste Delphische Orakelschrein war der

Erdgöttin geweiht. Er war der »Omphalos oder Nabelschrein, wo die Phython ursprünglich hauste«, er war *unterirdisch* im »Bienenkorbstil« gemauert (nach v. Ranke-Graves). In den antiken Mysterien mußte der Einzuweihende einen gefahrvollen Weg in die Unterwelt, in die Nacht der Erde, bestehen, um zur Wiedergeburt zu gelangen. Auch die Eleusinischen Mysterienspiele wurden zum Teil unter der Erde vollzogen, um die Rückkehr Persephones zur Erdmuttergöttin Demeter darzustellen.

Die Erde als verwandelnde Kraft

Eines der ältesten frühneuhochdeutschen Märchen *»Das Erdkühlein«* gibt uns weitere interessante Aufschlüsse über das Wesen der mater terra: Der Sprachbegriff »Erdkuh« ist uns heute verlorengegangen, Goethe hat ihn übrigens noch gekannt und als Kosewort benützt (»geliebtes Erdkulin«). Die Kuh, Mütterlichkeit und Fruchtbarkeit symbolisierend, in manchen Kulturen als heiliges Tier verehrt, ist im Märchen immer eine Figuration der Mutter, die Schutz spendet, Zuflucht bietet und mit dem eigenen Körper das Kind rettet.

Durch die Bildung des Wortes »*Erd*-Kühlein« wird der Aspekt der Erdverbundenheit, die Herkunft der übernatürlich-wunderbaren Hilfe verdeutlicht: Die Erdkuh ist selbst die Erdmutter-Göttin, die dem verzweifelten, zum Tode verurteilten Mädchen Schutz bietet. Dieses Mädchen darf allerdings das Geheimnis der Erdkuh niemandem verraten. Die Erdkuh nährt sie, spendet ihr »Samt und Seide in Fülle« – eine Metapher für Glück und Wohlstand.

»Das Erdkühlein« erzählt auch in ungewöhnlichen Metaphern von der wunderbaren und starken Kraft der *Verwandlung der Erde*. Entdeckt und verfolgt von der bösen Stiefmutter, soll das Erdkühlein nun geschlachtet werden. Es rät dem Mädchen – sobald dies geschehen sei –, seinen Schwanz, seine Hörner und seine Hufe *in die Erde einzugraben* und darauf zu vertrauen, daß die Erde ihr helfe:

»Wenn du den hast, so gehe hin und setze den Schwanz auf die Erde, auf den Schwanz das Horn, und auf das Horn setze den Schuh und gehe nicht wieder dorthin bis zum dritten Tag. Und am dritten Tag wird daraus ein Baum geworden sein; dieser wird im Sommer und Winter die schönsten Äpfel tragen, die man jemals gesehen hat. Und niemand wird sie pflücken können als du allein, und durch diesen Baum wirst du zu einer großen und mächtigen Herrin werden ... Als man nun das Kühlein schlachtete, stand Margarete da und begehrte alle diese Dinge, wie es ihm sein Kühlein empfohlen hatte, und sie wurden ihm auch gegeben. Und es ging hin und steckte sie in die Erde, und am dritten Tag war ein schöner Baum daraus gewachsen ...«

Durch die Verwandlungskraft der Erde wachsen auf dem wundersamen Apfelbaum Früchte, die Gesundheit verleihen. Das Mädchen kann dadurch Glück und Liebe gewinnen, denn sie vermag ihren zukünftigen Gemahl mit diesen Äpfeln von einer Krankheit zu heilen.

Die Große Göttin in Gestalt der drei Schicksalsgöttinnen

Nicht zuletzt zeigt sich die Große Göttin in der Gestalt der *drei Schicksalsgöttinnen:* In der germanischen Mythologie sitzen die drei mächtigen Lenkerinnen des Schicksals – Urd, Verdandi und Skuld, die drei *Nornen* – im Dunkel der Erde an den tiefen Wurzeln des Weltenbaumes Yggdrasill (s. S. 228). In der griechischen Mythologie kennen wir diese Figurentrias als Klotho, Lachesis und Atropos, mächtige Göttinnen, die stärker waren als Zeus selbst. Die *Moiren* (griech. moira = ein Teil) treten immer in der Dreizahl auf, Abbild der dreifaltigen Mondgöttin, das Leben selbst symbolisierend: Geburt / Leben / Tod: Klotho spinnt den Lebensfaden, Lachesis hält ihn, und Atropos schneidet ihn ab. Die Große Göttin wird häufig als Spinnerin des Schicksals oder auch als Weberin dargestellt. Die Schicksalsgöttinnen erscheinen bei der Geburt eines Kindes, weissagen ihm die Zukunft und spenden Zaubergaben. Sie haben die Macht, über Leben und Tod des Menschen zu bestimmen. Schon bei Homer finden wir den Hinweis auf die mächtigen Schicksalsfrauen:

Die Erde

»Künftig indes erdulde er, was ihm das Schicksal, als ihn die Mutter gebar, in den werdenden Faden gesponnen« (Ilias 20,127).

So erzählt das mazedonische Märchen »*Der Prinz und die drei Feen*« von drei weisen Frauen, die ihm in drei Nächten sein Schicksal bestimmten:

»Zuerst sprach die eine Fee: ›Schwestern, ich finde es billig, daß wir ihm ein langes Leben schenken, denn er ist seiner Eltern ein und alles!‹ Da rief die mittlere Fee ihrerseits: ›Mich dünkt es besser, daß wir ihm nur einige Tage schenken, damit ihn der Gedanke an den Tod nicht schmerze und erschrecke.‹ Die kleinste Fee aber schnitt ihm den Faden zu und rief: ›Warum wünscht ihr ihm dies und das? Ich gewähre ihm ein Leben von einundzwanzig Jahren, dann soll er sterben‹ ...«

Nun vermählte er sich aber eben im einundzwanzigsten Jahr, und

»da verschlang, als ob die Zeit es lenkte, die Erde das Pferd, so daß der Königssohn herabfiel und ertrank ... Welch Jammern hub nun an, von Weinen, Schreien und Verzweiflungsrufen erbebte die Erde. Seine arme junge Gattin konnte sich nicht beruhigen. Und während sie weinte und seufzte aus tiefstem Herzensgrund, sprach die junge Frau: ›Du meine schwarze Fee, warum schneidest du dir nicht zehn Jahre von den meinigen ab und schenkst sie dem Edlen?‹«

Die Erde, in Gestalt der Schicksalsgöttinnen greift in das Leben des Märchenhelden ein, sie verschlingt das Pferd, jedoch sie läßt sich auch durch das Leid erschüttern: sie hilft dem Prinzen: Die Schicksalsgöttin erhört die junge Frau, ihr Gemahl wird wieder lebendig, nach zehn Jahren jedoch muß er sterben.

Kunstgeschichtlich interessant ist nun, daß insbesondere frühchristliche Mariendarstellungen, meist die Verkündigungsszene, dieses Schicksalsmotiv aufnehmen und Maria mit dem *Symbol der Spindel* darstellen (s. S. 77, 90, 91). In den apokryphen Verkündigungsberichten (Jakobusbuch) wird erzählt, daß Maria mit dem Spinnen und Weben des purpurroten Tempelvorhangs beschäftigt war, als der Verkündigungsengel ihr erschien. Das archetypische Bild des Spinnens, das Symbol der Spindel und des Lebensfadens sind im Mythos immer dem

Weiblichen zugeordnet. Alle großen »Weltmütter« bei den Griechen, Ägyptern oder auch in der nordischen Mythologie waren Spinnerinnen oder Weberinnen. So kann auch Maria, die Gottesmutter, als Schicksalslenkerin gesehen werden.

Die Erde in den Vorstellungen des Mythos und im Symbolverständnis des Märchens ist die Große Mutter in ihren verschiedenen Figurationen, den Lebens- und Todesaspekt in sich vereinend, einmal die Lebengebende, die Schöpfergöttin und die Göttin der Gebärenden, aber auch die Liebesgöttin und in ihrem Dunkelaspekt die Todesgöttin, die Schicksalsgöttin. Das Märchen kennt – gleich den biblischen Berichten – die Erde als Personifikation einer *selbsttätigen Kraft,* als *richtende* und *gerechte* und so auch als *strafende* und *verschlingende Mutter.* Der wichtigste Aspekt ist jedoch der Aspekt der Verwandlung. Die Erde als Ort der Toten ist ebenfalls Geburtsort, Ort der Verwandlung in andere Formen des Lebens, Ort der Erneuerung.

Texte

Die Erde will das Ihre haben ...
Kaukasisches Märchen
Es war einmal eine Witwe, die hatte einen Sohn. Der Junge wuchs auf und sah, daß alle um ihn, er allein ausgenommen, einen Vater hatten. »Mutter«, frug er eines Tages, »warum haben alle anderen Jungen einen Vater und ich nicht?« »Weil dein Vater gestorben ist«, antwortete die Mutter. »Also kommt er nie mehr?« »Nein, Kind, dein Vater kommt nicht mehr, aber wir gehen zu ihm. Niemand kann dem Tod ausweichen, auch wir müssen sterben und in die Erde hinein.« »Ich habe Gott nicht um mein Leben gebeten«, antwortete der Junge, »und wenn er es mir einmal gegeben hat, warum nimmt er es mir dann wieder. Ich will einen Ort aufsuchen, wo es keinen Tod gibt.«

Seine Mutter wollte ihn freilich daran hindern, daß er in der weiten Welt herumlief, um einen solchen Ort zu suchen, aber umsonst. Der Junge machte sich auf die Wanderschaft. Die ganze Welt durchwanderte er, aber wo er auch hinkam und fragte: »Gibt es auch hier einen Tod?« überall wurde ihm dieselbe Antwort zuteil: »Ja, ja.« Schon war er zwanzig Jahre alt geworden, aber den Ort der Unsterblichkeit hatte er immer noch nicht gefunden.

Eines Tages ging er über Feld und sah plötzlich vor sich einen Hirsch, dessen vielverzweigtes Geweih sich in den Wolken verlor. Dem Jüngling gefiel das Geweih des Hirsches ungemein; er näherte sich diesem und sagte: »Ich beschwöre dich beim Schöpfer der Welt, sage mir, gibt es einen Ort, wo der Tod nicht hinkommt?« »Ich bin der Bote Gottes und führe seinen Willen aus«, antwortete der Hirsch, »ich werde solange leben, bis mein Geweih an den Himmel reicht, dann aber muß ich sterben. Wenn du willst, kannst du bei mir bleiben, bis zu meinem Tode; es soll dir an nichts fehlen.« »Nein«, sagte der Jüngling, »entweder ewig leben oder gar nicht; sonst hätt' ich ja auch zu Hause bleiben können und brauchte nicht in der Welt herumzuwandern!«

Mit diesen Worten ließ er den Hirsch stehen und ging weiter. Durch Steppen und Felder, durch Wiesen und Wälder kam er und erreichte endlich einen Abgrund; wie eine Hölle, so bodenlos gähnte er ihm entgegen. An den Rändern des Abgrundes starrten Felsen in die Höhe und auf einem derselben saß unbeweglich ein Rabe. Der Jüngling redete diesen an und frug: »Rabe, kennst du ein Land, wo es keinen Tod gibt?« »Ich bin ein Bote Gottes«, antwortete der Rabe, »und werde leben, bis ich diesen Abgrund mit meinem Mist gefüllt habe; wenn du willst, kannst du bei mir bleiben, es soll dir an nichts fehlen!«

Aber der Jüngling wollte nichts davon wissen und setzte seine Wanderung fort. Bis zum Meere kam er, ohne daß er irgend jemanden getroffen hätte. Aber einmal sah er in der Ferne ein glänzendes Etwas und als er näher kam, war es ein gläsernes Haus. Es hatte keine Türen, aber bei näherem Zusehen fand er einen Strich auf dem Glase; er drückte darauf, und das Haus tat sich auf. Drinnen lag ein Mädchen, so schön, daß die Sonne sogar es um seine Schönheit beneidete und blässer schien, wenn das Mädchen den Fuß vor die Schwelle setzte. Dem Jüngling gefiel die Schöne, er trat an sie heran und stellte ihr dieselbe Frage wie dem Hirsch und dem Raben. »Ein solches Land gibt es nicht«, sagte sie, »aber wozu suchst du? Bleib doch bei mir!« »Nicht um dich zu finden, bin ich ausgezogen«, entgegnete der Jüngling, »sondern das Land, wo man nicht stirbt.« »Vergebens ist dein Streben, die Erde will das Ihre haben, Unsterblichkeit wirst du nie erreichen; sag' mir, wie alt ich bin, wenn du kannst.« Der Jüngling schaute sie an; ihre junge Brust, die Farbe ihrer Wangen entzückte ihn so sehr, daß er Leben und Tod vergaß. »Mehr als fünfzehn Jahre kannst du nicht alt sein«, antwortete er ihr. »Du täuschst dich«, entgegnete sie, »ich bin am ersten Schöpfungstage erschaffen worden und bin heute noch so, wie ich damals war. Man nennt mich die Schönheit; ich werde ewig so bleiben, wie ich jetzt bin. Du hättest ewig bei mir bleiben können, aber du bist die Unsterblichkeit nicht wert; das ewige Leben wird dir zum Ekel werden.« Der Jüngling gelobte ihr, nie etwas gegen ihren Willen zu unternehmen und ewig bei ihr zu bleiben.

Die Jahre verflogen eins nach dem anderen; wie Sekunden so rasch waren sie vorbei. Die Erde veränderte sich, der Jüngling aber wußte von dem allen nichts, und das Mädchen blieb wie es war. So verging ein Jahrtausend. Da zog es den Jüngling in die Heimat; seine Mutter wollte er sehen, seine Freunde und Bekannten: »Ich muß jetzt gehen und meine Mutter und meine Verwandten einmal aufsuchen«, sagte er zu dem Mädchen. »Nicht einmal ihre Knochen mehr wirst du finden, wozu denn weggehen?« »Was du nur da sagst«, unterbrach er sie, »ich bin doch erst vor kurzem zu dir gekommen; wie sollten sie denn schon tot sein.« »Ich habe dir's ja gesagt, daß du nicht wert bist, ewig zu leben«, entgegnete das Mädchen, »geh nur zu, aber nimm diese drei Äpfel mit und wenn du zu Hause bist, iß sie!«

Der Jüngling verließ die Schöne und kam in seine Heimat zurück. Auf dem Wege kam er an die ihm längst bekannten Orte; der Rabe saß noch da, aber er war tot und der Abgrund voll von seinem Mist. Das Herz schnürte sich dem Jüngling zusammen, als er das sah; er wollte zurück zu seiner Schönen, aber es trieb ihn vorwärts. Über Felsen und durch Wälder und Felder kam er zum Hirsche; der stand noch da, aber er war tot, und auf sein Geweih stützte sich der Himmel. Jetzt erst glaubte der Jüngling, daß viele Jahre vergangen seien, seit er hier zum erstenmal vorbeikam. Aber weiter trieb es ihn in die Heimat. Er kam in sein Dorf, fand aber niemand Bekannten vor. Er frug nach seiner Mutter; niemand wußte von ihr, nur ein paar alte Leute sagten ihm, es habe wirklich nach einer alten Überlieferung einmal eine Frau dieses Namens gelebt; aber das sei jetzt tausend Jahre her und ihr Sohn könne unmöglich mehr leben.

Niemand wollte ihm glauben, daß er wirklich der Sohn dieser Frau sei;

alle dachten, er sei von Gott geschickt. Um ihn sammelten sich Menschen und begleiteten ihn. Schließlich kam er an den Ort, wo ehemals ihr Haus gestanden hatte; da waren noch verfallene, mit Moos und Nesseln bewachsene Mauern. Und nun erinnerte er sich genau wieder an das Vergangene, an seine Mutter, an seine Kindheit, und es ward ihm bitter zumute. Da fielen ihm die Äpfel ein: er aß den ersten, und ein weißer Bart fiel ihm plötzlich bis auf die Brust herab; er aß den zweiten, und die Knie gaben ihm nach, die Kräfte schwanden ihm, und er wurde schwach und hinfällig. Er schämte sich seiner selbst und bat einen Jungen, er möge ihm den dritten Apfel aus der Tasche holen und ihn ihm geben. Und als er ihn gegessen hatte, gab er seinen Geist auf.

Die Leute aus dem Dorfe aber trugen ihn hinaus und begruben ihn um Christi willen.

Die Herrin über Erde und Meer
Griechisches Märchen

Es war einmal und zu einer gewissen Zeit ein König, der hatte drei Söhne. Eines Tages begab er sich auf die Reise, und bei seiner Rückkehr brachte er jedem seiner Söhne ein Geschenk mit. Dem ältesten gab er ein Bild von der Herrin über Erde und Meer. Als der Königssohn dieses Bild sah, wurden seine Sinne bezaubert von seiner Schönheit, und er wollte die Herrin über Erde und Meer aufsuchen, um sie sich zum Weibe zu nehmen. Da er aber nicht wußte, wo sie wohnte, noch wie er's anzufangen hätte, um sie zu gewinnen, beschloß er, sich an eine Zauberin zu wenden. Er ging also zu einer solchen, und die sagte ihm, er müsse den Weg einschlagen, der nach seinem Namen benannt sei: auf diesem Wege werde er einen Bogen finden von solcher Beschaffenheit, daß, wer mit ihm schieße, unmöglich das Ziel verfehle. Er werde aber auch zwei sehr lange und dicke Haare finden, das seien Haare von dem Wurm mit den drei Köpfen. Die solle er aufheben und mit ihnen und dem Bogen den Weg zur Herrin über Erde und Meer antreten.

Um nun aber in deren Wohnung zu gelangen, müsse er den Weg zur Rechten seines Schlosses einschlagen, da werde er an eine Erdöffnung kommen, diese führe zu ihrem Palaste. Wenn er bei ihr angekommen sei, werde sie zunächst von ihm verlangen, daß er ein Fläschchen zerschieße, ohne die Taube zu tödten, welche dasselbe in ihrem Schnabel trage. Mit dem Bogen werde er dies vollbringen. Hierauf werde sie ihm aufgeben, die Haut des dreiköpfigen Wurms und das Geweih, das derselbe auf seinen Häuptern trage, ihr zu bringen. Da solle er die Haare nehmen und ihr eines Ende an seinen Händen befestigen, das andere aber hängen lassen. Wohin er nun merke, dass die Haare ihn zögen, dahin solle er gehen. So werde er zu dem Wurm gelangen. Der werde ihn fressen wollen, aber er solle nur Mut haben und sich nicht vor seiner Grösse und seinen gewaltigen Zähnen fürchten, sondern ihm schnell einen grossen Haufen Erde hinwerfen, die müsse er aber vorher sich verschaffen, denn dort gebe es keine Erde, sondern nur Steine. Wenn der Wurm an der Erde sich satt gefressen, werde er einschlafen, und nun solle er ihn tödten, ihm die Haut abziehen und auch das Geweih von seinen Häuptern nehmen.

Als der Königssohn diese Rathschläge vernommen hatte, suchte er zuerst den Bogen und die Haare, und nachdem er beides gefunden, machte er sich auf nach dem Schloss der Herrin über Erde und Meer. Nach langer Wanderung kam er dort an. Sobald die Herrscherin ihn erblickt und von ihm gehört hatte, dass er gekommen sei, sie zu freien, theilte sie ihm mit, welche Befehle er vorher auszuführen habe. Und Tags darauf erhob sie sich, weckte den Jüngling und führte ihn, begleitet von ihrem ganzen Gefolge, in eine sehr schöne Gegend. Auf einen Schlag mit einer Ruthe erschien sofort eine schöne Taube vor ihr. Nun nahm sie ein Fläschchen aus der Tasche und band es um den Hals der Taube und gab dem Jüngling auf, es zu zerschiessen, ohne die Taube zu tödten. Als er sich zum Schusse vorbereitet, liess sie die Taube fliegen. Der Königssohn traf die Flasche, und die Taube flog unbeschädigt zurück und liess sich auf ihrer Herrin nieder. Die sagte nichts, sondern schwieg.

Am folgenden Tage aber sagte sie zu dem Jüngling, er müsse ihr noch die Haut des dreiköpfigen Ungeheuers und das Geweih, das es auf seinen Häuptern trage, binnen vier und zwanzig Stunden bringen. Da brach der Königssohn am anderen Morgen frühzeitig auf, und nachdem er sich die Haare an die Hände gebunden, merkte er, dass sie ihn nach dem Meere zogen, in der Richtung auf ein kleines Eiland zu, welches wie ein einziger Stein aussah. Am Strande angekommen, füllte er zwei Säcke mit Erde, bestieg ein kleines Fahrzeug, das er dort vorfand, und landete drüben an der Insel.

Hier sah er aus einer Höhlung drei Häupter hervorblicken mit feuersprühenden Augen und Mäulern, die Flammen aushauchten, dass einen schauderte. Aber der Königssohn warf dem Ungeheuer schnell die Erde hin, an der sättigte es sich, und dann kroch es ganz aus seinem Loch heraus und legte sich schlafen. Da versetzte ihm der Jüngling einen tödtlichen Stich, zog ihm dann die Haut vom Leibe, riss auch das Geweih von den Häuptern ab und kehrte damit zur Herrin über Erde und Meer zurück.

Die liess nun einen prächtigen Wagen zurechtmachen, stieg mit ihrem zukünftigen Gemahl hinein – und in einem Augenblick waren sie in dessen Lande. Hier verheiratheten sie sich und lebten einige Jahre zusammen, aber immer herrschte Unfriede unter ihnen, und eines Tages gerieth die Herrin über Erde und Meer in solchen Zorn, dass sie den Wassern gebot, die ganze Erde zu überschwemmen. Da ertranken sämmtliche Menschen. Sie aber schwebte in der Luft und schaute zu. Nachdem nun alle Menschen ertrunken und die Wasser wieder abgelaufen waren, stieg sie auf die Erde herunter und machte neue Menschen, indem sie Steine säete. Hierauf beherrschte sie wieder die ganze Welt von dem Throne aus, auf dem sie war geboren worden.

Die Erde

Vom Drachen Gorynytsch und dem Helden Dobrynja
Russisches Märchen
Vor langer, langer Zeit lebte einmal eine Witwe, Mamelfa Timofejewna, die hatte einen Sohn, den Helden Dobrynja, und dessen Ruhm ging über alle Lande. Er war kühn und schön. Er war des Lesens und des Schreibens kundig, keiner verstand so die Gusli zu spielen und Lieder zu singen und keiner war so tapfer im Kampf wie er. Auch war er gut von Herzen und jeder liebte ihn wegen seines sanften Wesens. Man nannte ihn nur den sanften Dobrynjuschka.

An einem Tag im heißen Sommer sprach Dobrynja zu seiner Mutter:
»Mütterchen, die Hitze hat mich ermattet, deshalb will ich zum Putschai-Fluß reiten und in seinen Wellen baden und mich erfrischen.«

Da erschrak Mamelfa Timofejewna und sprach:
»Ach, mein Sohn, mein geliebter Dobrynjuschka, reite nicht zu diesem Fluß, der Putschai ist ein wildes, schlimmes Wasser. Seine erste Welle speit Feuer, seine zweite Welle sprüht Funken und aus der dritten Welle steigt Qualm.«

»Mütterchen, ich will auf deine Warnung hören, doch laß mich am Ufer entlangreiten und frische Luft schöpfen.«

»Dann ziehe in Gottes Namen, mein Sohn, aber reite nur am Ufer entlang.«

Da setzte sich Dobrynja den Helm auf, gürtete sein scharfes Schwert, griff nach Lanze, Bogen und Pfeilen und nahm die Peitsche und schwang sich auf sein edles Pferd und ritt davon. Er ritt kurze Wege und er ritt lange Wege. Er ritt Stunde um Stunde, und heißt brannte und sengte die Sonne. Da vergaß er seiner Mutter Warnung, ritt zum Putschai-Fluß, und kühle Winde wehten ihm entgegen. Da sprang Dobrynja vom Pferd, warf die Zügel seinem Knappen zu, der mit ihm geritten war, entkleidete sich, legte alle seine Waffen aufs Pferd und sprang in den Fluß. Und wie er so schwamm, sprach er verwundert:

»Ach, was hat mir mein Mütterchen nur erzählt, der Putschai ist ja gar nicht wild, er ist still und sanft wie ein Teich.«

Doch kaum hatte Dobrynja die Worte gesprochen, da verdunkelte sich der Himmel, und doch war keine Wolke zu sehen, es fiel kein Regen, aber der Donner grollte, es zuckten die Blitze, und die Flammen züngelten. Und Dobrynja sah den fürchterlichen Drachen Gorynytsch, den furchtbaren Drachen mit den drei Köpfen und den sieben Schwänzen, durch die Lüfte heranbrausen. Flammen loderten aus seinen Mäulern, aus den Ohren quoll der Qualm, an den Pranken glänzten eherne Klauen und die Luft war mit Schwefel erfüllt. Als der Drache Gorynytsch Dobrynja sah, da schrie er mit schrecklicher Stimme:

»Einst haben die Alten mir geweissagt, daß der Held Dobrynja mich besiegen würde, dabei geht er mir selbst in die Fänge. Soll ich ihn lebend fressen oder soll ich ihn in meine Höhle schleppen und ihn gefangenhalten; zahlreiche Russen halte ich dort gefangen, bloß Dobrynja hat mir noch gefehlt.«

Da entgegnete Dobrynja:

»Besiege du mich erst, Verfluchter, dann kannst du prahlen, doch noch ist es nicht soweit!«

Dobrynja tauchte auf den Grund des Flusses, schwamm unter den Wellen zum Ufer, erklomm die Böschung und wollte zu seinem Pferd stürzen, doch siehe, das Pferd war verschwunden. Der Drache hatte den jungen Knappen so in Angst und Schrecken versetzt, daß er sich aufs Pferd geschwungen hatte und mit Dobrynjas Waffen geflohen war. So war nun Dobrynja dem Drachen Gorynytsch wehrlos ausgeliefert. Und schon kam der Drache herangebraust und glühende Flammen sprangen aus seinen Mäulern und brannten auf Dobrynjas weißer Haut. Des Helden Herz erbebte, als er sah, daß kein Knüppel und Stein am Ufer lag, den er hätte packen können, allein sein Helm lag dort. Da griff Dobrynja nach seinem Helm, schüttete fünf Pud Sand hinein, holte gewaltig aus, ließ den Helm mit solcher Wucht auf den Drachen niedersausen, daß diesem ein Kopf absprang. Dann warf er den Drachen zu Boden und wollte ihm die beiden andern Köpfe abschlagen. Da fing der Drache Gorynytsch an zu bitten und zu flehen:

»Töte mich nicht, Dobrynjuschka, ich schwöre dir feierlich, immer werde ich dir Gehorsam erweisen. Ich werde nie mehr in das weite russische Land fliegen, ich werde keinen Russen mehr gefangennehmen, laß mich ziehen, Dobrynjuschka, und tu auch meinen Drachenjungen nichts zuleide!«

Da ergriff den Helden Mitleid. Er glaubte den falschen Worten des Drachen Gorynytsch und ließ ihn frei, den Verfluchten. Kaum aber war dieser frei, schwang er sich in die Wolken und flog nach Kiew. Er flog geradewegs zum Palast des Fürsten Vladimir. Dort erging sich die junge Nichte des Fürsten, Sabawa Putjatischna, im Garten.

Da stürzte sich der Drache herab, packte die schöne Sabawa Putjatischna und entführte sie weit, weit in die Sorotschinsker Berge.

Dobrynja hatte unterdessen seinen Knappen wiedergefunden, und wie er sein Gewand anlegen wollte, verdunkelte sich der Himmel abermals, und der Donner grollte. Die Blitze zuckten, und die Flammen züngelten. Wie nun Dobrynja hochsah, erblickte er den Drachen Gorynytsch, der aus Kiew geflogen kam und die schöne Fürstin in den Krallen hielt.

Da ritt Dobrynja traurig nach Hause zurück. Seine Mutter fragte ihn:

»Was für ein Kummer quält dich, warum bist du so traurig, Dobrynjuschka, mein Sonnenlicht?«

»Ich werde daheim nicht froh. Deshalb will ich nach Kiew zum Fürsten Vladimir reiten, er hält heute ein fröhliches Gelage ab.«

»Ach, mein Söhnchen, reite nicht zum Fürsten Vladimir, ich ahne nichts Gutes. Ein Gastmahl kannst du auch zu Hause geben.«

Dobrynja aber hörte nicht auf die Warnung seiner Mutter, schwang sich auf sein Pferd und ritt nach Kiew.

Dort betrat er des Fürsten Gemach. Die Tische bogen sich unter den Speisen, unter den Fässern mit süßem Met. Die Gäste aber aßen nicht und tranken nicht. Traurig ließen sie die Köpfe hängen. Die Fürstin hatte das Gesicht mit einem Schleier verhüllt.

Fürst Vladimir sprach zu den Gästen:

»Kein fröhlicher Schmaus ist heute. Ihr seht die Fürstin trauern, und auch mein Herz ist von Trauer erfüllt, denn wisset, der verfluchte Drache Gorynytsch hat unsere geliebte Nichte geraubt. Wer von euch Helden reitet zum Sorotschinsker Berg und befreit sie?«

Da verkrochen sich die Gäste einer hinter dem andern. Die Großen hinter den Mittleren, die Mittleren hinter den Kleinen, und die Kleinen hielten den Mund.

Da zürnte Fürst Vladimir und rief:

»Wagt es denn keiner von euch, sind hier nur Feiglinge?«

Da trat der junge Held Aljoscha Popowitsch hervor und sprach:

»Fürst Vladimir, Sonne von Kiew, höre mich an! Wie ich gestern über die Felder ritt, sah ich den berühmten Dobrynja am Putschai-Fluß. Er verbrüderte sich gerade mit dem Drachen Gorynytsch und nannte ihn sein jüngeres Brüderchen. Deshalb schicke Dobrynja, den ehrlichen Helden, zum Drachen, bestimmt wird das liebe Wahlbrüderchen dem Dobrynja die Bitte nicht abschlagen und ihm deine Nichte kampflos herausgeben.«

Da ergrimmte Fürst Vladimir und rief voll Zorn:

»Besteige dein Pferd, Dobrynja, reite zum Sorotschinsker Berg und hole mir meine geliebte Nichte. Bringst du sie mir aber nicht, kostet es dich deinen Kopf!«

Da senkte Dobrynja die kühne Stirn, sprach kein Wort, schwang sich aufs Roß und ritt nach Hause.

Die Mutter trat ihm entgegen und als sie sah, wie bleich er war, rief sie:

»Dobrynjuschka, mein Söhnchen, mein Licht, was bekümmert dich? Ist dir ein Leid geschehen beim Gastmahl? Hat man dich gekränkt, dir den Becher verweigert oder einen niederen Platz angewiesen?«

»Man hat mich nicht gekränkt, hat mir nicht den Becher verweigert, und der Platz war nach Rang und Stand.«

»Warum bist du dann so traurig?«

»Ach, Mütterchen, Fürst Vladimir hat mir befohlen, zum Sorotschinsker Berg zu reiten und seine Nichte, die schöne Sabawa Putjatischna, zu befreien, die der verfluchte Drache Gorynytsch gefangenhält.«

Da entsetzte sich Mamelfa Timofejewna gar sehr, jedoch weinte und klagte sie nicht und sprach:

»Leg dich schlafen, Dobrynjuschka, wenn die Nacht vorüber ist, wollen wir Rat halten. Der Morgen ist weiser denn der Abend.«

Und Dobrynja legte sich zu Bett und schlief. Seine Mutter aber flocht die ganze Nacht hindurch eine siebenschwänzige Peitsche aus sieben verschiedenen Seiden.

Als der Morgen graute, weckte Mamelfa Timofejewna den Helden Dobrynja:

»Erhebe dich vom Lager, mein Söhnchen. Rüste dich und geh zum alten Stall. Die Tür zum dritten Stand geht nicht auf, stemme dich dagegen, Dobrynjuschka, öffne sie, denn drinnen steht des Großvaters Pferd Buruschka. Ungepflegt steht es seit fünfzehn Jahren im Stall.«

Da ging Dobrynja zum Stall und hob die Tür aus den Angeln, führte das Pferd Buruschka ans Tageslicht, striegelte es, fütterte und tränkte es und begann es zu satteln. Als er ihm den goldenen Zaum angelegt, trat seine Mutter zu ihm, reichte ihm die siebenschwänzige Peitsche und sprach:

»Höre auf meine Worte, Dobrynja. Der Drache Gorynytsch wird nicht daheim sein, wenn du zum Sorotschinsker Berg kommst. Reite mit deinem Roß Buruschka getrost in die Drachenhöhle. Die Drachenbrut wird sich um Buruschkas Beine winden. Du aber schlag Buruschka mit der siebenschwänzigen Peitsche zwischen die Ohren, dann wird sich das Pferd bäumen und ausschlagen, wird die Drachenbrut abschütteln und zerstampfen.«

Es brach ein Zweig vom Stamm.
Der Apfel fiel vom Baum.
Der Sohn ritt von der Mutter fort,
Hinaus zum blut'gen Streit!

Dobrynja ritt unter der hellen Sonne. Er ritt unter dem blanken Mond. Er ritt kurze Wege, er ritt lange Wege. Endlich kam er zum Sorotschinsker Berg. Vor der Höhle des Drachen wimmelte es von seiner Brut. Die Drachenjungen wanden sich um Buruschkas Beine und verbissen sich in seine Hufe, so daß er in die Knie sank. Da erinnerte sich Dobrynja an der Mutter Worte, schlug Buruschka die siebenschwänzige Peitsche zwischen die Ohren und sprach dazu:

»Auf, auf Buruschka, spring hoch und gut und vernicht die Drachenbrut!«

Siehe, die Peitsche verlieh dem Pferd Buruschka ungeahnte Kräfte. Es machte einen Sprung, daß die Steine unter seinen Hufen eine Werst weit flogen, es schüttelte die ganze Drachenbrut ab, zertrat sie mit den Hufen und zerstampfte die Drachenjungen bis zum letzten. Da stieg Dobrynja vom Pferd. Er nahm in die Rechte sein scharfes Schwert, in die Linke die schwere Streitkeule und ging zur Drachenhöhle. Doch kaum hatte er den ersten Schritt getan, da verdunkelte sich der Himmel, der Donner grollte, und die Blitze zuckten. Der Drache Gorynytsch kam herangeflogen. Er trug in den Klauen eine leblose Beute, und das Feuer loderte aus seinen Mäulern, und aus den Ohren quoll der Qualm, und die Krallen glühten wie Feuer. Kaum erblickte der Drache Dobrynja, da ließ er seine Beute fallen und brüllte mit fürchterlicher Stimme:

»Warum hast du den Eid gebrochen, warum hast du meine Jungen zerstampft?«

»Habe ich denn den Eid gebrochen, du Verfluchter? Weshalb bist du nach Kiew geflogen und hast die schöne Sabawa Putjatischna entführt? Ich vergebe dir deinen Treuebruch, wenn du mir die Fürstin kampflos herausgibst.«

»Fressen werde ich die Sabawa Putjatischna, und fressen werde ich dich, Dobrynja, und alle Russen werde ich gefangennehmen!«

Da ergrimmte Dobrynja, stürzte sich voller Zorn auf den Drachen, und es begann ein erbitterter Kampf, ein Kampf, wie ihn die Erde noch nicht erlebt hatte. Die Berge stürzten ein, die Eichen entwurzelten, und die Gräser fuhren eine Elle tief in den Boden. Drei lange Tage und drei lange Nächte tobte der Kampf, und schon neigte sich der Sieg dem Drachen Gorynytsch zu. Er warf Dobrynja hoch in die Lüfte und schleuderte ihn zu Boden. Da gedachte Dobrynja der Mutter Wort, riß die Peitsche aus dem Gürtel und schlug und peitschte den Drachen zwischen die Ohren. Da brach Gorynytsch in die Knie. Dobrynja preßte den Drachen mit der linken Hand in die Erde, und mit der rechten peitschte er weiter auf ihn ein. So schlug er ihn mit der seidenen Peitsche, bändigte ihn wie ein Vieh und schlug ihm alle Köpfe ab.

Da floß aus dem Drachen schwarzes Blut, es strömte nach Osten, und es strömte nach Westen und stieg Dobrynja bis zum Gürtel. Drei lange Tage und drei lange Nächte stand Dobrynja im schwarzen Blut des Drachen, seine Glieder erstarrten, und schon schlich sich die Kälte an sein Herz, denn die russische Erde verweigerte das Drachenblut. Als die Gefahr am höchsten war, griff Dobrynja nach der siebenschwänzigen Peitsche, peitschte die Erde und sprach dazu:

»Tu dich auf, Mutter Erde,
Mutter Erde, alt und gut,
daß ich nicht zuschaden werde,
ach verschling das Drachenblut!«

Da öffnete sich die Erde und verschlang das Drachenblut. Dobrynja konnte nun endlich ruhen, doch lange ruhte er nicht. Er wusch sich und ging zu den Drachenhöhlen. Sie hatten alle kupferne Tore, die waren mit eisernen Riegeln versperrt und mit goldenen Schlössern verschlossen. Dobrynja zerschmetterte die Tore und riß Schlösser und Riegel aus den Angeln und betrat die erste Höhle. Dort waren Menschen aus vierzig Ländern, vierzig Reichen, und hätte man sie alle gezählt, man wäre in zwei Tagen nicht damit fertig geworden, denn es waren ihrer so viele.

Dobrynja sprach zu ihnen:

»Ihr Fremden und ihr Krieger aus der Ferne! Tretet hinaus in die freie Welt, kehrt zurück in eure Lande und vergeßt den russischen Helden nicht.«

Da traten sie alle hinaus in die Freiheit und verneigten sich tief vor Dobrynja, und sie gelobten:

»Immer und in alle Ewigkeit werden wir an dich denken, russischer Held.«

Dobrynja öffnete Höhle um Höhle und befreite all die Gefangenen. Heraus traten Männer und Weiber, Kinder und Greise, Russen und Fremde, aber Sabawa Putjatischna war nicht unter ihnen. Elf Höhlen hatte er geöffnet. Wie er in die zwölfte kam, da fand er dort endlich Sabawa Putjatischna. Sie hing mit goldenen Ketten festgeschmiedet an der feuchten Wand.

Da sprengte Dobrynja die Ketten, hob die Fürstin von der Wand und trug sie auf seinen Armen hinaus ans Licht. Er bettete sie ins grüne Gras, flößte ihr Speise und Trank ein, deckte sie mit seinem Mantel zu und legte sich dann selbst schlafen.

Die Sonne neigte sich zum Abend, als der Held Dobrynja erwachte. Da sattelte er Buruschka und weckte des Fürsten schöne Nichte. Er hob sie vor sich auf den Sattel, schwang sich selbst auf das Pferd und ritt davon. Ringsum standen in hellen Scharen all die befreiten Menschen, die ihm dankten und ihm zujubelten und dann in ihre Heimat eilten.

Dobrynja ritt und ritt und gab seinem Pferd die Sporen. Und glücklich brachte er Sabawa Putjatischna nach Kiew.

Literaturhinweise

1. ORIGINALTEXTE:

Die Erde will das Ihre haben
  Kaukasische Märchen, ausgewählt und übersetzt von A. Dirr, Jena 1920
Die Herrin über Erde und Meer
  Bernhardt Schmidt, Griechische Märchen, Sagen und Volkslieder, Leipzig 1877
Vom Drachen Gorynytsch und dem Helden Dobrynja
  Onezskija byliny, Sanktpeterburg 1873; aus dem Russischen inhaltlich übersetzt von Paul Walch, in Prosa übertragen und bearbeitet von Sigrid Früh. In: Märchen von Drachen, Hrsg. von Sigrid Früh, Frankfurt 1988

2. IM KOMMENTAR ZITIERTE MÄRCHEN:

Frau Holle
  Brüder Grimm, Kinder- und Hausmärchen, Ausgabe letzter Hand, Göttingen 1857
Die Holundermutter
  Märchen von Leben und Tod, Hrsg. von Sigrid Früh, Frankfurt 1990

Das Murmeltier
Nach einer handschriftlichen Fassung der Brüder Grimm, 1810. In: Dornröschen und der Rosenbey, Hrsg. von Barbara Stamer, Frankfurt 1985
Tjan-Bolpin
Karl Felix Wolf, Dolomitensagen, Bozen 1913
Das schwarze, das rote und das weiße Haar
Spanische Märchen, Hrsg. von Harri Meier und Felix Karlinger, Köln 1961
Alecko und seine drei Schwestern
Märchen von Leben und Tod, Hrsg. von Sigrid Früh, Frankfurt 1990
Das Erdkühlein
Martin Montanus, Ein schön History von einer Frawen mit zweyen Kindlin. In: Ander theyl Gartengesellschaft, Straßburg 1560. Aus dem Frühneuhochdeutschen übersetzt und dem jetzigen Sprachgebrauch behutsam angepaßt (ungekürzte Ausgabe) von Barbara Stamer. In: Dornröschen und der Rosenbey, Hrsg. von Barbara Stamer, Frankfurt 1985
Der Prinz und die drei Feen
Martin Löpelmann, Aus der Volksdichtung der macedonischen Rumänen, Leipzig o. J. In: Märchen von Schicksal und Weissagung, Hrsg. von Barbara Stamer, Frankfurt 1990

2. Die Erde in der Bibel
Elisabeth Moltmann-Wendel

Die Erde in biblischer und nachbiblischer Tradition

Nach christlicher Ansicht hat Gott Himmel und Erde geschaffen, und es bleibt demnach nicht viel Raum für eine Eigenständigkeit der Erde, wie sie uns farbig und dynamisch in Mythen und Märchen begegnet. Nach christlicher Auslegungstradition ist die Erde dann dem Menschen zur Nutzung und Beherrschung übergeben worden, was – nach heutiger verbreiteter Auffassung – zu ihrer katastrophalen Ausnutzung und Ausbeutung geführt habe. Beide Vorstellungen fordern uns heraus, neu nach dem eigentlichen biblischen Verständnis der Erde zu fragen. Ging die in der alten Welt gängige Vorstellung von ihr als heilsame, schicksalhafte, mütterliche Kraft verloren? Übernahm ein patriarchaler Gott ihre Funktionen und schaltete sie als erfahrbare Energie aus?

Alttestamentliche Exegeten wie Erich Zenger haben uns inzwischen gezeigt, daß das »Untertan-Machen« der Erde die schützende Aufsicht des Hirten für sein Vieh umschreibt, also keineswegs auf eine spätere Ausbeutung ausgerichtet war. Naturwissenschaften, Kolonialismus oder was immer sich auf das Herrschaftsgebot über die Erde bezog, müssen aus abendländischer Tradition erklärt werden, in der stets Geist über Körper, Mensch über Erde dominierte. Nicht die Bibel selbst, sondern die fatale Wirkungsgeschichte ist also für unser tief verinnerlichtes Herrschaftsdenken verantwortlich. Christen und Christinnen aus Asien und Afrika, Feministinnen aus der Ersten Welt zeigen uns heute, daß für sie die Erde Mutter, Mutterleib und Mutter Erde ist. Wo religiöse Kulturen die Erde für heilig und göttlich hielten, verstand man auch die biblischen Aussagen anders, sah die biblische Ehrfurcht vor der Erde und sah sie als große Mutter an, von der wir alle abhängig sind und die nicht einigen, sondern allen Menschen gehört. »Heiliger Geist, erhalte Mutter Erde« – so lautet ein Gebet der Frauen im Pazifik.

Sind solche Aussagen auch aus der Bibel selbst zu entnehmen? Wir stoßen in ihr auf höchst unterschiedliche Vorstellungen: auf sehr bekannte Bilder, daß die Erde Teil der Welt ist, Wohnstätte der Menschen, verderbt durch die Sünde, wie die Menschen dem Untergang geweiht. Aber wir stoßen auch auf erstaunliche Bilder von ihrer Eigenwilligkeit und Eigenständigkeit, wie sie uns in Mythen und im Märchen begegnen. Diesen kaum bekannten Vorstellungen soll hier nachgegangen werden.

Die Erde als mütterliche, selbsttätige Kraft

Schon im ersten Schöpfungsbericht ist die »Untertanin« Erde, von der später eine so fatal verstandene Wirkungsgeschichte ausging, auch als Akteurin gesehen und greift alte mythologische Vorstellungen von Gaia, der Erde als Gebärerin des Lebens, auf, wie es der olympische Schöpfungsmythos erzählt (S. 21). Zwar ist Gott als der Initiator des Schöpfungsgeschehens gesehen, indem er spricht, aber zugleich wird auch der Erde eine selbständige Funktion zugetraut. Erinnerungen an die Erde als Bild des Mutter-Leibes und als Muttersymbol haben hier mitgespielt.

> »Und Gott sprach: Es lasse die Erde aufgehen Gras und Kraut, das Samen bringe, und fruchtbare Bäume auf Erden, die ein jeder nach seiner Art Früchte tragen, in denen ihr Samen ist. Und es geschah also. Und die Erde ließ aufgehen Gras und Kraut, das Samen bringt, ein jedes nach seiner Art ...« (Gen 1, 11f.).

Dieselbe Autarkie gesteht mehrere Jahrhunderte später auch der Verfasser des Markusevangeliums der Erde zu. Er läßt Jesus sagen:

> »Mit dem Reich Gottes ist es so, wie wenn ein Mensch Samen aufs Land wirft und schläft und aufsteht, Nacht und Tag, und der Same geht auf und wächst – er weiß nicht wie. Denn von selbst bringt die Erde Frucht, zuerst den Halm, danach die Ähre, danach den vollen Weizen in der Ähre ...« (Mk 4,26f.).

In beiden Fällen kommt der Anstoß von außen: das Wort Gottes, der Same des Sämanns, doch der Akzent und die Bewunderung in diesem Prozeß gilt der Erde und ihren verschiedenen Prozessen des Wachsenlassens. Sie ist die Herrin der Pflanzen. Wie die Erde sprossen lassen soll (blastano), so sproßt der Same. Das gleiche (griechische) Wort aus der Schöpfungsgeschichte (wie es in der griechischen Übersetzung des Alten Testaments, in der Septuaginta, gebraucht wird) hat der Verfasser des Markusevangeliums genommen. Beide Texte sind wohl bewußt aufeinander bezogen. Die Erinnerung an die Erde als mater terra – magna mater ist im jüdisch-christlichen Schöpfungsglauben erhalten geblieben. Auch das aus Kosmogonien bekannte Bild von der Erde als Gebärerin der Tiere, als »Herrin der Tiere«, konnte in diesem Schöpfungsbericht Platz finden:

»Und Gott sprach: Die Erde bringe hervor lebendiges Getier, ein jedes nach seiner Art, Vieh, Gewürm und Tiere des Feldes, ein jedes nach seiner Art. Und es geschah also« (Gen 1,24).

Durch das ganze Alte Testament zieht sich die Vision vom »Land, wo Milch und Honig fließt«, eine Erinnerung an die in der Kulturgeschichte bekannte Verbindung Erdmutter/Biene und ein Hinweis, daß die Erdsymbolik tief in das jüdische Denken eingegangen war.

Der selbsttätigen Erde begegnen wir auch wieder in der christlichen Tradition. Hildegard von Bingen hat sie mit einer Mutter verglichen: »So ist die Erde gleichsam die Mutter der verschiedenen Arten ... Sie ist aller Mutter, weil alles, was nur immer Gestalt und Leben irdischer Natur hat, sich aus ihr erhebt, und da schließlich selbst der Mensch ... aus Erde geschaffen wurde.« Hat Hildegard die Schöpferkraft der Erde in Verbindung mit dem Erdenmenschen gebracht, so führt ein altes Adventslied »O Heiland, reiß die Himmel auf« diese schöpferische Erdmacht noch weiter aus: »O Erd, schlag aus, schlag aus, o Erd, daß Berg und Tal grün alles werd! O Erd, herfür dies Blümlein bring, o Heiland, aus der Erden spring!« Sogar eine Art kosmischer Heiland wird also hier aus der Schöpfermacht Erde erwartet. Wir werden auf diesen seltenen

Gedanken später noch eingehen. Auf jeden Fall ist die biblische Vorstellung von der Selbsttätigkeit und Kooperation der Erde mit Gott in der christlichen Tradition weitergedacht worden. Franz von Assisi konnte die Erde »Mutter« und »Schwester« nennen und schlug damit zugleich einen Bogen zur Menschheit, die auch einen Teil Schöpferkraft Gottes bekommen hat. Ein russisches Sprichwort sagt, daß der Heilige Geist in der Erde lebt – eine fast paradoxe Vorstellung, die zwei scheinbar konträre Größen wie Geist und Erde – oben und unten – vereint und die gerade in dieser Paradoxie ein Hinweis auf alte Gottesvorstellungen ist, nach denen Gott in der Schöpfung anwesend ist und Geist und Erde integriert gesehen werden können.

Nach der »Gaja-Hypothese«, die J. E. Lovelock naturwissenschaftlich entwickelt hat, ist die Erde mit ihrer Atmosphäre und ihrer Biosphäre, dem ständigen Zustrom der Sonnenenergie, den regelmäßigen Temperaturschwankungen usw. ein lebendiger Gesamtorganismus, ein energieaufnehmendes, sich selbst regulierendes, offenes Lebenssystem, dem eine Subjektivität eigener Art zuzuschreiben ist. Ähnliche Gedanken begegnen bereits in der Bibel.

Die gerechte und richtende Erde

Die Erde ist heilig und muß rein von Unrecht gehalten werden. »Macht das Land (= Erde) nicht unrein, darin ihr wohnt und darin ich auch wohne«, ist Gottes Weisung. Gesetzesübertretung entweiht diese gerechte und heilige Erde. In der Bibel wird die Erde nie als Göttin und Mutter verehrt, aber deren Attribute sind zweifelsohne auf das Land = die Erde übertragen worden. »Die Erde ist entweiht von ihren Bewohnern, denn sie übertreten das Gesetz«, klagt der Prophet Jesaja (Jes 24,5). Besonders Mord und Blutvergießen schändet die Erde, denn im Blut ist Leben, und aus der Erde kommt Leben. »Wer des Blutes schuldig ist, schändet das Land«, heißt es in Israel (Num 35,33). Auch das Blut von Tieren soll nicht genossen werden, sondern soll wie Wasser auf die Erde gegossen werden (Dt 12,24). Blut und Boden sind hier noch in ursprünglicher Einheit gesehen, allerdings nicht um einen Kult darum zu zelebrieren, sondern um Grundsätze der Gerechtigkeit einzuprägen.

In einem alten Text, der den Brudermord Kains an Abel erzählt, wird die Erde sogar als selbsttätige, Gerechtigkeit schaffende Kraft geschildert:

»Da sprach der Herr zu Kain: Wo ist dein Bruder Abel? Er sprach: Ich weiß nicht; soll ich meines Bruders Hüter sein? Er aber sprach: Was hast du getan? Die Stimme des Blutes deines Bruders schreit zu mir von der Erde. Und nun: Verflucht seist du auf der Erde, die ihr Maul hat aufgetan und deines Bruders Blut von deinen Händen empfangen. Wenn du den Acker bebauen wirst, soll er dir hinfort seinen Ertrag nicht geben. Unstet und flüchtig sollst du sein auf Erden« (Gen 4,9–12).

Die Erde schluckt also das ungerecht vergossene Blut und verweigert dem Übeltäter Ruhe, Fruchtbarkeit und Erfolg. Dieser Gedanke ist im Neuen Testament wieder aufgegriffen worden. In einer Rede gegen Schriftgelehrte und Pharisäer soll Jesus gesagt haben: »... damit über euch komme all das gerechte Blut, das vergossen ist auf Erden von dem Blut des gerechten Abel an bis auf das Blut des Secharja, des Sohnes Berechjas, den ihr getötet habt zwischen Tempel und Altar« (Mt 23,35). Eine Verbindung von Blut und Erde sehe ich in der Gethsemaneszene, wie sie Lukas erzählt. Danach rang Jesus mit dem Tod, betete heftiger, und

»sein Schweiß wurde wie Blutstropfen, die auf die Erde fielen« (Lk 22,44).

Die Erde ist mit dem Unrecht der Einsamkeit und Verfolgung Jesu verseucht. Während seiner Sterbestunden wird das Land von Finsternis heimgesucht. Wie in dem archaischen alttestamentlichen Text klagt auch hier die Erde an. Ihr Schmerz ist die Ungerechtigkeit, und sie erhebt ihre eigenwillige Stimme. In der Endzeiterwartung des Jesaja heißt es, daß die Erde die Toten wieder herausgeben wird (Jes 26,19) und sie »das Blut, das sie trank«, wieder aufdeckt und »die Ermordeten nicht mehr in sich verbirgt« (Jes 26,21). Auch in der christlichen Tradition tauchen diese Vorstellungen wieder auf. Die an Mord und Blutvergießen leidende Erde deutet Hildegard von Bingen mit dem Schmerz einer Witwe: »Als Abels Blut vergossen war, seufzte die ganze Erde, und sie wurde in dem Augenblick zur Witwe. Gerade wie eine Frau ohne den Trost ihres Mannes auf ihre Witwenschaft fixiert bleibt, so wurde auch die Erde ihrer heiligen Ganzheit durch den Mörder Kain beraubt.« Und sie warnt an anderer Stelle vor den Folgen menschlicher Dummheit gegenüber der Erde: »Die gewaltige Stimme aber ... deutet auf die Klage hin, welche die Elemente mit wildem Geschrei ihrem Schöpfer vortragen. Nicht in menschlicher Weise hörst du sie reden, sondern mit allen Zeichen ihrer augenscheinlichen Unterdrückung ... So oft auch die Elemente der Welt durch die schlechten Taten der Menschen geschändet wurden, wird Gott sie durch die Qualen und Drangsale der Menschen wieder reinigen.« Und 700 Jahre später läßt Dostojewskij Sonja zu dem Mörder Raskolnikow sagen: »Küsse die Erde, weil du vor ihr gesündigt hast.«

Doch genügt solche Genugtuung noch? Ein Theologe und Geologe warnt heute, daß sich die »Anzeichen einer Antwort in Form massiver Vergeltung« mehren. Die Erde, so sehen es jetzt schon aufmerksame Menschen, ist nicht passiv und stumm. Sie ist lebendig und protestiert. »Die Erde ist nicht tot«, erklärte die koreanische Theologin Chung Hyun Kyung der Weltkirchenversammlung in Canberra 1991. »Sie lebt und ist erfüllt von schöpferischer Energie. Die Erde ist ein von Gott behauchter und von Gott durchtränkter Ort. Die Menschen haben die Erde lange Zeit ausgebeutet und vergewaltigt, jetzt beginnen die Natur und Erde sich an uns zu rächen. Sie verweigern uns sauberes Wasser, saubere Luft und andere Nahrungsmittel, weil wir uns so schwer an ihnen versündigt haben.«

Die Erde läßt sich nicht beherrschen, und sie läßt sich nicht unterkriegen. Wie sie nach altem Verständnis das Blut der Opfer trank und mit ihm die Erinnerung an Gewalt und Bosheit bewahrte, so vergißt sie auch nicht die Vergewaltigungen, die Menschen ihr bis heute antun. Sie ist verletzbar, aber auch sie kann verletzen. Eine alte Ehrfurcht und eine neue Furcht, die sie wieder ehren lehren könnte, verbinden sich heute zu einer demütigen Anerkennung ihrer Eigenständigkeit.

Die Erde als verschlingende Mutter

Eng verwandt mit der Vorstellung der gerechten und richtenden Erde ist der Aspekt ihrer verschlingenden Kraft (s. S. 56f.). Auch sie findet sich in der Bibel. Die Erde trinkt nicht nur voller Mitleiden das Blut der Opfer und erinnert an die Gewalttaten. Sie verschlingt auch die Bösen. Sie ist nicht nur rezeptiv, klagend, leidend und schließlich vergeltend. Sie ist auch eine höchst aktive Instanz für die irdische Gerechtigkeit. Auch darin ist sie wieder eine Partnerin Gottes. In Moses Lobgesang über die Vernichtung der Ägypter im Schilfmeer heißt es: »Da du deine Hand ausstrecktest, verschlang sie die Erde« (Ex 15,12). Dramatisch wird über die aufständische Gruppe um Korah berichtet, daß die Erde ihr Maul auftat und sie verschlang.

»Und Mose sprach: Daran sollt ihr merken, daß mich Gott gesandt hat, alle diese Werke zu tun, und daß ich sie nicht tue aus meinem eigenen Herzen. Werden sie sterben, wie alle Menschen sterben, oder heimgesucht, wie alle Menschen heimgesucht werden, so hat mich Gott nicht gesandt: wird aber Gott etwas Neues schaffen, daß die Erde ihren Mund auftut und sie verschlingt mit allem, was sie haben, daß sie lebendig hinunter zu den Toten fahren, so werdet ihr erkennen, daß diese Leute Gott gelästert haben. Und als er alle diese Worte beendet hatte, zerriß die Erde unter ihnen und tat ihren Mund auf und verschlang sie mit ihren Sippen, mit allen Menschen, die zu Korah gehörten, und mit all ihrer Habe. Und sie fuhren lebendig zu den Toten hinunter mit allem, was sie hatten, und die Erde deckte sie zu, und sie kamen um, mitten aus der Gemeinde heraus« (Num 16,28 ff.).

Die Erde reinigt sich selbst, und dabei verschlingt sie nicht nur *die* Bösen, sondern auch *das* Böse, das Leben bedroht. In einer einzigartigen biblischen Szene, die in der Apokalypse beschrieben ist, trinkt die Erde den Wasserstrom eines Drachen, der die schwangere Frau zu ertränken droht:

»Und die Schlange stieß aus ihrem Rachen Wasser aus wie einen Strom hinter der Frau her, um sie zu ersäufen.
Aber die Erde half der Frau und tat ihren Mund auf und verschlang den Strom, den der Drache ausstieß aus seinem Rachen« (Apk 12,15–16).
(Vgl. das Märchen vom Drachen Gorynytsch: S. 36, 46 f.)

Das Erdinnere wird auch als Ort der Toten verstanden – ein Ort fern von Gott, wo kein Leben ist und keiner ihn lobt (Ps 6,6). Auch die wasserlose Grube, in die Josef geworfen wird, ist ein Ort der Gottverlassenheit (Gen 37,24). Nach der Weisheitstheologie (S. 207) stieg allerdings Weisheit mit ihm hinab in die Grube (Weish 10,13 ff.). Die Erde gibt jedoch auch ihre verschlungenen Kinder wieder frei. Sie wird »die Toten herausgeben«, heißt es bei Jesaja (Jes 26,19). Das Neue Testament griff diese Vorstellung auf: In der Todesstunde Jesu – so Matthäus – bebte die Erde, die Felsen zerrissen, die Gräber taten sich auf und »standen auf viele Leiber der Heiligen, die da schliefen« (Mt 27,52). Auf dem Isenheimer Altar des Matthias Grünewald wird sie zu einem kosmischen Chaos im schwarzen Weltraum (S. 225).

Beachtenswert für diese Vorstellung der verschlingenden Erde ist, daß sie nie als die gierige Erde gesehen ist, die sich mit dem Blutsamen der Menschen befruchten muß. So im mexikanischen Denken (Erich Neumann, Die große Mutter, Olten 1974, S. 149). Das »furchtbare Weibliche« dient in der biblischen Tradition der Gerechtigkeit. Die Erde braucht kein Blutopfer, um fruchtbar zu sein. Hier sind frühe Fruchtbarkeitsvorstellungen bereits abgelöst durch ein entwickeltes Verständnis von Sozialität und gerechten Lebensformen.

Den Aspekt der schrecklichen, verschlingenden Erde finden wir in der christlichen Tradition allerdings in Höllen-Vorstellungen wieder. Hier im Erdinnern, im Leib der Erdgöttin Hel – Hölle, ist der Ort der Reinigung und Läuterung. Er kann Durchgangsort oder ewiger Tod sein. Die Höllen-Erdvorstellungen sind unterschiedlich. Aber in dieser angstbesetzten Vorstellung begegnen wir dem Aspekt der verschlingenden Mutter Erde wieder.

Die positive Seite dieses Bildes: die verschlingende Erde als Helferin der apokalyptischen Frau, ist bisher selten beachtet worden. Die Erde, die als Helferin des Menschen das Böse wegtrinkt, konnte sich schwer neben einem übermächtigen Gottes- und Vaterbild behaupten. Heute wird diese Schwesterlichkeit der Erde und die Gegenseitigkeit, die wir mit den Elementen eingehen müssen, wieder entdeckt. Eine feministische Theologin schreibt, wie sie für unsere heutige Situation die Szene mit Erde, Frau und Drachen der Apokalypse deutet: »Im Wunder der kosmischen Frau gibt es noch eine andere Quelle als die, die ›Gott‹ genannt wird: Die Erde kommt ihr zu Hilfe. Ohne Gewalt öffnet sie ihren Mund und schluckt das Wasser, das der Drache aus seinem Rachen gespien hatte. Wieder ein einmaliges Bild in der biblischen Tradition. Es ist schwierig, sich hier nicht die alte terra mater vorzustellen, die Erde, die das Wasser aufsaugt und ihre kosmische Schwester rettet. Beachten wir auch die *Metaphern des Öffnens:* Erde-Schoß-Drachen speien-schlucken-verschlingen.

Mich tröstet und ermutigt dieses Bild mehr als der messianisch-militärische Sieg. In diesem Buch der Bibel, das den ökologischen Schaden unseres Jahrhunderts vorwegnimmt, ist die Erde noch für uns da. Sie hat in sich selbst die Energie, das Leben zu retten. Heute wissen wir nur zu gut, daß die Erde unsere Hilfe braucht. Aber dieses Bild deutet für mich auf eine gegenseitige Beziehung hin, auf die jede echte Verantwortlichkeit gerichtet ist. Doch solche ökologische Gegenseitigkeit hat wohl kaum einen guten Stand in der christlichen Eschatologie, die als Vision der Transzendenz sich immer von der Erde wegbewegt, vorwärts, nach oben, immer weiter weg... Beziehung zur Erde bedeutet darüber hinaus respektvolles Vergnügen an unserem natürlichen Körper. Und es bedeutet ein anhaltendes Bewußtsein der Vernetzungen, die uns als irdische Wesen aneinander binden« (Catherine Keller).

Die verwandelnde Erde: Sterben und Auferstehen

Ein weiteres Geheimnis der Erde neben ihrer Fruchtbarkeit und als Instanz für Gerechtigkeit ist auch in der Bibel ihre verwandelnde Kraft (S. 38 f.). Erde ist auch heilend: Jesus vermischt Speichel mit Erde, um sie dem Blinden auf die Augen zu streichen (Joh 9,6). Die Erde repräsentiert Tod und Leben, Absterben und Neuwerden. Im Umgang mit ihr, in der Aufmerksamkeit für sie kann eine befreiende Erfahrung von Verwandlung geschehen. Besonders im Neuen Testament, dessen Texte immer wieder um die Deutung und Inbesitznahme der Auferstehungsbotschaft kreisen, wird dieser Aspekt sichtbar. Im Markusevangelium, das mit dem Gleichnis von der selbstwachsenden Saat (S. 54) die Selbsttätigkeit der Erde betont hat, fallen zwei Beispiele für die verwandelnde Kraft der Erde auf. In der Heilungsgeschichte des epileptischen Jungen steht ein scheinbar unscheinbarer Satz:

»Er fiel auf die Erde ...« (Mk 9,20).

Er findet sich in den späteren synoptischen Parallelgeschichten nicht mehr. Mitten im Heilungsprozeß wird er gesagt, als der Junge herangebracht, die Krankheit geschildert und die Hilfe erbeten wurde. Danach wälzt sich der Junge nochmal herum, Schaum tritt ihm aus dem Mund – der Dämon ist noch einmal voll mächtig. Doch zum ersten Mal in der Erzählung wird hier vom Jungen als Subjekt gesprochen. Bis dahin war er Objekt, der getragen und über den gesprochen wurde. Wir begegnen der gleichen Aussage: »Er fiel auf die Erde« noch einmal in der Gethsemanegeschichte des Markus. Diesmal ist es der vor dem Tod und der Verlassenheit sich ängstigende Jesus, von dem solch Erdfall berichtet wird.

Was ist mit diesem Fall auf die Erde gemeint? Dieses Fallen auf die Erde bedeutet in beiden Geschichten zunächst einmal Schwäche und Angst, aber dann auch Sterben. Von dem Jungen wird gesagt, daß er bald darauf wie tot daliegt. Jesus stirbt wenig später am Kreuz. Häufig finden wir im Neuen Testament auch die Wendung, daß das Samenkorn auf bzw. in die Erde fällt und stirbt. Die gleiche Wortwahl macht nachdenklich. Der Boden/die Erde ist der Ort des Todes, aber ist nicht Boden/Erde zugleich als lebendig machende Kraft gesehen?

Wenn das Weizenkorn stirbt, so bringt es viele Frucht (Joh 12,24). Der Junge, der auf die Erde fällt, wird später von Jesu

Hand ergriffen (das Wort egeirein = auferwecken, die alte Auferstehungsterminologie wird hier verwandt!), und er steht dann alleine auf (Auferstehung!). Das gleiche Schicksal wird von Jesus erzählt. Mir scheint, daß die Berührung mit der Erde in allen drei Fällen Berühren mit dem Tod, Todesnähe bedeutet, die aber zugleich die Voraussetzung für neues Leben, Fruchtbarkeit und Auferstehung bedeutet – ähnlich wie im Märchen. Die Erde mit ihrer geheimnisvollen Kraft bewirkt beides: Sterben und Neuwerden, Tod und Leben. Das Bild von dieser doppeldeutigen Erde ist im Neuen Testament häufig Bild für neues Leben. Neues Leben ist also sich erneuerndes Leben, keine absolute Neuschöpfung.

In zwei Lebensberichten aus den vergangenen Jahrzehnten begegnen mir gleiche Erd-Erfahrungen. Als sie die Nachricht vom Tode ihres Mannes bekommt, erfährt Clara von Arnim diese lebengebende Kraft des Sterbens und Aufstehens:

»Es war ein schöner, sonniger Tag. Die Kinder spielten im Freien. Ich ging in den nahen Wald. Ich warf mich auf den braunen, trockenen Boden zwischen den Fichten, denn hier im Wald konnte ich weinen, ich weinte lange, vielleicht eine Stunde lang. Dann stand ich auf.«

Und noch eindrücklicher schildert das jüdische Mädchen Janina David, was sie bei der Nachricht vom Tod ihrer Eltern erlebt:

»Ich drehte mich um und verbarg das Gesicht im langen Gras. Die Erde drehte sich mit erschreckender Schnelligkeit, raste durch die ewige Nacht, und ich klammerte mich mit beiden Händen fest, preßte mich an ihre unnachgiebige Oberfläche. Wenn ich nur auch da unten sein könnte, wie alle die, die schon friedlich tot und begraben waren. Wie sicher würde ich mich endlich fühlen. Aber ich war draußen, die Erde wollte mich noch nicht, und es gab keinen Weg zu denen, die schon darunter waren. Es hatte keinen Sinn, mit den Fäusten auf sie zu schlagen und darum zu betteln, daß sie mich einließ. Ich mußte die mir zugemessene Zeit zu Ende leben – allein.

Ich schloß meine Augen, drückte mich mit dem Rücken gegen die Erde und wiederholte laut: ›Meine Eltern sind tot. Sie starben in einem Konzentrationslager oder, von ihren Mitbürgern verraten, auf einer Straße der Stadt. Wie, wann oder genau wo das geschah, und wo sie begraben sind, werde ich nie erfahren. Es wird kein Grab geben, das ihre sterblichen Überreste aufnimmt. Dieses ganze Land ist ein Grab, die ganze Erde ein riesiges Grab, und irgendwo sind sie ein Teil davon. Ich kann jetzt fortgehen, aber solange ich die Erde berühren kann, so lange bin ich auch mit ihnen verbunden.‹

Durch halbgeschlossene Augen schien der strahlende Himmel. Vor seinem harten blauen Hintergrund tanzte ein leuchtendes Muster von Blättern. Ich erwachte nach einem langen Schlaf, in dem der Duft in der Sonne reifender Äpfel und Birnen wie durch ein Wunder wiedergekommen war, und sogar jetzt noch die Luft um mich erfüllte. Die Erde war weich, ich lag auf dem Rücken, spürte, wie der Boden unter mir nachgab, wie eine warme Wiege. Gras wuchs zwischen meinen Fingern und über meinen Leib; Ameisen krochen über meine Beine. Ruhig sah ich ihnen zu, ohne jeden Schauer der Angst. Sie und ich, wir alle gehörten der Erde an. Sie war die einzige unzerstörbare Grundlage unseres Daseins. Sie gab uns das Leben, und zu ihr werden wir alle eines Tages heimkehren. Das war die einzige Sicherheit, der einzige Trost. Aus den Obstgärten, die in der Herbstsonne träumten, brachte der Wind den Duft reifender Früchte. Den Duft des zurückkehrenden Lebens. Den Duft des Friedens.«

Der Mensch – ein Stück Erde

Im zweiten Schöpfungsbericht wird der Mensch aus Erde (Adama = Ackererde) erschaffen:

»Da machte Gott den Menschen aus Erde vom Acker und blies ihm den Odem des Lebens in seine Nase. Und so ward der Mensch ein lebendiges Wesen« (Gen 2,7).

Nach dem Sündenfall heißt es:

»Im Schweiß deines Angesichts sollst du dein Brot essen, bis du wieder zu Erde werdest, davon du genommen bist. Denn du bist Erde und sollst zu Erde werden« (Gen 3,19).

Diese Aussagen sind doppeldeutig. Einmal kann der Mensch – geschaffen aus Ackererde – als Staub, zerstäubende Erde aufgefaßt und damit seine Nichtigkeit ausgesagt werden (Ps 104,29; Koh 12,7). Auf der anderen Seite steckt in »Erde« jedoch auch etwas von Beständigkeit und Heiligkeit (S. 29f.). Hildegard von Bingen mit ihrer kosmischen Theologie sah in ihr sehr deutlich die magna mater und zeigte ihre Göttlichkeit an der Jungfrau Maria: »Gott erwählte aus seinem Geschlecht die schlummernde Erde, die gar nichts von jenem Geschmack an sich trug, mit dem die alte Schlange das erste Weib betrogen hatte. Jene Erde aber, vorgezeichnet durch Aarons Stab, war die Jungfrau Maria. In ihrer großen Demut war sie das verschlossene Brautgemach des Königs. Denn als sie die Botschaft vom Throne erhielt, der König wolle in ihrem verborgenen Schoße wohnen, schaute sie auf die Erde, aus der sie gemacht ward, und nannte sich Gottes Magd.« Der Mensch ist nicht aus Schmutz gemacht und kehrt nicht ins Nichts zurück. Der Mensch ist ein Stück unversehrte, heilige Schöpfung und geht am Ende seines Lebens wieder in diese Schöpfung ein. Bei Jesus Sirach heißt es:

>»Großes Elend ist jedem Menschen zugeteilt, und ein schweres Joch liegt auf den Menschenkindern von Mutterleib an, bis sie zur Erde zurückkehren, die unser aller Mutter ist« (40,1).
>»Alles, was aus der Erde kommt, muß wieder zu Erde werden, wie alle Wasser wieder ins Meer fließen« (40,11).

Und für den Psalmisten ist in den Tiefen der Erde der Mensch geschaffen:

>»Es war dir mein Gebein nicht verborgen, als ich im Verborgenen gemacht wurde, als ich gebildet wurde unten in der Erde« (Ps 139,15). Vgl. auch Hiob 1,20f.

Das Wissen um die schöpfungsgemäße Verbundenheit mit der Erde hat immer zwei Aspekte: Trauer und Trost. Trauer um den Zerfall des Körpers, der wie Erde zerfällt, Trost, weil dieser Körper mit dieser Erde in den Schöpfungsverbund zurückkehrt. Etwas von solcher Hoffnungs-Substanz steckt noch in unserer Beerdigungsliturgie: »Von Erde bist du genommen.

Die Erde

Zu Erde sollst du wieder werden. Von dieser Erde wird dich Jesus Christus am jüngsten Tage wieder auferwecken.« Aus dem 7. Jahrhundert ist uns noch ein Dokument ähnlichen Denkens erhalten: Auf dem Epitaph für Gregor den Großen ist zu lesen: »Suscipe Terra tuo de corpore sumptum« (Empfange, o Erde, was von deinem Körper genommen war) – eine vielleicht letzte christliche Erinnerung, daß die Erdmutter unter Christen noch lebendig war und den christlichen Gottesglauben nicht bedrohte. In diesem Denken sind Erde und Lebensatem Gottes (oder die schöpferische Auferstehungsmacht) nicht Gegensätze, sondern einander zugeordnete und miteinander wirkende Größen. Erst in einem späteren dualistischen Denken wurde Geist idealisiert und abstrahiert und in Gegensatz zu Materie und Körper gefaßt. Damit war das »Irdische« – das Erdhafte – entwertet, wurde zur wertloseren, dem Geist widerstrebenden Masse, zur toten Materie oder zur sündigen, gefallenen Schöpfung.

Gegen diese weiße, westliche, sich christlich nennende Sicht stellt man heute den fiktiven indianischen Häuptling Seattle mit seiner indianischen Sicht, die dem ursprünglichen ganzheitlichen Denken der jüdisch-christlichen Tradition nahe kommt. »Für uns ist die Asche unserer Ahnen heilig und ihr Ruheplatz heiliger Boden. Ihr dagegen seid weit von den Gräbern eurer Ahnen fortgegangen und anscheinend ohne daß es euch leid tut ... Eure Toten hören auf, euch zu lieben und das Land, wo sie geboren wurden, zu lieben, sobald sie durch die Pforten des Grabes hindurchgegangen sind und weit über den Sternen umherwandern. Sie sind bald vergessen und kehren niemals zurück. Unsere Toten vergessen niemals die schöne Welt, die ihnen das Sein gab ...

Jedes Stück dieser Erde hier ist in der Wertschätzung meiner Leute heilig. Jeder Hang, jedes Tal, jede Ebene, jeder Hain und jedes Gehölz ist durch irgendein trauriges oder glückliches Ereignis in Tagen, die lange vergangen sind, geheiligt worden. Selbst der Staub, auf dem ihr jetzt steht, reagiert liebevoller auf die Schritte ihrer Füße als auf eure, denn er ist voll mit dem Blut unserer Ahnen, und unsere nackten Füße sind sich des Gefühls der Zusammengehörigkeit bewußt. Selbst unsere kleinen Kinder, die hier gelebt und sich ihrer selbst für eine kurze Zeit gefreut haben, werden diese schwermütigen Einsamkeiten lieben, und bei Sonnenuntergang grüßen sie die Schatten der heimkehrenden Geister.«

Und in Absage an eine westlich-männliche Christentumsentwicklung überraschte Rosemary Ruether 1983 mit einer theologischen Rückkehr und zu einem Bekenntnis zur großen Mutter Erde, die allerdings noch mehr ist als der Erdboden: die verantwortungsvolle Gemeinschaft, die Generationen umfaßt.

»In dem Maße, in dem wir den Egoismus um der Beziehung zur Gemeinschaft willen transzendiert haben, können wir auch den Tod als das endgültige Aufgehen des individualisierten Ego in der großen Matrix allen Seins akzeptieren. Alle Komponenten oder Teile von Materie/Energie, die sich miteinander verbunden haben, um unser individualisiertes Selbst zu bilden, sind nicht verloren. Vielmehr verändern sie ihre Gestalt und werden zu Nährstoffen für neue Wesen, die aus unseren Knochen erwachsen. Uns in Stahlsärgen zu begraben, so daß wir nicht in die Erde hineinvergehen können, bedeutet soviel wie sich zu weigern, diesen Prozeß des Wiedereintretens in die Matrix erneuerten Lebens zu bejahen. Eine solche Art des Beerdigens stellt eine grundsätzliche Weigerung dar, die Erde als unser Zuhause und die Tiere dieser Erde als unsere Verwandten zu akzeptieren. Geht es nur um die Desintegration von Zentren der Personalität in eine unpersönliche Matrix des Alls? Wenn das Innere unseres Organismus ein personales Zentrum ist, um wieviel mehr ist es dann der große Organismus des Universums selbst? Jene große Matrix, die Energie-Materie unseres individualisierten Seins, ist selbst auch Grundlage alles Person-seins. Jenes große kollektive Personsein ist das Heilige Wesen, in das unsere Erfolge und unsere Mißerfolge eingehen, in das Gewebe des Seins assimiliert und in neue Möglichkeiten umgegossen werden.«

Die Erde – Ursprung eines kosmischen Erlösers

Ein seltener, aber heute wieder lebendig werdender Gedanke ist der aus der Erde kommende Erlöser, der kosmische Christus. Die biblische Wurzel ist beim Propheten Jesaja zu finden:

> »Die Erde tue sich auf und bringe Heil, und Gerechtigkeit wachse mit auf« (Jes 45,8).

An anderer Stelle heißt es, daß aus dürrem Boden »ein Reis« aufwachse (Jes 53,21). Beide Stellen wurden kombiniert und als Hinweis auf den Erlöser aus der Erde verstanden, eine späte männliche Parallele zur Baummutter (S. 182f.), die aus dem Erdreich wächst? Das oben zitierte Adventslied, in dem es heißt: »O Heiland, aus der Erden spring«, hat diese alttestamentlichen Stellen christologisch ausgelegt. Bei Christoph Blumhardt findet sich ein ähnlicher Gedanke: »Die Natur ist der Schoß Gottes. Aus der Erde wird Gott uns wieder entgegenkommen.« Teilhard de Chardin bezeichnete den kosmischen Christus als die dritte Natur Christi. Gegenüber den frühen Konzilien, die die menschliche und göttliche Natur Christi betont hätten, gehe es nun darum, den dritten Bereich, den kosmischen, wieder zu entdecken. Und auch Karl Barth, sonst leiblichen, kosmischen Dimensionen gegenüber distanziert, erwog im Blick auf den Kolosserbrief die Möglichkeit, von einer »dritten Existenzweise Jesu Christi« zu reden. Allerdings war Barth nicht am Ursprung solchen kosmischen Christus interessiert, sondern an dessen Herrschaft, am Pantokrator, »als der erstlich und letztlich allein Mächtige auch im Kosmos, auch in ihm verborgen ...«

Eine unsichere, diffuse und mit eigenen Träumen vermischte Vorstellung ist also hin und wieder in der Theologie zu finden, daß die Erde eine eigene Fruchtbarkeit hat und noch ein verhülltes Geheimnis in sich birgt, auf dessen Aufdeckung zu warten ist. Vielleicht ist die Vorstellung von der Geburts*höhle* Jesu auch ein Hinweis auf seine kosmische Erd-Existenz, ebenso die Vorstellungen und Darstellungen des nackt auf der Erde liegenden Jesuskindes (S. 22, 77, 79, 92f.).

Zusammenfassend ist zu sagen: Die Erde ist in der Bibel immer wieder als schöpferische, mütterliche, gebärende Kraft verstanden, als selbsttätige Natur, die Früchte, Pflanzen und Bäume hervorbringt und deren Ordnung bewundert wird. Nie wird sie als Erdmutter verehrt. Aber in der Gestalt der Maria wurden in der nachbiblischen Zeit diese naturhaften Fähigkeiten zusammen gesehen, so daß die alten Erdbilder an Bedeutung verloren. Maria im Ährenkleid, Maria als Terra, als schwarze Madonna vereinigte nun alle Naturaspekte (S. 79 ff.).

Die Erde ist in der Bibel aber auch die für Gerechtigkeit und gerechtes Leben einstehende Instanz, die unrechtes Tun mit Fruchtlosigkeit bestraft und auch heute wieder als vergeltende Kraft erlebt wird. Als Person wird sie sogar einmal in der apokalyptischen Vision gedacht, die – wie der Himmel – vor Gott dem Herrn flieht (Apk 20,11). Sie ist zugleich wie eine verschlingende Mutter, die die Bösen und das Böse verschlingt und für Gerechtigkeit sorgt. Sie enthält darin ein eschatologisches Geheimnis: Wird sie sich einst wieder öffnen und die Toten herausgeben, wie es in der Todesstunde Jesu schon einmal geschah? Fern liegt der Bibel, sie als schicksalträchtige Macht zu sehen. Der Lauf der Geschichte und das Schicksal der Menschen verlagerte sich vor allem in Gott, auch wenn Maria zuweilen mit der Schicksalsspindel dargestellt werden konnte.

Die Erde ist ferner Erfahrungsort und Symbol für Sterben und Neuwerden. Sie nimmt den Schmerz und das Sterben des epileptischen Jungen auf, bevor er wieder aufgerichtet wird und von selbst aufstehen kann. Sie nimmt den Schmerz und die Todesangst der Gottverlassenheit Jesu auf, als er in Gethsemane sich von Gott und den Jüngern verlassen weiß, und verwandelt sie in Leben. Sie hilft Menschen, indem sie einfach da ist, empfängt, aufnimmt, trägt und Boden unter den Füßen gibt. Sie tut das von selbst, ohne besonderen Aufwand, ohne eindringliches Bemühen. Sie ist eine wohltuende Energie neben Gott und eine Energie Gottes selbst. Der Mensch selbst ist aus dieser Erde gemacht. Da wir gewöhnt sind, mit Erde Staub und Nichtigkeit zu verbinden, haben wir vergessen, daß unser irdisches Leben zugleich erdhaftes Dasein ist, voller selbständiger Schöpferkraft, fähig zu Gerechtigkeit und mit einer Hoffnungssubstanz versehen, die auch im Tode nicht endet, wenn wir uns wieder eingebunden wissen in die Erde und die Zusammenhänge, die uns mit ihr, den vorhergehenden und nachfolgenden Generationen verbindet. Einem alten und verborgenen Wissen um diese Erdkraft entspringen Gedanken von einem Erlöser aus der Erde, die immer wieder in der Theologie auftauchen.

Texte

Kain und Abel: Die rächende Erde

³Es begab sich aber nach etlicher Zeit, daß Kain dem HERRN Opfer brachte von den Früchten des Feldes.

⁴Und auch Abel brachte von den Erstlingen seiner Herde und von ihrem Fett. Und der HERR sah gnädig an Abel und sein Opfer,

⁵aber Kain und sein Opfer sah er nicht gnädig an. Da ergrimmte Kain sehr und senkte finster seinen Blick.

⁶Da sprach der HERR zu Kain: Warum ergrimmst du? Und warum senkst du deinen Blick?

⁷Ist's nicht also? Wenn du fromm bist, so kannst du frei den Blick erheben. Bist du aber nicht fromm, so lauert die Sünde vor der Tür, und nach dir hat sie Verlangen; du aber herrsche über sie.

⁸Da sprach Kain zu seinem Bruder Abel: Laß uns aufs Feld gehen! Und es begab sich, als sie auf dem Felde waren, erhob sich Kain wider seinen Bruder Abel und schlug ihn tot.

⁹Da sprach der HERR zu Kain: Wo ist dein Bruder Abel? Er sprach: Ich weiß nicht; soll ich meines Bruders Hüter sein?

¹⁰Er aber sprach: Was hast du getan? Die Stimme des Blutes deines Bruders schreit zu mir von der Erde.

¹¹Und nun: Verflucht seist du auf der Erde, die ihr Maul hat aufgetan und deines Bruders Blut von deinen Händen empfangen.

¹²Wenn du den Acker bebauen wirst, soll er dir hinfort seinen Ertrag nicht geben. Unstet und flüchtig sollst du sein auf Erden.

¹³Kain aber sprach zu dem HERRN: Meine Strafe ist zu schwer, als daß ich sie tragen könnte.

¹⁴Siehe, du treibst mich heute vom Acker, und ich muß mich vor deinem Angesicht verbergen und muß unstet und flüchtig sein auf Erden. So wird mir's gehen, daß mich totschlägt, wer mich findet.

¹⁵Aber der HERR sprach zu ihm: Nein, sondern wer Kain totschlägt, das soll siebenfältig gerächt werden. Und der HERR machte ein Zeichen an Kain, daß ihn niemand erschlüge, der ihn fände.

¹⁶So ging Kain hinweg von dem Angesicht des HERRN und wohnte im Lande Nod, jenseits von Eden, gegen Osten. *(Gen 4.3ff.)*

Die selbsttätige Erde

²⁶Und Jesus sprach: Mit dem Reich Gottes ist es so, wie wenn ein Mensch Samen auf die Erde wirft

²⁷und schläft und aufsteht, Nacht und Tag; und der Same geht auf und wächst – er weiß nicht, wie.

²⁸Denn von selbst bringt die Erde Frucht, zuerst den Halm, danach die Ähre, danach den vollen Weizen in der Ähre.

²⁹Wenn sie aber die Frucht gebracht hat, so schickt er alsbald die Sichel hin; denn die Ernte ist da. *(Mk 4,26ff.)*

Auf die Erde fallen: Jesus in Gethsemane

[32]Und sie kamen zu einem Garten mit Namen Gethsemane. Und er sprach zu seinen Jüngern: Setzt euch hierher, bis ich gebetet habe.

[33]Und er nahm mit sich Petrus und Jakobus und Johannes und fing an zu zittern und zu zagen

[34]und sprach zu ihnen: Meine Seele ist betrübt bis an den Tod; bleibt hier und wachet!

[35]Und er ging ein wenig weiter, warf sich auf die Erde und betete, daß, wenn es möglich wäre, die Stunde an ihm vorüberginge,

[36]und sprach: Abba, mein Vater, alles ist dir möglich; nimm diesen Kelch von mir; doch nicht, was ich will, sondern was du willst! *(Mk 14, 32–36)*

Die Erde, die der Frau hilft

[1]Und es erschien ein großes Zeichen am Himmel: eine Frau, mit der Sonne bekleidet, und der Mond unter ihren Füßen und auf ihrem Haupt eine Krone von zwölf Sternen.

[2]Und sie war schwanger und schrie in Kindsnöten und hatte große Qual bei der Geburt.

[3]Und es erschien ein anderes Zeichen am Himmel, und siehe, ein großer roter Drache, der hatte sieben Häupter und zehn Hörner und auf seinen Häuptern sieben Kronen,

[4]und sein Schwanz fegte den dritten Teil der Sterne des Himmels hinweg und warf sie auf die Erde. Und der Drache trat vor die Frau, die gebären sollte, damit er, wenn sie geboren hätte, ihr Kind fräße.

[5]Und sie gebar einen Sohn, einen Knaben, der alle Völker weiden sollte mit eisernem Stabe. Und ihr Kind wurde entrückt zu Gott und seinem Thron.

[6]Und die Frau entfloh in die Wüste, wo sie einen Ort hatte, bereitet von Gott, daß sie dort ernährt werde tausendzweihundertundsechzig Tage.

[7]Und es entbrannte ein Kampf im Himmel: Michael und seine Engel kämpften gegen den Drachen. Und der Drache kämpfte und seine Engel,

[8]und sie siegten nicht, und ihre Stätte wurde nicht mehr gefunden im Himmel.

[9]Und es wurde hinausgeworfen der große Drache, die alte Schlange, die da heißt: Teufel und Satan, der die ganze Welt verführt, und er wurde auf die Erde geworfen, und seine Engel wurden mit ihm dahin geworfen. (Apk 12,1–9)

[13]Und als der Drache sah, daß er auf die Erde geworfen war, verfolgte er die Frau, die den Knaben geboren hatte.

[14]Und es wurden der Frau gegeben die zwei Flügel des großen Adlers, daß sie in die Wüste flöge an ihren Ort, wo sie ernährt werden sollte eine Zeit und zwei Zeiten und eine halbe Zeit fern von dem Angesicht der Schlange.

¹⁵Und die Schlange stieß aus ihrem Rachen Wasser aus wie einen Strom hinter der Frau her, um sie zu ersäufen.

¹⁶Aber die Erde half der Frau und tat ihren Mund auf und verschlang den Strom, den der Drache ausstieß aus seinem Rachen.

¹⁷Und der Drache wurde zornig über die Frau und ging hin, zu kämpfen gegen die übrigen von ihrem Geschlecht, die Gottes Gebote halten und haben das Zeugnis Jesu. *(Apk 12,13–17)*

Literaturhinweise

Clara von Arnim, Der grüne Baum des Lebens, München 1989
Karl Barth, Kirchliche Dogmatik IV/3
Hildegard von Bingen, Der Mensch in der Verantwortung, Salzburg 1972
Christoph Blumhardt, Ansprachen, Predigten, Reden, Bd. 2, Neukirchen 1978
Teilhard de Chardin, Christologie und Evolution. In: Mein Glaube. Werke Bd. I, Olten 1972
Janina David, Ein Stück Erde, Knaur Taschenbuch
Catherine Keller, Die Frau in der Wüste, Ev. Theologie 5/90
Chung Hyun Kyung, Schamanin im Bauch – Christin im Kopf, Stuttgart 1992.
Erich Neumann, Die große Mutter, Olten 1974
Rosemary R. Ruether, Sexismus und die Rede von Gott, Gütersloh 1983
Heinrich Schipperges, Welt und Mensch, Salzburg 1965 (Kosmosschrift Hildegards von Bingen)
Wir sind ein Teil der Erde. Die Reden des Häuptlings Seattle, Olten 1982
Erich Zenger, Gottes Bogen in den Wolken, Stuttgart 1983

3. Die Erde in der Kunst
Maria Schwelien

Die Erde in Kunst- und Kulturgeschichte

Wieder Erde unter den Füßen haben, so sagt man manchmal nach einem langen Flug oder nach einer Krankheit, die einen an ein Bett fesselte. Es gehört zu den Ritualen der Papstreisen, die Erde des Gastlandes zu küssen. Wir sprechen von Heimat- und Muttererde. Zwar sind wir aus dem Mutterleib gekommen, aber wir sind auf der Erde geboren und werden eines Tages in die Erde zurückgelegt werden.

Der Begriff »Heimaterde« hat sicher auch etwas mit Sentimentalität zu tun, aber vor allem mit Zugehörigkeitsgefühl und Kindheitserinnerungen. Im Krieg 1914–1918 trugen manche Soldaten Erde aus der Heimat bei sich – in kleine Säckchen eingenäht, um damit begraben zu werden. Nach einer orthodoxen Tradition tragen Juden Erde aus Palästina bei sich: Bräuche in Verbindung zum Totenreich, um dereinst von Heimaterde umgeben zu sein.

Erde als eines der vier Elemente wird in der darstellenden Kunst selten abgebildet. Eine jedoch befindet sich als Gewölbemalerei im Mittelschiff des Limburger Doms (1235): eine sitzende Frauengestalt, die eine Schlange und ein Schwein säugt. Beide galten in vorchristlichen Kulturen als Verkörperung der Erdmuttergöttin, die Leben gebiert und wieder in ihren Schoß aufnimmt (s. S. 89).

Ansonsten präsentiert sich die Erde in der Malerei meist als Landschaft. Das Land ist jedoch zuerst einmal die Erdoberfläche, die Landschaft nur ihr Gesicht. Aus solch einer Erdoberfläche wächst z. B. die Gestalt des Adam in Meister Bertrams Sankt-Petri-Altar (14. Jh.). Er wächst wie ein Baum aus der Erde. So zu sehen in der Hamburger Kunsthalle (s. S. 88).

Im Palazzo Publico in Siena wurde in den letzten Jahren Lorenzettis Fresko »Gute und schlechte Regierung« restauriert. Es handelt sich dabei um das einzige Bild aus dem 14. Jh. (1339), das eine Landschaft mit von Bauern bearbeiteten

Äckern zeigt: die Erde, die im Markus-Evangelium als göttliche Macht, als Mutter Erde beschrieben wird, die die Saat, das Grün und die Pflanzen hervorbringt.

Ein seltsames, Hans Memling zugeschriebenes Gemälde ist im Musée Jacquemart-André in Paris zu entdecken: Eine anmutige Frau entsteigt, noch halb darin verborgen, einem Felsengestein; das Echo einer vorchristlichen Erdgöttin, die hier als »heilige Reinheit« bezeichnet wird.

Anfänglich nur Hintergrund, der allmählich das mittelalterliche Gold ersetzte, drängte sich die Landschaft im 15. Jh. in das Andachtsbild, das damit immer weltlicher wurde. Je realistischer die Gestaltung eines Andachtsbildes war, um so heftiger regte sich der Wunsch, die Landschaft wenigstens mit einem Blick in die Tiefe freizugeben, etwa durch eine Fensteröffnung, einen Säulengang oder den schadhaften Verschlag des Geburtsstalles von Bethlehem. Hier seien besonders die flämischen Meister erwähnt.

Wie ein illuminierendes Feuerwerk entsteht zwischen 1409 und 1415 im Auftrag des Herzogs von Berry ein Stundenbuch: »Très Riches Heures«, das gewissermaßen als Einleitung zwölf wunderbar illustrierte Kalenderblätter für die Monate des Jahres zeigt, in denen die Landschaft auf dem Weg von der symbolischen zur realistischen Darstellung eine wichtige Rolle spielt.

In Geschichtsbüchern erscheint Petrarca als der erste moderne Mann, der in Worte kleidet, was ein Maler in den Pinsel fließen läßt: Petrarca flieht in die Einsamkeit. Er schreibt an einen Freund über seine Freude, in Bergen und Wäldern umherzugehen. Er entdeckt die Landschaft und klettert auf Felsen. Gleiches weiß man von Leonardo da Vinci, der Felsen als Hintergrund für seine Frauen- und Madonnenbilder wählt und Maria in eine Höhle setzt. Der Niederländer Hieronymus Bosch, ein Zeitgenosse Leonardo da Vincis, gehörte zu den Pionieren der Landschaftsmalerei, obwohl seine Gemälde von Monstern und Teufeln wimmeln. Zu seinen berühmtesten Arbeiten gehört sein »Garten der Lüste« (Prado, Madrid). Mit diabolischer Phantasie gemalt, geht es bei diesem Triptychon nicht nur um die Darstellung des Lebens der Menschen in

Metaphern, denn der Betrachter wird gleichzeitig mit der Erde als Landschaft und ihren Felsformationen sowie dem Erdinnern als dem Ort der Hölle konfrontiert. Mehr noch: Auf der Rückwand der zusammenklappbaren Flügel erscheint ein anderes, wundersames Bild in grisaille: Universum und Erde als große, kosmische, durchsichtige Wasserblase zur Zeit der Schöpfung, als die Welt noch ohne Tiere und Menschen war.

Albrecht Altdorfer (1480–1538) malt in seiner »Alexanderschlacht« – zu sehen in der Alten Pinakothek in München – die Erde aus der Vogelperspektive mit einem sich wölbenden Horizont, eine Auftragsarbeit des Herzogs Wilhelm IV. mit bindendem Programm. Die Arbeit war bestimmt für seine Münchener Residenz. Obwohl Altdorfer sich in dem Gemälde auf die Darstellung einzelner Kämpfe in einem Schlachtengetümmel einläßt, nimmt er sich gleichzeitig die Freiheit, eine Weltlandschaft mit Gebirge und Wasser – unberührt von Menschlichem und Geschichtlichem – als majestätische Natur zwischen Tag und Nacht darzustellen. Ohne Auftrag entstanden die als Aquarelle gemalten »Tagebucheintragungen« des Albrecht Dürer auf seinem Rückweg von Venedig über die Alpen: seine Gebirgslandschaften ohne menschliche Gestalten und nähere Bezeichnung, wie sie zu seiner Zeit nur von Leonardo da Vinci gemalt wurden.

Im 16. Jh. emanzipierte sich die Landschaftsmalerei zum unkirchlichen Andachtsbild, das nicht mehr auf Altären, sondern in Schlössern und Residenzen Platz fand. Landschaftsbilder sollten zeigen, was sonst nur ermüdende Spaziergänge oder beschwerliche Reisen vermochten. Unterschwellig aber keimte die Regung, die Andacht der sichtbaren Schöpfung in Verehrung eines unsichtbaren Schöpfers zu verwandeln.

Die Höhle birgt das Göttliche

Im Idagebirge auf Kreta befindet sich eine Höhle, in der, so erzählt man, Zeus geboren wurde (Handwörterbuch des deutschen Aberglaubens – s. S. 32). In Höhlen fanden die Rituale des Mithraskultes statt, und in byzantinischen Gemälden wird die Geburt Christi meist in einem Berginnern dargestellt. In der Peribleptos-Kirche in Mistra, Griechenland, etwa liegt die Mutter Maria in einer verblaßten und inzwischen kaum noch restaurierbaren Wandmalerei (14. Jh.) in der Höhle eines Felsens wie eine antike Flußgöttin im Wasser.

Gentile da Fabrianos orientalisch anmutender »Besuch der heiligen drei Könige« findet als Huldigungsszene vor einer Höhle statt. Mantegnas Gemälde zum gleichen Thema zeigt keinen Stall, sondern eine Felsenhöhle; beides zu sehen in den Uffizien in Florenz.

Der Legende nach wurde Jesus auch nicht in einem Stall, sondern in einer Felshöhle geboren: in der Grotte der Justinia-Basilika in Bethlehem. Einer der bekanntesten und ältesten christlichen Wallfahrtsorte in Ägypten ist der Konvent der Jungfrau Maria auf dem Westhügel von Assiut. Ende des 1. Jh. wurde dort, wo bereits seit 2500 Jahren eine Höhle bestand, eine Kirche in einen Hügel gebaut. Nach der Legende gelangten der Jesusknabe und seine Eltern auf der Flucht bis nach Assiut, wo ihnen diese Höhle so lange Schutz gewährte, bis sie von dort aus ihre Rückreise antreten konnten.

Die Schicksalsgöttinnen und Maria

Auf einem kleinen Andachtsbildchen des Bussen, dem »heiligen« Berg Oberschwabens, in der Nähe von Ravensburg, ist eine Pietà auf einem Berg zu sehen, der sich dem Betrachter öffnet. Im Inneren sitzt in einer großen Höhle eine Norne, die einen Schicksalsfaden zerschneidet. Zu dem Andachtsbild gehört nachstehendes Gebet:

O liebe Frau vom Bussen,
meine Seele huete und trage,
wie den Schatz im Bussen,
jene Frau der Sage (s. S. 91).

Jene Frau der Sage ist eine der Schicksalsgöttinnen, Stammverwandte der Fruchtbarkeitsgöttinnen, Norne und mythologische Ahnfrau der Jungfrau Maria, auch aufzuspüren an dem Hauptportal von St. Zeno in Verona aus dem 11. Jh.: die Urmutter Gaia, zwei Kinder säugend. Als Nachhall dieses Schicksalsbezuges der Norne im Bussen mag die Knotenmadonna in der Kirche St. Peter am Perlach in Augsburg gewertet werden, dem Barockgemälde eines unbekannten Meisters, auf dem die Madonna ein Menschenschicksal in der Form eines langen, verknoteten Bandes entwirrt. Die drei Nornen oder Schicksalsgöttinnen (Urd, Skuld und Werdandi) webten und spannen menschliche Schicksale. Einmal fertiggestellt, konnte keine Macht das Muster und damit das Schicksal ändern.

Legenden und Sagen haben Maria auch zur Nachfolgerin von Göttinnen der nordischen Mythologie, einer Frîja, Perchta oder Frau Holle gemacht. Obwohl möglich, ist solches schwer zu beweisen. Spinnen und weben lassen sich zwar als vergleichende Beziehungspunkte heranziehen, weil sie immer wieder erscheinen. Entscheidendes jedoch ist bisher nirgendwo entdeckt worden. Reizvoll sind aber immer wieder Vergleiche, wie z. B. das Gemälde eines unbekannten Meisters um 1400 im Nürnberger Nationalmuseum, das Maria und Elisabeth mit ihren Spinnrocken zeigt. Vordergründig wird diese Tätigkeit mit dem Familienambiente der Häuslichkeit in Verbindung gebracht, dennoch ist es auch als Echo auf alte Mythen über Schicksalsgöttinnen zu werten. – Bezaubernd die legendenhafte Bezeichnung des Altweibersommers, des leichten Spinngewebes auf nassen Septemberwiesen, das Mariengarn oder Gespinst unserer lieben Frau gennant wird.

In diesem Zusammenhang sei noch auf ein Fresko in Santa Maria Assunta in San Giminiano in der Toskana hingewiesen, auf eine der Darstellungen aus dem Marienleben. Es ist eine Verkündigungsszene: Gabriel bringt die frohe Botschaft zu Maria. Beide sind in Gesprächskontakt, werden aber von einer Frau mit Spinnrocken im Nebenraum belauscht, die bei der Anhörung der frohen Botschaft augenblicklich erschrickt – und flieht. Hier muß sich eine Norne aus vorchristlicher Zeit in das Marienleben eingeschlichen haben!

Die nackte Erde

Der Ordensgründerin, Hellseherin und Prophetin Birgitta von Schweden (1303–1373) ist in ihren Sehungen u. a. das Jesuskind erschienen, nackt auf der Erde liegend (s. S. 92). Ein Kind gleich nach der Geburt ohne Windeln auf die Erde zu legen ist eine Tradition, die weit in die Antike zurückreicht. Sie soll bewirken, daß die Erdkraft auf das Kind übergeht (s. S. 22).
Die Offenbarungen der Birgitta von Schweden verbreiteten sich schnell bei den legendenfreudigen Gläubigen ihrer Zeit und haben sich auch in der darstellenden Kunst niedergeschlagen, denn das nackt auf der Erde liegende Jesuskind ist besonders in der Malerei oft zu finden; siehe auch das Portinari-Triptychon des Malers van der Goes in den Uffizien.
Als letzter, wunderbarer Nachhall aus dem frühen 19. Jh. erscheint in dem Gemälde »Der Morgen« des Philipp Otto Runge (1777–1810) ein neugeborenes Kind nackt in einer Urlandschaft. Nur scheinbar losgelöst von christlicher Tradition (s. S. 98), symbolisiert es den Anfang des Tages, des Jahres und des Lebens; geboren aus dem Schoß der Morgenröte, die zugleich in erotischer Version Venus und in christlicher Verkörperung Maria ist.

Die Madonna im Ährenkleid

Kornährenzeichnungen auf dem Gewand der Gottesmutter, wie sie im Mittelalter und in der Renaissance oft auf Andachts- und Wallfahrtsbildern dargestellt werden, gehen zurück auf Assoziationen mit Fruchtbarkeitsgöttinnen: Kybele, Demeter, Ceres (s. S. 96). Eine der Legenden um die Madonna im Ährenkleid liest sich wie folgt:

Maria erschien einem wohlhabenden Getreidehändler in einem Kleid, das geschmückt war mit Weizenähren. Als Dank für gute Ernten und erfolgreiche Transaktionen gab er ein Gemälde in Auftrag, in dem seine Traumvision der Erscheinung gemalt werden sollte. Nach Fertigstellung öffentlich in einer Mailänder Kirche ausgestellt, wurde dieses Gemälde bald zum Ziel vieler Gläubiger, die in ihren Gebeten auch ihre Wünsche vortrugen und das Bild mit Blumen und Feldfrüchten schmückten.

Die Verehrung dieser Madonna im Ährenkleid zog weite Kreise, so daß sich ihre Darstellung im 15. Jh. bis nach Österreich und Deutschland ausdehnte. Eine dieser Ährenmadonnen, das Gnadenbild der Wallfahrtskirche Maria Strassengel in der Steiermark aus dem Jahre 1445, ist zwar gestohlen worden, aber in Andachtsbildchen noch wohlbekannt. Der Diebstahl geschah in den siebziger Jahren. Bisher fand man sie nirgendwo.

Als »terra« ist Maria dann auch in die lateinische Hymnen- und Grußdichtung des abendländischen Mittelalters eingegangen. »Terra« gehört in den lateinischen Mariendichtungen zu ihren zahllosen Titeln. Eine der schönsten Deutungen hat die »Erde« dann in dem mittelhochdeutschen Rheinischen Marienlob von 1120 gefunden. Da wird Maria als die »reine«, die »gebenedeite« Erde besungen, die das vom Himmel in sie gelegte Weizenkorn trägt. Zum Fest »Mariae Himmelfahrt« am 15. August werden auch heute noch in ländlichen Gegenden nach der Messe Ähren, Äpfel und Beeren für die Kornmutter Demeter und die Waldgeister über die Schulter geworfen. Es ist gleichzeitig das Fest der Kräuterweihe, in dem Maria als »Blume des Feldes« und als »Lilie der Täler« angerufen wird. Obwohl die Kornmutter Demeter in alten Ernteritualen noch angerufen wird, geht das Fest Mariae Himmelfahrt auf die Göttin Diana zurück, die nicht nur als Göttin der Wälder, sondern auch der Fruchtbarkeit und der Geburt verehrt wurde. Mitte August, zur Zeit des gelben Erntemondes, war ihr größtes Fest. Das Christentum sublimierte fröhlich viele heidnische Symbole: Die Trauben des Dionysius verwandeln sich in der Transsubstantiation der Messe zum Blut Christi und die Ähren der Demeter zum Leib Christi.

Der Granatapfel

Über die Assimilation heidnischer Symbole in christliche Wahrzeichen der der Maria beigegebenen Attribute nachzudenken kann ein reizvolles Entdeckungsspiel sein. Ein Beispiel ist das altorientalische Fruchtbarkeitssymbol des Granatapfels etwa, der auch Reichtum bedeutet und bereits bei den Ägyptern als Liebeszeichen galt. In der alten Welt war der Granatapfel die Metapher für das Leben und die Wiederauferstehung: ein Stechapfelgewächs mit Blütenkrönchen, meist als Strauch zu finden, der selten zu einem wirklichen Baum heranwächst. Seine bildliche Darstellung kann bis ins 4. Jahrtausend zurückverfolgt werden und ist nach Friedrich Muthmanns Recherchen bereits als Dekoration auf einer Alabaster-Kultvase der frühsumerischen Zeit im Iraq-Museum in Bagdad zu sehen.

Granatäpfel erscheinen in verwirrender Vielfalt auf Wanddekorationen, Rollsiegeln, Schalen, Vasen, in der Reliefkunst der Architektur, auf Altären, Sarkophagen, Gedenksteinen und als Grabbeilagen. Der monumentale Grabbau der Caecilia Metella aus dem 1. Jh. v. Chr. an der Via Appia außerhalb von Rom ist umzogen von dicken Bukranien-Girlanden mit Granatäpfeln und anderen Früchten.

Getragen von aristokratisch-römischer Eleganz, schmücken Girlanden, aufgehängt an Stierschädeln zwischen den Pilastern des Altarhofes, den Tempel der Ara Pacis Augustae in Rom. Es geht dabei um naturgetreu wiedergegebene Früchte des Sommers und des Herbstes, aus deren reicher Fülle immer wieder Granatäpfel hervorleuchten. In Griechenland war der Granatapfel als Frucht der Unterwelt Demeter und Aphrodite geweiht (s. S. 27). In Argos hält Hera, die Patronin junger Paare, ähnlich wie Maria im nahen Paestum, einen Granatapfel in der linken Hand. Hera trägt außerdem – wohl zur Erinnerung an ein Liebesgeplänkel mit Zeus – einen Stab mit einem Kuckuck an der Spitze. Der Kuckuck macht damit Hera gleichzeitig zur Botin des Frühlings. Der Frühling beginnt im christlichen Kalender mit dem Fest Mariae Verkündigung. Über den Dom des nördlichen Ratzeburg, der nach den

Recherchen Gisela Graichens auf den Resten eines Tempels steht, ist Ähnliches zu lesen: Er war Silva, der »lieblichen« Göttin, geweiht, die während des Frühlings ihre wahrsagende Stimme durch die Wälder spielen ließ und sich, ganz ähnlich wie Hera, in einen Kuckuck und damit gleichzeitig in eine Frühlingsbotin verwandelte.

Der Kult der Fruchtbarkeitsgöttin Demeter war in Sizilien weit verbreitet. Archäologische Ausgrabungen zeigen sie mit ihrer Tochter Persephone im Arm, ganz wie die Madonna mit ihrem Kind. Der Granatapfel gehört oft dazu: als Kinderspielzeug. In Enna, wo nach der Mythologie Persephone in die Unterwelt versank, stand in der Kathedrale früher zwischen den Heiligenfiguren ganz sorglos eine griechische Statue von Demeter mit ihrer Tochter: eine antike mater dolorosa. Für lange Zeit nahm niemand daran Anstoß.

Aus vielen Flügelaltären mittelalterlicher Kirchen nördlich der Alpen und solchen, die inzwischen in Museen gelandet sind, lacht dem Betrachter eine Maria mit Kind entgegen, das einen aufgebrochenen Granatapfel in Händen hält. Im Renaissance-Saal der Uffizien hängen gleich mehrere Gemälde von Botticelli, in denen Maria und der Christusknabe einen Granatapfel in Händen halten (s. S. 237). Die Früchte sind jedoch nicht nur in Gemälden, sondern auch in ihren dicken Holzrahmen zu entdecken, die – Kunstwerke für sich – aus schwer behangenen Granatäpfelgirlanden bestehen ... vergoldeten!

Aber mehr noch; in Spanien ist eine ganze Stadt nach dem Granatapfel benannt: Granada. Er ist auch ihr Wappen, zu finden überall an Häusern, auf Kacheln, Fahnen, Antipendien, Teppichen, Marmorböden, Briefpapier und selbst auf den Kanalisationsdeckeln der Stadt. Die Zeremonialkrone der Königin Isabella der Katholischen (1451–1504) besteht aus einem Kranz aufspringender Granatäpfel, zu sehen unter einem Glassturz in der Königlichen Kapelle der Kathedrale. Der Granatapfel hat mit den spanischen Konquistadoren auch die neue Welt erreicht. Er grüßt von den mächtigen Holzrahmen mexikanischer Spiegel und Türen und ist schließlich auch in der 5th Avenue in New York zu entdecken, wo vier bukolische, mit prallen Granatäpfeln gefüllte Girlanden den Sockel einer mächtigen Fahnenstange vor der New York Library schmücken.

Die Erdgöttin in Gestalt der schwarzen und braunen Madonnen

Hans Joachim Buch läßt in seinem Buch »Haiti Chérie« die magna mater folgendes sagen:

> »Ich habe viele Namen und wurde von vielen Völkern an vielen Orten unter vielerlei Gestalt verehrt. Die Assyrer nannten mich Astarte, die schaumgeborene und schönarschige. Auf lateinisch heiße ich Venus und in Brasilien Yemanjà. – Ich bin die schwarze Madonna von Guadalupe. Mein Name ist Erzulie Fréda Dahomey, auch Erzulie Dantor. Ich habe einen unehelichen Sohn, der ständig mit Pfeilen um sich schießt. Die Zahl seiner Opfer ist Legion: Paris, Helena, Aeneas, Dido, Tristan, Isolde, Abaeleard und Heloise. Der Name meines Sohnes ist Amor. Manche nennen ihn auch Eros, aber bei uns in Haiti heißt er einfach Lamour.«

Es ist nicht ganz richtig, wenn gesagt wird, daß die schwarzen Madonnen in – sagen wir – Altötting, Prag, in Czenstochau, Moskau, in Chartres, auf dem Montserrat und in den vielen kleinen Landkirchen im Zentralmassiv Frankreichs ihren dunkelbraunen Teint den immerwährend brennenden Kerzen, der Oxydation ihrer ursprünglichen Farbe und den herumschwirrenden Staubpartikelchen zu verdanken haben. Sie werden indessen besonders deswegen verehrt, weil sie Geheimnisvolles umgibt und sie als wundertätig gelten. Sie sind das Ziel vieler Wallfahrten. Ihre dunkle Haarfarbe geht weiter zurück als bis zum Hohenlied 1,5, in dem es heißt: »Es ist die Sonne, die mich verbrannte.« Die schwarzen Madonnen, wo immer man sie findet, sind meist restauriert, mit dunkler Farbe übermalt. Ihre Entstehung – legendenumwoben – hat zu tun mit der Natur, der Erde, dem Wasser, den Bäumen und dem Unterholz. Ochsen und Stiere, beides Fruchtbarkeitssymbole der Antike, spielen bei ihrer Auffindung durch Bauern, Hirten, Fischer und Kinder immer wieder eine Rolle. Die

Ahnenreihe der dunklen Madonnen führt zu den in der Erde mächtigen, zu den chthonischen Göttinnen der Antike, zu Gaia, Demeter, Persephone und weiter bis zur Verehrung der Meeresgöttinnen und Seejungfrauen. Maria wird verehrt als die Königin des Meeres und als Himmelskönigin. Bernhard von Clairvaux etwa preist Maria als »Stern des Meeres«. Und immer wieder sind es Stiere, die mit der Auffindung von Madonnenfiguren in der Erde, unter Büschen, in Baumhöhlen und in Quellen in Verbindung gebracht werden, dort, wo die unterirdischen Kräfte des Lebens und des Todes wohnen. Mehr noch: Lukas, der nach der Legende die Maria malte, hat als Attribut einen Stier, der bekanntlich auch ein Sternbild ist.

Anne Kent Rush hat in ihrem Buch »Mond Mond« eine erstaunliche Parallele zwischen den Standorten der Kathedralen »Notre Dame« in Frankreich und dem Sternbild der Jungfrau herausgearbeitet. Es sind dies Bayeux, Amiens, Reims und Chartres.

Eine der bekanntesten und landschaftlich reizvollsten Verehrungsstätten einer schwarzen Madonna befindet sich auf dem Berg Montserrat außerhalb von Barcelona, einem wilden Hochwaldgebiet mit ausgewaschenen Felsen, wo heute noch selten zu findende Blumen, Sträucher und Bäume wachsen. Benediktiner bauten hier im 6. Jh. in einer Schlucht des über 1000 m hohen Bergmassivs ein Kloster und deuteten die vitale Fruchtbarkeit der Gegend als ein Zeichen, auf dem Berg eine Verehrungsstätte für die Jungfrau, die »Dunkle vom Berge«, zu gründen. Jahrhundertelange Erosion hat die Felsen zerklüftet. Die weicheren Gesteinsschichten sind längst verschwunden. Zurückgeblieben sind nur harte Felsen mit tiefen Höhlen. Seit etwa elfhundert Jahren wird das Bergmassiv als »Schrein der schwarzen Madonna« verstanden. In der Höhle der »Fuente de Santa Maria« brennen immer unzählige Kerzen, angezündet für erwiesene Gnaden; und im alten Kreuzgang aus dem 12. Jh. plätschern dreißig feine Wasserstrahlen in ein Brunnenbecken. Höhlen und Wasser spielen hier eine große Rolle. Die lange Geschichte dieses Wallfahrtsorts spiegelt sich auch in Legenden wider. In dem Märchen der

Königstochter im Berge Muntserrat (s. S. 111) ist etwa vom Wasser des Lebens die Rede. Maria wird hier häufig von jungen Paaren aufgesucht, die auf dem Montserrat ihre Brautmesse feiern, ihren Brautstrauß der Madonna zu Füßen legen und um gute Schwangerschaft und Geburt bitten. Die Maria von Montserrat wird auch »Morenata« genannt, die Schwarze. Eine alte Chronik besagt, daß sie von Schäfern im Jahre 888 in einer der Höhlen des Bergmassivs gefunden wurde, nachdem die Mauren zurückgedrängt worden waren. Ein gotischer Bischof habe sie dort vor den Muselmanen verborgen. Ursprünglich wurde sie – so die Legende weiter – von Petrus nach Spanien gebracht. Als man jedoch die Statue in das im Tal liegende Dorf Manresa bringen wollte, wurde sie so schwer, daß sie nicht mehr transportfähig war und so auf dem Felsen bleiben mußte. Die Statue jedoch, die jetzt in der Kirche der Benediktiner steht, wird ins 12. Jh. geschätzt. Ihre genaue Geschichte ist unbekannt. Über dem Hochaltar kann sie von allen Besuchern gesehen werden. Eine Steintreppe führt direkt zu ihr hinauf, so daß sie von den Gläubigen im Vorbeigang berührt werden kann (s. S. 95).

Eine Rückblende in die Antike führt zu in dunklem Ebenholz gearbeiteten Bildnissen der Mondgöttin Diana, denn als Beschützerin der Gezeiten und als Hirtin der Sterne beherrschte sie gleichzeitig die Unbilden des Wetters und mit Artemis und Hécate schließlich auch die Unterwelt und die Nacht.

Unweit des Pilgerweges nach Santiago de Compostela in der Nähe von Burgos liegt das Dörfchen Quintanilla. In der Bar an der Kuhtränke bekommt man für ein paar Peseten den Schlüssel zu einer etwa 600 m entfernten geheimnisvollen Eremitage geliehen: ein kreuzförmig angelegtes Kirchlein aus dem 7./8. Jh. Dort steht in dem winzigen Altarraum, beleuchtet von einem schmalen Fenster, eine gemeißelte Steinarbeit zweier fliegender Engel, die eine Frauenbüste in einem medaillonartigen Rahmen halten, auf ihrem Kopf eine Mondsichel; daneben das Wort LUNA. Eine westgotische Mondgöttin? (s. S. 95).

Das Christentum hat sich bekanntlich mit den vorchristlichen Religionen arrangiert, ihren Festen oft einfach ein »christliches Gewand« übergeworfen. Maria hat gleichsam das Erbe der weiblichen Gottheiten des Mittelmeerraums übernommen. Die schwarzen Madonnen, die in den Krypten und Grotten der Kathedralen und kleinen Dorfkirchen verehrt werden, sind die Nachfolgerinnen heidnischer Fruchtbarkeitsgöttinnen, deren Bereich die Erde war. Gleiches gilt für die byzantinischen, griechischen, altslawischen, russischen und kretischen Marienikonen. Sie sind dunkelhäutig, und viele von ihnen werden als schwarze Madonnen in Felsen- und Höhlenkapellen verehrt, wie etwa die »schnellerhörende Muttergottes« im Kloster Dochiariou auf der Halbinsel Athos. Dazu kommen die schwarzen Madonnen der Zigeuner, die sie »Königin der Nacht« und »Dame der Unterwelt« nennen und als ihre Schutzpatronin auserkoren haben. Eine ihrer bekanntesten Wallfahrtsstätten befindet sich in Saint-Maries-de-la-Mer am Camargue-Strand in der Provence, wo sie als heilige Sara in der höhlenähnlichen Krypta einer Wehrkirche aus dem 12. Jh. verehrt wird.

Die schwarze Madonna in der Krypta der Kathedrale von Chartres (Notre Dame de Sous-Terre) befindet sich dicht neben einem Brunnen, von dem man zu wissen glaubt, daß er ein Heiligtum der Druiden war und als vorchristliches Pilgerziel galt. Das Wasser – ganz besonders wichtig in einer bäuerlichen Gesellschaft – steht wie die Erde in unmittelbarer Verbindung zur Fruchtbarkeit. Besonders in Dürrezeiten werden zu dieser Madonna in der Krypta der Kathedrale Wallfahrten unternommen, in die das Quellenheiligtum ganz natürlich eingeschlossen ist.

La Morenita« – die Braune. Dem indianischen Hirten Cuauhtlatóhuac erschien am 9. Dezember 1531 auf dem Tepeyac-Hügel in der Gegend von Guadalupe bei Mexico-City eine dunkelhäutige Frau mit indianischen Gesichtszügen. Just auf diesem Hügel stand in vorspanischer Zeit das Heiligtum der aztekischen Göttin Cihauacóatil, was soviel bedeutet wie »Frau der Schlange«. Als Fruchtbarkeitsgöttin trug sie auch den Beinamen Tonantzin: unsere liebe Mutter. – Obwohl man der Madonna von Guadalupe, auch zärtlich »la morenita« genannt, gegenwärtig überall in Mexico begegnet: in Kirchen, Wohnungen, öffentlichen Gebäuden und neben dem Rückspiegel aller Busfahrer, wird sie von indianischen Pilgern immer noch als »Guadalupe-Tonantzin« verehrt. Als Virgen de Guadalupe ist die dunkelhäutige Maria inzwischen zur Schutzpatronin Mexikos erhoben worden.

Literaturhinweise

Bächtold-Stäubli, Handwörterbuch des deutschen Aberglaubens. Berlin und New York 1981
Hans Christoph Buch, Haiti Chérie. Frankfurt/M 1990
Sophie Cassagnes-Brouquet, Vierges Noires, Editions du Rouergue, Passage des Macons. Rodez/France 1990
Judy Chicago, The Dinner Party. Frankfurt/M 1987
Kenneth Clark, Landscape into Art. Boston 1969
Michael Dames, Silbury Reasure. The Great Goddness rediscovered. London 1992
Helmut Domke, Spaniens Norden. München 1967
Joachim Fest, Im Gegenlicht (italienische Reise). Berlin 1989
Max J. Friedländer, Über die Malerei. München 1963
Gisela Graichen, Das Kultplatzbuch. Ein Führer zu den alten Opferplätzen, Heiligtümern und Kultstätten in Deutschland. Hamburg 1988
Anne Kent Rush, Mond Mond. München 1978
Klosterfrau zur ewigen Anbetung zu Mainz, Leben der heiligen Birgitta von Schweden. 1875
Sister Lydia, Convent of the Virgin Mary, Assiut, »Papyrus« 3/4, Kairo 1992
Melrena McKendrick, Ferdinand und Isabella. Reutlingen 1969
Abt Paulus Rappold, Stift Rein 1129–1979. 1979
Hannelore Sachs/Ernst Badstüber/Helga Neumann, Christliche Ikonographie in Stichworten. Leipzig 1973
Johann Wilhelm Wolf, Deutsche Hausmärchen. Göttingen, Leipzig 1851

Die Erde

Abb. 1: Erschaffung des Adam
Meister Bertram (1345–1415)
Kunsthalle Hamburg

Die Erde in der Kunst

Abb. 2: Element Erde
Limburger Dom
1235

Die Erde

*Abb. 3:
Maria mit Spindel
aus der
Ustjug-Verkündigung,
Nowgorod,
(12. Jh.,
Tretjakow-Galerie,
Moskau)*

Die Erde in der Kunst

Abb. 4: Die liebe Frau vom Bussen
Andachtsbild

Die Erde

*Abb. 5: Christi Geburt, unbekannter Meister 14. Jh.
Erzbischöfl. Dom- u. Diözesanmuseum Wien*

Die Erde in der Kunst

*Abb. 6: Geburt Jesu in der Höhle
unbekannter Meister
Mittelalter
Sofia, Bulgarien*

Die Erde

Abb. 7: Tellus-Relief
Kupferstich in A. F. Gori
Inscriptiones Etrusca
Ara Pacis Augustae, Rom

Abb. 8 (rechte Seite):
La Morenata
Die Schwarze Madonna
von Montserrat (12. Jh.)

Die Erde in der Kunst

Die Erde

Abb. 9.: Maria im Ährenkleid
Unbekannter Meister (um 1473)
Ev. Kirche St. Maria zur Wiese, Soest

Die Erde in der Kunst

Abb. 10: Madonna in der Felsenhöhle
Leonardo da Vinci (1482/1483)
Louvre Paris

Die Erde

Abb. 11: Der Morgen
Gemäldeausschnitt (1808)
Philipp Otto Runge (1777–1810)
Hamburger Kunsthalle

Die Erde in der Kunst

Abb. 12: LUNA
Steinrelief aus Quintanilla
de las Viñas
7./8. Jh. Burgos, Spanien

II. QUELLE/WASSER

Quelle/Wasser

Quellen und Quellwasser erleben wir, die wir Wasser aus Hähnen kennen, wie ein Wunder. Aber solche Quellen sind auch heute Grundlagen unserer Wasserversorgung, Garant des physischen Lebens, aber auch des technischen Fortschritts.

Seit Jahrtausenden zirkuliert das Wasser in ewigem Kreislauf zwischen Meeren, Flüssen, Wolken, Regen, Schnee und unterirdischen Flüssen und erhält und ernährt das Leben auf unserem Planeten. Flüchtig rinnt es durch die Finger, wenn wir es festhalten wollen. Es läßt sich nicht fassen, höchstens für eine Weile in kleinen Mengen, aber schnell kehrt es zu sich selbst zurück. Das Wasser hat die Kraft, Kontinente und Gebirge zu formen und Täler und Canyons zu graben. Dreiviertel der Erdoberfläche besteht aus Wasser. Ohne die mildernden Einflüsse der Meere wären die Sommer zu heiß und die Winter zu kalt, um leben zu können. Wir selbst, unsere Körper, bestehen überwiegend aus Wasser; der menschliche Embryo beginnt sein Leben im mütterlichen Fruchtwasser, das ihn schützend umgibt. Alle Wachstumsprozesse in uns und in der Natur sind nur durch Wasser möglich. Für jeden Menschen ist das Wasser als erfrischendes, kühlendes, reinigendes und belebendes Element eine archetypische Erfahrung. In Brauchtum und Volksüberlieferung ist der Glaube an die Heiligkeit der Quelle, an die Heilkraft des Wassers überhaupt daraus abzuleiten.

In allen großen Kulturen und Religionen wurde das Wasser als heilig oder göttlich betrachtet. Die Menschen früherer Zeiten beobachteten und erkannten die lebenserhaltende Kraft des Wassers. Reinigung und Verwandlung durch das Wasser wurden als religiöse und rituelle Symbole gedeutet. Deshalb wurden Tempel und Kultorte an Quellen und Brunnen errichtet. Quellgottheiten waren Göttinnen, die Leben und Fruchtbarkeit garantieren. Quellwasser steht für Geburt, Bewegung, Verwandlung, Verjüngung, Heilung, Erneuerung, Erlösung. Im Fruchtwasser macht der Embryo seine ersten Erfahrungen, hat er Kontakt mit seiner Mutter. Quellwasser ist das Symbol der Leben gebenden Frau, und der Brunnen, die Dorfquelle ist ihr sozialer Ort. Am Brunnen begegnen sich Mann und

Quelle / Wasser

Frau, und der Brunnen/die Quelle wird der Ort und das Symbol erlösender Liebe.

In Mythen und Märchen sind Flüsse, Seen, Quellen und Meere mit einem phantastischen Reigen von Wasserwesen bevölkert. Das Wasser lebt! Im Wasser leben die Göttlichen. Die Quelle ist im Mythos göttlicher Ort der Verwandlung und Erneuerung. Der griechische Mythos berichtet vom rituellen Bad der Göttin, das ihr die Jungfräulichkeit und ewige Jugend zurückgibt. Jenseits oder unter den Wassern liegt im Märchen das Land der Glückseligkeit, der Unsterblichkeit. Zeit und Raum sind aufgehoben. Die Märchengestalten dieses Zauberreiches, die schönen Wasserjungfrauen und verführerischen Nixen, die dem Menschen Glück und Segen, aber auch Verderben bringen können, sind archetypische Figurationen und Symbole des Unbewußten und Ausdruck dafür, daß das Wasser unsere Lebensgrundlage ist.

Das Christentum hat den Sinn des fließenden Wassers in der Taufe zusammengefaßt, die Wiedergeburt schafft, reinigt und erneuert und zugleich in eine neue Gemeinschaft stellt. In der Volksfrömmigkeit wurden die alten Wasserquellen, die an weibliche Gottheiten erinnerten, mit christlichen Heiligen besetzt. Da Quellwasser fließt, sich bewegt, wird es auch zum Symbol des Eros, der suchenden, erlösenden Liebe. Eros schafft Neues, stellt Beziehungen her, gebiert etwas. Die Quelle selbst ist etwas Numinoses, Göttliches. Das Eigene dieses Muttersymbols ist, daß es suchende, bewegende, neue Beziehungen schafft und uns hinweist, daß dies nur in Gegenseitigkeit geschehen kann. Wo nichts mehr fließt, wird das Leben starr werden. Heute können uns Quellen, ihre Symbole, die Wassergestalten wieder an die verlorengehende Weisheit erinnern, daß der aus einer tiefen Quelle fließende Eros notwendig ist für jegliche Art neuer Beziehung und Erkenntnis.

1. Quelle/Wasser im Märchen
Barbara Stamer

Das Symbol des Wassers im Mythos

Fragen wir nach dem *Symbol- und Elementarcharakter des Wassers,* der Quelle, des Brunnens, so geben uns die alten Mythen und Märchen in ihren lebendigen und starken Metaphern darüber Aufschluß, ebenso wie die kunsthistorischen und literarischen Zeugnisse der alten großen Kulturen. (Hier sollen vor allem Beispiele aus der ägyptischen, babylonischen, kretischen und maltesischen Kultur und ebenso aus der griechischen und römischen Antike gegeben werden.)

Zahlreiche Mythen und Kosmogonien wissen von dem »Urschoß allen Lebens«, dem Wasser, dem Ur-Meer, aus dem alles Lebende geboren wurde, auch die Erde selbst. Das Wasser ist der Urstoff des Lebens, der stoffliche Urgrund aller Dinge, der aus sich heraus Leben und Licht gebiert und beides umschließt, Werden und Vergehen.

In der Tiefenpsychologie wird das Wasser als das Unbewußte interpretiert und taucht als solches in unseren Träumen auf.

»So ist das Wasser, unter dessen Oberfläche Versunkenes ruht und das ungeahnte Tiefen birgt, ein Symbol des Unbewußten, dem alles Wirkliche entsteigt und das auch wiederum, alles überflutend, die Wirklichkeit verschlingen kann. Indem aber im Unbewußten die schöpferische Kraft der Seele ruht, versinnbildlicht das Wasser oft die Tiefe, die den Schatz beherbergt, den Lebenswert, dem der Held nachjagt« (H. v. Beit, Symbolik des Märchens).

Im Ägyptischen ist die Himmelsgöttin Nut der Urozean und auch der Himmelsozean. In Babylonien verehrte man Tiamat, die Mutter der Götter, Besitzerin der Schicksalstafeln, auf denen das Leben der Menschen verzeichnet ist. Sie erhob sich einst aus dem Urchaos, dem Wasser, und stellt somit den Beginn des Lebens dar. In den altindischen Veden heißen die Gewässer »mâtritâmâh«, d. h.: die Mütterlichsten.

Alle Kulturen des östlichen Mittelmeerraumes schreiben dem Meer auch nach der Schöpfung einen unheilvollen Charakter zu. So ist in manchen Religionen der »untere Ozean« der Aufenthaltsort der Toten; der Regen, der die Erde befruchtet, entspringt dem »oberen Meer«. Im Griechentum und im Islam finden wir Mythen, die von dem Wasser, dem Meer berichten, welches die Erde konzentrisch umschließt: ein Wasser, nicht schiffbar, sondern todbringend. Bei Homer heißt es, daß die Götter und alle Menschen Kinder der Urmutter Tethys und des Urvaters Okeanos, der die Welt umgürtet, sind.

Hesiod schildert in der »Theogonia« (»Göttergeburt«) um 880 v. Chr. die Geburt des Meeres aus der Erde:

»Gaia, die Erde, erzeugt zuerst den sternigen Himmel
Gleich sich selber, damit er sie dann völlig umhülle,
Unverrückbar für immer als Sitz der ewigen Götter,
Zeugte auch hohe Gebirge, der Göttinnen holde Behausung,
Nymphen, die da die Schluchten und Klüfte der Berge bewohnen,
Auch das verödete Meer, die brausende Brandung gebar sie
Ohne beglückende Liebe, den Pontos; dann aber später
Himmelsbefruchtet gebar sie Okeanos' wirbelnde Tiefe...«
(Theogonia, 131–137).

Alle Ströme und Gewässer der Erde sind Kinder der Urmutter Thethys, die griechische Mythologie erzählt von dreitausend Kindern:

»Sind es doch dreitausend schlankfüßige Okeaniden, die da weiterzerstreut, die Erde und Tiefen der Ursee überall hin durchwandern, der Göttinnen herrliche Kinder, ebenso viele dann sind auch des Okeanos Söhne, lauthinbrausende Ströme, die hehre Tethys gebar sie« (Theogonia, 364–370).

Der vorhomerische Mythos berichtet von der *Liebesgöttin Aphrodite,* die sich nackt aus dem Schaum des Meeres erhob. (Später ist sie die Tochter von Zeus und Tethys.) Sie ist von hinreißender Schönheit, und kein Gott noch sterblicher Mensch kann ihrer Verführungskunst widerstehen. Wo ihre Füße die Erde berührten, entsprangen Blumen und Gras. (So stellt Botticelli seine »Primavera« dar.) Sie war eine prähellenistische Göttin, sie ist mit der in Syrien und Palästina verehrten Ischtar und Aschtaroth zu vergleichen. Dem Mythos nach badeten die Aphrodite-Priesterinnen im Meer, ein Ritual der Erneuerung und Verjüngung.

Süßwasser und Quellwasser hat in der Symbolsprache des Mythos noch eine andere Bedeutung: Im germanischen Mythos entspringt tief unter der Erde, an den Wurzeln des großen, Himmel, Erde und Unterwelt umfassenden Weltenbaumes Yggdrasill, die Schicksalsquelle, der *Urdbrunnen;* mit diesem Wasser besprengten, dem Mythos folgend, die im Dunkel wohnenden Nornen, die drei Schicksalsfrauen, den Baum, daß er nicht faule. Das Schicksal ist das entquellende Wasser. Der *Mimirsbrunnen* wird auch als *Ursprung der Weisheit* bezeichnet. Odin selbst trank daraus, um Weisheit zu gewinnen. In ihm sind

>»Scharfsinn und Verstand verborgen ... Mimir ist der Name seines Besitzers, und dieser ist voller Weisheit, weil er aus dem Brunnen trinkt ... Hierhin kam Allvater (Odin) und verlangte einen Trunk aus dem Brunnen, bekam ihn aber erst, nachdem er sein Auge als Pfand hinterlegt hatte.«

Wird deshalb der Brunnen »Auge Gottes« genannt?

Der Urdbrunnen
»Eine Esche weiß ich,
sie heißt Yggdrasill,
die hohe, benetzt
mit hellem Naß:
von dort kommt der Tau,
der in Täler fällt;
immergrün steht sie
am Urdbrunnen.

Von dort kommen Frauen
vielwissende,
drei, aus dem Born,
der unterm Baume liegt:
Urd heißt man eine,
die andere Werdandi –
sie schnitten ins Scheit –,
Skuld die dritte,
Lose lenkten sie,
Leben koren sie
Menschenkindern,
Männergeschick.«
(»Der Seherin Gesicht«, Vers 13/14, aus: Die Edda)

Die großen griechischen Tempelanlagen und Kultstellen besaßen alle auch heilige Quellen, Wohnort der Göttlichen (z. B. das Orakelheiligtum Delphi). Die Volksüberlieferung kennt viele Brunnen, in denen Gottheiten wohnen. Die Brunnengottheiten sind – dem heiligen und heiligenden, dem nährenden und wandelnden Wesen des Wassers entsprechend – *meist weiblich*.

In Bath, England, in dem wir heute die bedeutendsten römischen Ausgrabungen, insbesondere sehr gut erhaltene Badeanlagen bewundern können, sprudelt die heilkräftige, schwefelhaltige Quelle aus der von den Römern gebauten Quellgrotte. Die Quelle war der Göttin Minerva geweiht, neben verschiedenen Minervatorsi fand man auch ein Steinrelief der Göttin Luna, deren Haupt mit dem abnehmenden Mond umkränzt ist.

In frühchristlicher Zeit wurden Kirchen über heidnischen Wasser- und Brunnen-Kultstätten gebaut, heidnische Bräuche und Vorstellungen wurden ins Christliche integriert. Fast bei jeder bretonischen Kirche befindet sich ein alter keltischer Brunnen. Oft entspringt die Quelle auch in der Apsis oder in der Krypta der meist noch vorromanischen Kirchen, so z. B. in Lanmeur (16. Jahrhundert).

Die Kirche konnte zweierlei Stellungen einnehmen: Sie bekämpfte die Brunnengottheiten oder ersetzte sie durch Heilige. Das Volk ließ sich meist seine Brunnen- und Wassergeister nicht nehmen. So treffen wir zahlreiche Brunnenheilige, den heidnischen Wasserfrauen oder Brunnenfrauen entsprechend meist heilige Jungfrauen, die in enger mythologischer Beziehung zu den drei Schicksalsfrauen stehen. (In der katholischen Wallfahrtskirche in Wemding, »*Maria Brünnlein*«, findet sich ein Quellenaltar, siehe S. 159.) Das Urelement des Wassers, des Brunnens, der Quelle, ist also ursprünglich dem *Weiblich-Göttlich-Numinosen* zugeordnet gewesen. Die Symbole und Bilder, die damit zusammenhängen, der Kelch, das Becken (auch Taufbecken!), gehören alle zu dem weiblichen Elementarcharakter des Wassers.

In der Verkündigungsbasilika in Nazareth befindet sich der »Marienbrunnen«, eine noch heute fließende Quelle, die im

Inneren der Kirche des Heiligen Gabriel (ältester Teil der Basilika) entspringt und zum Zentrum in Nazareth fließt. Nach griechisch-orthodoxer Tradition traf der Engel Gabriel Maria bei dieser Quelle, als sie dort am Brunnen Wasser holte. Bedeutsamerweise hat der Volksglauben, die Legende, die außerordentliche göttliche Erscheinung des Verkündigungsengels mit einer Quelle, mit fließendem Wasser, verbunden.

Eine byzantinische Ikone vom Berg Athos zeigt eine interessante Symbiose von archaisch-heidnischem und christlichem Gedankengut: Eine Muttergottes thront majestätisch-ernst *in* einem kelch-gralähnlichen Gefäß. Sie ist ganz von Wasser umgeben: Es ist das Wasser des Lebens, es strömt und sprudelt aus zwei Öffnungen im Kelch, an dem sich die Lahmen und Blinden erquicken, das Wasser scheint sie zu heilen. Hier verschmilzt die Figur der alten Muttergöttin mit der Muttergestalt der Maria, das wunderkräftige Wasser fließt aus dem Leib der Muttergestalt, die den göttlichen Sohn hält. Auch hier begegnen wir der archaischen Vorstellung der weiblichen heiligen Kraft des Wassers (siehe S. 164). Das Gefäß erinnert an kretische Krüge in Form einer weiblichen Gestalt, aus deren Brüsten die Kultflüssigkeit gegossen wurde. Andererseits ist eine mythologische Parallele zu der riesigen Kultschale in dem Vorhof des neolithischen Tempels in Tarxien, Malta, erkennbar, die Schale wurde ganz in der Nähe der kolossalen Steinfigur (Torso) der Erdgöttin gefunden, als deren Kultobjekt sie gilt (3000 v. Chr.).

Mythologisch in enger Verknüpfung dazu steht das Element *Erde* – Wasser *und* Erde sind beides archetypische Symbole des Weiblichen. Daraus läßt sich auch phänomenologisch der Wandlungscharakter der Elemente *Erde* und *Wasser* ableiten. Sterben und Geburt des Menschen sind unmittelbar diesen beiden Elementen verbunden. Der Sarg wird in die Erde gelegt. Frühe Totenbestattungen im Tongefäß deuten auf den ursprünglichen Gefäßcharakter des Sarges hin: Die Erde nimmt den Toten in Embryonalhaltung als Kind wieder zu sich. In der griechischen Mythologie fährt der Tote auf dem Schiff oder der Barke über das Wasser zum Land der Toten. Er überquert den Styx, den griechischen Totenstrom. »Lethe« und »Mnemosyne«, die Doppelquellen am Eingang zur Unterwelt, bewirken Vergessen oder immer-wache Erinnerung, Tod oder Leben. Auch in der keltischen Todesvorstellung spielte das Wasser eine wesentliche Rolle. Ein keltischer Steinsarg eines irischen Mönches aus dem 5. Jahrhundert hat die Form eines Schiffes (St. Gonéry, Bretagne).

Das Element des Wassers gehört symbolisch und archetypisch zu der Gestalt der *Großen Mutter,* die zwei Aspekte hat, welche durch ihre Dualität – einerseits ist sie die Gebärende, Lebenschenkende, Schöpferische, andererseits aber auch die Verschlingende, Dunkle, Todbringende – die Ganzheit des Lebens symbolisieren. So ist das Wasser, die Quelle, der Brunnen, auch ein Symbol für Neuerschaffung, Wandlung, Auferstehung und ewiges Leben.

Dem Wasser, das als lebenserhaltend und lebensspendend, als befruchtend, reinigend und erfrischend vom Menschen auch heute erfahren wird, werden zusätzlich *heilige, wunderbare Fähigkeiten* nachgesagt. In *Volksbrauch, Sage und Märchen* hat das Wasser verjüngenden, heilenden, erneuernden und verwandelnden, ja weissagenden Charakter.

Das Symbol von Quelle und Wasser im europäischen Volksmärchen

Das Wasser des Lebens – heilend, verwandelnd, verjüngend

»Das Wasser des Lebens« (KHM Nr. 97) heißt eines der bekanntesten Grimmschen Märchen. Es erzählt von einem alten sterbenskranken König, dessen drei Söhne das Wasser des Lebens für ihren Vater suchen, denn »wenn er davon trinkt, so wird er wieder gesund«. Es ist jedoch lebensgefährlich, auf die Suche nach dem Wasser des Lebens zu gehen. Die zwei stolzen und habgierigen Söhne, die mehr an den Profit und das spätere Erbe denken als an die baldige Gesundung des Vaters, können das Wasser des Lebens nicht finden. Sie verirren sich und bleiben in einer Bergschlucht stecken: »und saßen da wie ein-

gesperrt ...« Erst der dritte und jüngste Sohn findet die Quelle des Lebenswassers:

> »es quillt aus einem Brunnen in dem Hofe eines verwünschten Schlosses.«

Es ist das Schloß einer verwunschenen Prinzesssin, die auf Erlösung wartet, und bezeichnenderweise kann nur sie den Weg zur Quelle weisen. Nachdem sie ihm, dem jüngsten Sohn, ihr Jawort für eine spätere Heirat gegeben hat, zeigt sie ihm, wie er aus der Quelle das Wasser schöpfen kann. Noch endet das Märchen nicht mit dem Happy-End, sondern die zwei bösen Brüder, von dem jüngsten gutmütig aus der Schlucht befreit, stehlen das Wasser des Lebens, bringen es dem kranken Vater und bekommen den Lohn. Der jüngste geht zunächst leer aus. Der Vater gesundet, wie das Märchen erzählt, er

> »fühlte seine Krankheit schwinden und ward stark und gesund wie in seinen jungen Tagen.«

Das Wasser, das Jugend, Gesundheit und Leben schenkt, ist Motiv vieler Märchen und gehört zu den mythologischen Bildern des alten Orients und des Hellenismus. Das Wasser des Lebens fließt auch im »Jungbrunnen«, der von Hans Sachs im Schlaraffenland lokalisiert wurde und dessen sagenhafter Quell von manchen Seefahrern gesucht wurde. Lucas Cranach, Hans Sebald Beham und Hieronymus Bosch haben ihn phantasievoll gemalt.

Das Wasser des Lebens ist im Märchen und im Volksglauben das Wasser der Heilung, der Verjüngung, der Erneuerung. Das Wasser hat aber im Märchen immer auch eine *erotische Komponente:* Das Finden des Wassers, das an geheimnisvoller, verwunschener Stelle entspringt, ist immer mit dem Erkennen und Lieben einer schönen Frau verknüpft. Wer das Wasser findet, findet auch die Geliebte, den Geliebten, entdeckt die Kraft der Erlösung durch die Liebe: Nur er, der die Quelle fand, kann die Prinzessin gewinnen, die bösen Brüder haben keine Macht über sie. Der Betrug wird offenbar, und die Brüder müssen sterben.

In einer anderen Variante dieses Märchens »*Die Königstochter im Berge Muntserrat*« sprudelt das heilende Wasser des Lebens aus dem »Brunnen des Lebens«, der neben dem »Brunnen des Todes« und dem »Brunnen der Schönheit« in dem verwunschenen Schlosse in dem Berg Muntserrat verborgen liegt. Namen in Märchen sind selten, da das Geschehen des Märchens nirgends und überall, niemals und dennoch immer sich ereignet. Muntserrat könnte »Montserrat« bedeuten, eine der ältesten christlichen Kultstätten in Spanien, heute ein berühmter Marienwallfahrtsort der Schwarzen Madonna (siehe S. 84). Im Märchen ist es die allerschönste Prinzessin, die im Berge Muntserrat schläft, bis der Prinz sie wachküßt (Text siehe S. 120).

»*Der König vom goldenen Berge*« (KHM Nr. 92): Dieses Grimmsche Märchen weiß ebenfalls von der verwunschenen Prinzessin, die das Wasser des Lebens besitzt, welches sogar Tote wieder lebendig machen kann. Der Jüngling, auf dem Wasser ausgesetzt, strandet an einem unbekannten Ort. Da nähert sich dem Jüngling die Prinzessin in Gestalt einer sich ringelnden Schlange und sagt zu ihm:

> »Kommst du, mein Erlöser? Auf dich habe ich schon zwölf Jahre gewartet, dies Reich ist verwünscht, und du muß es erlösen!«

Interessant ist hier auch die Metaphorik der Schlange. Sie war in vielen alten Kulturen ein heiliges Tier, ein Tier der Großen Göttin – man denkt z. B. an die berühmte Schlangengöttin von Kreta. In Bet-Shean, Israel, fand man einen Kultkrug (alle frühen Kultgefäße haben weiblichen Elementarcharakter) von Schlangen umwunden. Aber auch in der griechisch-römischen Mythologie ist sie ein Seelentier, z. B. wurde im Erechteion eine Schlange heilig gehalten. Im Märchen finden wir die Schlange fast immer in positivem Kontext, nie in negativem. So liebt die verzauberte Schlangenbraut den Jüngling und heilt ihn mit dem Wasser des Lebens, über das sie verfügt. Der Jüngling muß nun, um sie erlösen zu können, äußerste Qualen über sich ergehen lassen. Zwölf schwarze Gestalten quälen und schlagen ihn drei Nächte lang und hauen ihm am Schluß den Kopf ab. Sie aber sagt:

»Ich komme zu dir und habe in einer Flasche das Wasser des Lebens, damit bestreiche ich dich, und dann bist du wieder lebendig und gesund wie zuvor.«

» ...und in der dritten Nacht ward die Schlage zu einer schönen Königstochter, die kam mit dem Wasser des Lebens und machte ihn wieder lebendig.«

Der Brunnen als Ort erotischer Begegnung

»*Die Gänsehirtin am Brunnen*« (KHM Nr. 179): Der Brunnen, ein Ort erotischer Begegnung, steht hier im Mittelpunkt des Märchens: Bei Vollmond kämmt und wäscht sich die schöne Gänsemagd am Brunnen im Walde, sie legt ihre häßliche Haut ab und glaubt allein zu sein, jedoch der sie heimlich Liebende beobachtet sie:

»Wie erstaunte er aber, als sie zum Brunnen trat, die Haut ablegte und sich wusch, als die goldenen Haare über sie herabfielen und sie so schön war, wie es noch niemand auf der Welt gesehen hatte. Kaum daß er zu atmen wagte, aber er steckte den Hals zwischen das Laub so weit vor, als er nur konnte, und schaute sie mit unverwandten Blicken an ... Plötzlich krachte ein Ast, und in demselben Augenblick schlüpfte das Mädchen in die Haut, sprang wie ein Reh davon, und da der Mond sich zugleich bedeckte, so war sie seinen Blicken entzogen.«

Voll erotischer Spannung schildert das Märchen die Begegnung der Liebenden am Brunnen.

»*Die Sage von der schönen Melusine*« (Volksbuch): Auch die geheimnisvolle Sage um die schöne Melusine, die durch einen Fluch dazu verdammt war, sich an bestimmten Tagen in ein Wasserweib mit Fischschwanz zu verwandeln, und auf die Erlösung durch einen liebenden Gatten hoffte, erzählt von einer erotischen Begegnung am Brunnen: Am sog. »Durstbrunnen« trifft und findet sie ihren Erretter, ihren Geliebten. Dort entwickelt sich ein Dialog, der zu einem gegenseitigen Liebesversprechen wird.

»So kam der junge Ritter in die Nähe eines Brunnens, der wurde der Durstbrunnen genannt. Bei dem Brunnen standen drei wunderschöne Jungfrauen ... Da trat die jüngste und lieblichste ihm entgegen und sprach: ›Ei, habe ich doch nicht geglaubt, daß es einen Ritter gäbe, der ohne einen Gruß ... bei Frauen vorübereilte‹ ...«

Hessische Erzählvariante des »Froschkönigs« (KHM Nr. 1): In einer unbekannten Erzählvariante des ersten und ältesten Grimmschen Märchens wird das erotische Motiv der Entwandlung des verwünschten Frosches durch das am Brunnen gegebene Jawort mit dem Motiv des heilenden Wassers verbunden:

> »Ein König, der drei Töchter hatte, war krank und verlangte Wasser aus dem Brunnen, der in seinem Hofe stand. Die älteste ging hinab und schöpfte ein Glas voll, wie sie es aber gegen die Sonne hielt, sah sie, daß es trüb war. Das kam ihr seltsam vor, und sie wollte es wieder in den Brunnen schütten, da regte sich ein Frosch darin, streckte den Kopf hervor und sprang endlich auf den Brunnenrand. Er sprach zu ihr:
> ›wann du willst mein Schätzchen sein, will ich dir geben hell hell Wässerlein. Willst du aber nicht mein Schätzchen sein, so mach ich es puttel puttel trübe.‹«

Erst die dritte Königstochter gibt dem Frosch ihr Jawort, und als die Schöne zum zweitenmal schöpfte, fand sie, daß das Wasser so klar war, »daß die Sonne ordentlich vor Freude darin blinkte«. Dieses Motiv wird ebenfalls in einem sehr alten schottischen Märchen *»Der Brunnen am Ende der Welt«* variiert. Hier ist der Brunnen ganz leer, und der Frosch bringt dem Mädchen, nachdem sie ihm ihr Jawort gegeben hat, das kostbare Wasser.

»Der Garten des Erotas«: Der Brunnen als Ort erotischer Begegnung – dieser Topos der Literatur ist in dem griechischen Märchen, das vom griechischen Mythos stark beeinflußt ist, sinnenfreudig ausgemalt: Psyche, die schönste Frau auf Erden, spielt mit dem Liebesgott Eros, »der Flügel hatte und einen Bogen in der Hand hielt, samt einer Menge von Pfeilen«.

> »Der Garten aber war ganz voll Rosen, und über ihnen flatterten eine Menge kleiner Knaben mit Flügeln, gleich Schmetterlingen. In des Gartens Mitte war eine Quelle, wo heilkräftiges Wasser rieselte. Als sich der Königssohn der Quelle näherte, bemerkte er in ihr ein Weib, weiß wie Schnee und leuchtend wie der Mond. Und es war auch wirklich der Mond, der hier ein Bad nahm. Neben der Quelle saß eine zweite Frau, das war die Mutter des Erotas.«

Dieses außergewöhnliche Bild der Göttin *in* der Quelle findet seine Entsprechung und Erklärung im Mythos: Die Quelle ist heilig und der weiblichen Gottheit zugeordnet (s. o.). Viele frühe Kulturen haben die Große Göttin mit dem Mond in Verbindung gebracht, das Weibliche ist dem Wechsel der Mondphasen verbunden. Weiß ist die Farbe der Jungfräulichkeit und Jugend. Könnte hier ein mythologischer Bezug zu den Ikonen der griechisch-orthodoxen Kirche hergestellt werden, auf denen die Göttliche Mutter und ihr Sohn *im* Wasserbecken, als Symbol der lebengebenden Quelle, gemalt sind? (siehe S. 152, 164).

Der Brunnen als Ort der Verwandlung, der Erneuerung, der Geburt

Das Wasser ist auch wandlungsfähig. Das Wasser, das flüssige Element, das selbst immer im Wandel ist, das nirgends greifbar in seiner Form erscheint, ist im Märchen häufig das Symbol der Ver- und Entwandlung.

In dem Märchen *»Brüderchen und Schwesterchen«* (KHM Nr. 11) sind die Quellen des Waldes der Macht der dämonischen Hexe, dem Dunkelaspekt der Großen Göttin, zugeordnet. Brüderchen und Schwesterchen hören die drei Brünnlein, die im Rauschen sprechen:

»»Wer aus mir trinkt, wird ein Tiger/Wolf/Reh, wer aus mir trinkt . . .‹«

Das Brüderchen muß zum Rehkälbchen werden. Erst durch die Vernichtung der Hexe wird der Bann gelöst, und das Brüderchen erhält wieder seine menschliche Gestalt.

»Die Quelljungfer« (Schweiz): In dieser schweizerischen Sage ist die Jungfrau nicht nur die Schöne am Brunnen, sondern sie ist die Quelle selbst. Der weitverbreitete heidnische Glaube an Quelljungfern konnte auch durch das Christentum nicht völlig vertrieben werden. Im Dämmerdunkel von Kirchen sind sie manchmal noch unter Tauf- und Weihwasserbecken zu ent-

decken (s. S. 165, 166). An den sturmumtosten Küsten der Bretagne finden wir ebenfalls in und an den Kirchen zahlreiche Nixengestalten. In Sizun, im Landesinneren, thront eine stattliche Nixe mit langem Drachenschwanz auf dem Dach des »Beinhauses«, dem Ort der Toten, in ihrer verführerischen Gestalt Tod und Leben verkörpernd. Der bretonischen Sage folgend ist sie gleichzeitig Sirene, die Fee Morgane, die in den nahegelegenen Wäldern wohnte (Schwester des sagenumwobenen Königs Arthur), und die Urmutter Eva, ihr Schoß ist von einem Baum mit Früchten umrankt. Häufig ist die Jungfrau Maria heute Schutzmatronin der heiligen Quelle.

»Unweit von der Ruine sprudelt eine reiche Quelle mit herrlichem Wasser. Dort sieht man zu Zeiten eine weibliche Gestalt, weiß angetan, neben der Quelle sitzen. Es ist die Quelljungfer, die Seele des Brunnens, die dem Wasser Kraft verleiht, Kranke zu heilen. In früheren Zeiten wallten viele zur Quelle, und vielen schenkte sie die verlorene Gesundheit wieder ...«

»Frau Holle« (KHM Nr. 24): Der Brunnen ist in märchenhafter Weise ein magischer Ort, der das Hoch-oben mit dem Tief-unten vereint. Frau Holle sitzt tief unten im dunklen Brunnen, und trotzdem läßt sie von hoch oben herab den Schnee fallen. Der Brunnen ist am Ende der Welt, man muß in alle vier Himmelsrichtungen hinausschreiten, um ihn irgendwo, nirgendwo zu finden. So ist der Brunnen bezeichnenderweise auch das Tor *in die Unterwelt,* das Tor in die Jenseitswelt, der Eingang in die Todeswelt. Die gefährliche, tötende Macht des Brunnens (hier bietet sich ein Vergleich mit dem Josephsmotiv an) wird jedoch im Märchen meist ins Glückhafte gewendet. Gerade der Sturz in die Tiefe des Brunnens bringt das Leben. Der Sprung der Goldmarie in den Brunnen ist der Sprung von der realen in die surreale, von der diesseitigen in die jenseitige Welt (dieser Sprung wird auch häufig als Symbol einer Initiation gewertet). Daß es sich bei dem Vorgang des Springens um ein Symbol handelt, wird dadurch deutlich, daß die vertikale Bewegung – dies ist kein mühevolles *Hinauf*steigen, sondern ein *Hinaus*treten in die reale Welt – fortgeführt wird:

»Darauf ward das Tor verschlossen, und das Mädchen befand sich oben auf der Welt, nicht weit von seiner Mutter Haus ...
›Kikeriki, die goldene Jungfrau ist hie.‹ Da ging es hinein zu seiner Mutter ...«

Der Hahn galt in der griechischen Mythologie als heiliges Tier der Persephone, der Göttin der Unterwelt und Gattin des Hades. Goldmarie – das Gold ist hier ein Symbol für glückhafte Lebensfügung – hat durch den Fall ins Dunkel nicht den Tod erfahren, sondern das Leben gewonnen. So ist der Brunnen auch der Beginn des Lebens.

In einer unbekannteren Variante von »*Frau Holle*«, nach einer handschriftlichen Fassung der Brüder Grimm, erscheint Frau Holle in der Gestalt der »schönen Brunnenfrau« in einer »klaren Kristallkugel«. Die Kugel als kosmisches Symbol läßt auf ihre wahre mythologische Herkunft schließen: Sie ist die Göttin, die Herrin über Himmel und Erde. Der Brunnen ist der Eingang in die paradiesische Jenseitswelt, Kristall und Glas sind im Märchen zumeist Symbole für Tod und jenseitiges Leben. So malt auch Hieronymus Bosch den paradiesischen Zustand der Erde, des Kosmos, als gläserne Kugel.

Der Brunnen ist im Märchen häufig das Symbol des gebärenden und Leben erzeugenden, verwandelnden Prinzips. Das Märchen kennt auch die wunderbare Empfängnis durch den Genuß von Wasser oder eines Wasserstrahls, durch die Begegnung mit dem Frosch (das Bad im heilkräftigen Quellwasser bewirkt die Geburt von »Dornröschen«) oder durch den Genuß eines Fisches, den die Frau ißt.

Der Brunnen galt im Volksglauben und Volksbrauch als Geburtsort, viele Sagen und Märchen erzählen vom »*Kindlesteich*«.

In dem Grimmschen Märchen »*Die beiden Wanderer*« (KHM Nr. 107) finden wir das uns noch heute bekannte volkstümliche Bild des Storchs, der die Kinder aus dem Teiche fischt.

»›Ich will dir aus der Not helfen. Schon lange bringe ich die Wickelkinder in die Stadt, da kann ich auch einmal einen kleinen Prinzen aus dem Brunnen holen ...‹

Er hatte aber ein Kind im Schnabel, das schön wie ein Engel war und seine Händchen nach der Königin ausstreckte.«

Das Wasser als Wohnstätte des Göttlich-Numinosen

Das Wasser, die Quelle, ist Wohnort der Göttin. Dieser alte Mythos ist in den Volksmärchen erhalten geblieben, wenn auch märchenhaft abgeändert. Das Göttliche verwandelt sich ins Numinos-Jenseitige: Die Wasserfrau, die Nixe, die Fee taucht aus dem Reich des Wassers und der Quelle auf und spendet Schutz und Segen, kostbare Gaben, Gold und Edelsteine. Unermeßlichen Reichtum bringt ihr unterirdisches Reich, das Wasser. Märchen und Sagen berichten von den wundersamen Zaubergaben der Seefräulein, Feen, Nixen und Seejungfrauen, welche den Menschen zuteil wurden.

Die weiblich-göttliche Gestalt am Wasser, an der Quelle, ist in Mythos und Märchen immer von überirdischer Schönheit und überwältigender erotischer Ausstrahlung. Ein unbekannter irischer Schriftsteller aus dem 9. Jahrhundert schildert Edain, die Fee, als die schönste Frau der Welt (Märchentext siehe S. 126).

»Er sah eine Frau am Rande der Quelle mit einem hellen silbernen Kamm, verziert mit Gold ... Helles Mondleuchten stand auf ihrem Gesicht, Stolz sprang von ihren sanften Brauen ... Sie war die schönste, die lieblichste und vollkommenste unter den Frauen der Welt, jeder dachte: sie muß eine der Feen sein.«

In einem Märchen aus Schwaben »*Die junge Gräfin und die Wasserfrau*« erscheint die Nixe in der Gestalt einer hilfreichen, mütterlichen, guten Fee, welche als Patin dem neugeborenen Kind drei Zaubereier schenkt, die drei Wünsche gewähren.

»Endlich ging nun die Türe auf, und die Wasserfrau trat herein mit einem großen weißen Schleier, der war aber halb naß. Sie hielt nun das Kind zur Taufe und legte ihm als Patengeschenk ein Körbchen mit drei Eiern unters Kissen und sagte, diese Eier solle man ja recht sorgsam aufheben, die könnten dem Kinde einmal nützlich werden.«

Als sie in Not kommt, erscheint die Wasserfrau ein zweites Mal und sagt:

»›Du bist noch reich genug; denn durch diese Eier werden dir drei Wünsche, die du tun darfst, gewährt, sie mögen so groß und schwer sein, wie sie wollen.‹«

Doch die Märchengestalt des schönen Wasserweibes ist ambivalent – der mütterlich-helfende Aspekt kann sich auch ins Verführerisch-Dämonische wenden. Die Wasserfrau ist auch die Sirene, welche den Mann ins Unglück lockt: In dem Grimmschen Märchen »*Die Nixe im Teich*» (KHM Nr. 181) hilft die Nixe wohl dem Müller aus seiner bitteren Not und verschafft ihm unermeßlichen Reichtum, jedoch fordert sie dafür das Neugeborene.

»Er wendete sich um und erblickte ein schönes Weib, das sich langsam aus dem Wasser erhob. Ihre langen Haare, die sie über den Schultern mit ihren zarten Händen gefaßt hatte, flossen an beiden Seiten herab und bedeckten ihren weißen Leib ... Die Nixe ließ ihre sanfte Stimme hören, nannte ihn beim Namen und fragte, warum er so traurig wäre ... ›Sei ruhig‹, antwortete die Nixe, ›ich will dich reicher machen, als du je gewesen bist, nur mußt du mir versprechen, daß du mir geben willst, was eben in deinem Hause jung geworden ist.‹«

Das Märchen erzählt von der Nixe in sinnlich schönen Sprachbildern; sie *ist* eine Göttin, die alles besitzt und alles weiß, sie nennt den armen Müller beim Namen!
Jedoch die Wasserfrau-Göttin ist auch gefährlich, zerstörerisch: Sie holt sich den herangewachsenen Jüngling dennoch, sie zieht ihn hinab in ihr dunkles Reich des Wassers (in der griechischen Mythologie sind dies die Sirenen des homerischen Odysseus, welche den Mann mit ihrem Gesang betören):

»Er bemerkte nicht, daß er sich in der Nähe des gefährlichen Weihers befand, und ging, nachdem er das Tier ausgeweidet hatte, zu dem Wasser, um seine mit Blut befleckten Hände zu waschen. Kaum aber hatte er sie eingetaucht, als die Nixe emporstieg, lachend mit ihren nassen Armen ihn umschlang und so schnell hinabzog, daß die Wellen über ihm zusammenschlugen.«

Die Wasserfrau als lebenspendende und lebenerhaltende, aber auch zerstörende und vernichtende Märchengestalt trägt die Merkmale des Archetyps der Großen Mutter, der Herrin des Wassers und der Erde, die Fruchtbarkeit und Leben schuf und das Leben wieder in sich im Tode aufnimmt.

Texte

Die Königstochter im Berge Muntserrat
Deutsches Märchen
Es war einmal ein König, der hatte drei Söhne. Als er schon bei Jahren war, verfiel er in eine Krankheit, und es wurde von Tag zu Tag schlimmer mit ihm, bis endlich die Ärzte erklärten, es sei ihm nicht mehr zu helfen. Vergebens bot er Geld und Gut im Überfluß aus, wenn einer ihn retten könne, es schien kein Kraut für ihn gewachsen.

Da träumte ihm eines Nachts, weit überm Meere liege der Berg Muntserrat, dahinein sei König Karlequintes verwünscht. In dem Berge stehe ein stolzes Schloß, und vor dem Schloß sprängen drei Brunnen, davon sei einer der Brunnen der Schönheit, der andere der Brunnen des Lebens und der dritte der Brunnen des Todes. Wenn nun einer hinginge und Wasser aus dem Brunnen des Lebens hole, das sei seine Rettung.

Am folgenden Morgen erzählte er seinen Söhnen den Traum und sprach: ›Ach wüßte ich doch einen, der mir Wasser aus dem Brunnen des Lebens holte, ich gäbe ihm mein halbes Königreich.‹ Als das der älteste von den Söhnen hörte, sprach er: ›Ich will hingehen und von dem Wasser holen.‹ Er sagte das aber nicht, weil er seinen Vater liebte und ihn vom Tode erretten wollte, sondern weil er fürchtete, die Hälfte des Königreiches könne in andere als seine Hände kommen. Der alte König aber glaubte nicht anders, als das spreche die Liebe aus ihm, und war darum doppelt glücklich darüber. Er ließ alsobald Kisten und Kasten voller Kleider und Geld packen und schenkte sie dem Ältesten, dazu viele Wagen und Pferde mit Kutschern und Bedienten; dann segnete er ihn, und fort ging's in die weite Welt.

Jenseits des Meeres kam der Königssohn an ein Wirthshaus, das war schöner als er noch eins gesehen. Als er abstieg und in das Gastzimmer kam, saßen da viele vornehmen Herren, die tranken und spielten Karten. Er frug, ob sie ihn mitspielen lassen wollten? Jawohl, sprachen die Herren, wenn er aber verlöre und könnte nicht bezahlen, dann müßte er sterben. Das war ihm recht, denn er meinte, sein Geld könne nicht alle werden, und so spielte er ins Blaue drauf los. Er hatte aber Unglück und verlor nicht nur Alles, was er um und an hatte, sondern er machte noch Schulden dazu, und als er dieselben nicht bezahlen konnte, wurde er festgenommen und ins Gefängnis geworfen.

Als der Königssohn nicht zurückkehrte und die Krankheit des alten Königs immer schlimmer wurde, sprach der zweite Sohn, er wolle nach dem Berg Muntserrat fahren und das Wasser des Lebens holen. Er dachte jedoch dabei nicht an die Rettung seines Vaters, sondern nur an das halbe Königreich. Der alte König aber freute sich, weil er glaubte, das sei pure Liebe und rüstete ihn noch viel schöner aus, als den Ältesten, gab ihm seinen Segen und fort ging's, daß das Feuer davon stob.

Überm Meere kam der Königssohn an dasselbe Wirthshaus, wie sein

Bruder. Er setzte sich auch zu den vornehmen Herren an den Tisch und wollte mit ihnen spielen. Sie sagten ihm, das könne er, aber wenn er verliere und nicht bezahle, dann müsse er sterben. Damit hat's gute Wege dachte er und spielte lustig drauf los, bis er Alles verspielt und noch Schulden dazu hatte. Da wurde er eingesteckt, und die beiden Brüder konnten sich ihr Leid klagen.

Dem alten König wurde die Zeit gar zu lang, denn er konnte sich aus Angst vor dem Tode nicht mehr fassen, und sein Leid wurde erst recht groß, als auch der zweite Sohn nicht wieder kehrte. Sprach der Jüngste eines Tages: ›Ich kann die Angst und den Jammer nicht mehr ansehen, ich will Wasser des Lebens holen.‹ ›Nein,‹ rief der König, ›ich lasse dich nicht fort, du sollst mir die Augen zudrücken, wenn ich sterbe, denn jetzt ist keine Rettung mehr für mich.‹ ›Ich schaffe das Wasser des Lebens, gehe es wie es wolle,‹ sprach der Jüngste, nahm Abschied von seinem Vater und ritt fort, wie er eben stand und ging, denn es dauerte ihm zu lang, sich erst Wagen, Kisten und Kasten bereit machen zu lassen.

Jenseits des Meeres kam er an das Wirthshaus, ließ sein Pferd füttern und ging hinein. Da saßen die Herren, tranken und spielten und er setzte sich eine Weile zu ihnen, trank auch, aber er spielte nicht, dazu hatte er keine Lust, denn ihm stand der Sinn nur nach dem Berge Muntserrat und dem Wasser des Lebens.

Als er weiter ritt, begegnete ihm nahe an dem Berge ein graues Männchen, das frug ihn, wohin er gehe? ›Zu dem Schlosse im Berge Muntserrat,‹ sprach er. ›Dich habe ich schon lange erwartet,‹ sprach das graue Männchen, ›und wenn du thust, was ich dir sage, wird es dein Schaden nicht sein.‹ Er versprach dies gerne und das Männchen gab ihm viele gar guten Rathschläge mit auf den Weg, warnte ihn besonders, nicht zu lange im Schlosse zu verweilen und bald zurückzukehren, es wolle ihn erwarten. Der Jüngling dankte ihm von Herzen und ritt fröhlichen Muthes weiter.

Als er an dem Berge ankam, schlug es elf Uhr und zugleich krachte es in dem Berg, als solle die Welt vergehen, dann sprang er in der Mitte von einander, und da lag das schönste Schloß, welches man mit Augen sehen kann. Alles daran war von Gold, bis zu den Ziegeln auf dem Dache, die Fenster sahen aus, als wären sie lauter große Diamanten und glänzten so sehr, daß man nicht dahin sehen konnte. Der Königssohn trat rasch hinzu und durch das große Thor, welches sich von selber vor ihm öffnete, in einen weiten Hof; darin sprangen drei Brunnen nebeneinander. Auf dem ersten stand mit goldnen Buchstaben: ›Brunnen der Schönheit,‹ auf dem zweiten ›Brunnen des Lebens‹ und auf dem dritten ›Brunnen des Todes.‹ In dem ersten wusch er sich, wie ihm das Männchen gerathen hatte, und obgleich er sehr schön war, fiel es doch wie Schuppen von seiner Haut und er wurde noch zehntausendmal schöner, als er gewesen war. Dann füllte er aus jedem der Brunnen eine Flasche voll und ging in das Schloß, um dies zu besehen. Da schienen die größten Herrlichkeiten der Welt zusammengetragen zu sein und das Schloß seines Vaters kam ihm neben diesem wie ein schlechtes Bauernhaus vor. Alles war Gold, Silber und Edelgestein und ein Zimmer immer schöner, als das andere. In dem allerschönsten Saal aber stand ein Himmelbett mit geschlossenen Vorhängen von Sammet mit prächtigen Stickereien; vor dem Bette lagen auf einem kristallenen Tisch eine goldne Krone, eine goldne Kette, Ohrringe von Diamanten und Armbänder und am Boden standen zwei Frauenschuhe von gestickter Seide. Neugierig trat er leise, leise hinzu und schob die Vorhänge ein wenig zurück und siehe, da lag das schönste Mädchen von der Welt vor ihm. Er küßte sie erst leise, dann kühner, er nahm sie in seine Arme, herzte und drückte sie an sich und betrachtete sie mit wonnelachenden Augen, aber sie schlief so fest, daß sie nicht erwachte. Da war ihm mit einemmale, als hörte er das graue Männchen seinen Namen rufen und es fiel ihm ein, daß es die höchste Zeit sei, zu eilen, wenn er nicht in den Berg gesperrt sein wollte. Rasch erhob er sich, nahm die goldne Kette von dem Kristalltischchen als Andenken und Wahrzeichen und lief so schnell er konnte aus dem Schlosse; kaum war er draußen, da krachte es abermals und der Berg sprang wieder zu, so daß man keine Spur mehr von dem Schlosse sah.

Draußen vor dem Berge wartete das graue Männchen schon auf ihn. ›Das war Zeit,‹ sprach es, ›du hast viel gewagt, aber nun geht Alles gut, nur mußt du meinem Rathe weiter folgen.‹ Der Jüngling versprach in seiner Freude Alles. ›Geh nun geraden Weges nach Hause,‹ fuhr das Männchen fort ›und gib wohl Acht, was ich dir sage: Sieh dich nicht zu viel um, kaufe kein Galgenfleisch und trau nicht der brüderlichen Liebe.‹ Damit nahm das graue Männchen Abschied von dem Königssohn, und er ritt lustig weiter.

Als er an die Stadt kam, wo das Wirthshaus lag, hörte er das Armsünderglöckchen läuten. Das schnitt ihm durch's Herz, denn wenn man so recht froh ist, dann möchte man die ganze Welt auch froh sehen. Indem kamen auch schon die Soldaten und die Henker mit den Verurteilten heran, und das waren seine eigenen Brüder. Da vergaß er schnell das graue Männchen und seinen Rath, ließ den Zug halten und kaufte die beiden vom Galgen los, indem er ihre Schulden bezahlte.

Anfangs war die Freude und Dankbarkeit groß, als er ihnen aber erzählte, wie er das Wasser des Lebens, der Schönheit und des Todes in dem Schlosse geholt und so glücklich sei, daß er seinem Vater das Leben retten könne, und als sie seine wunderbare Schönheit sahen, da fraß der Neid den beiden Brüdern fast das Herz ab. Sie verschworen sich gegen ihn, und als sie im Schiffe auf der See waren, nahmen sie ihm die Flaschen mit dem Wasser des Lebens und der Schönheit und stellten an ihren Platz zwei Flaschen mit Seewasser; auf die mit dem Wasser des Todes aber schrieben sie ›Wasser des Lebens.‹

Zu Hause angekommen, flüsterten sie dem alten König ins Ohr, der Jüngling wolle ihn vergiften, darum solle er sich in Acht nehmen und nur ihnen trauen. Als der arglose Jüngste nun kam und dem Vater seine Flasche brachte, sprach dieser: ›Gib zuvor dem Hunde von deinem Lebenswasser, damit ich sehe, wie es wirkt.‹ Das that der Jüngling und kaum hatte der Hund einen Tropfen von dem Wasser genommen, als er todt hinstürzte. Da triumphirten die bösen Brüder in ihren falschen Herzen, denn der alte König gebot dem Jüngling, sogleich das Schloß zu verlassen und ihm nie wieder unter die Augen zu kommen. Er trank nun von dem Wasser des Lebens, welches der Älteste ihm gab, und wurde augenblicklich wieder kräftig und gesund; dann trank er auch von dem Wasser der Schönheit, welches der Zweite ihm reichte, und er wurde so blühend und schön, als ob er erst achtzehn Jahre alt wäre.

Der Jüngling irrte unterdessen in den Wäldern umher und klagte der lieben Sonne und den Sternen seine Noth, und klagte sich selber als seines Unglücks Schmied an, weil er dem Männchen nicht gefolgt hatte. Aber es wäre doch auch allzu herzlos und grausam gewesen, wenn er seine eigenen Brüder zum Galgen hätte führen lassen. Das tröstete ihn zuletzt auch, er fand sich in sein Schicksal und trat bei einem Förster als Jägerbursch in Dienste. Nun müssen wir ihn in dem Walde bei dem Förster lassen und sehen, wie es mit dem Schloß im Berge Muntserrat steht.

Neun Monate nachdem der Jüngling in dem Schlosse gewesen war, genas die schöne Jungfrau eines Knaben und damit war der Zauber erlöst, welcher auf dem Schlosse lag. Die Ritter und Knechte, welche bis dahin verwandelt gewesen waren, bekamen ihre menschliche Gestalt wieder, und das Schloß wurde so lebendig, wie es früher kaum gewesen war. Der König wollte aber vor Allem wissen, wer der Erlöser sei und fuhr jeden Tag mit der schönen Prinzessin spazieren, ließ alle jungen Männer im Lande vor sich kommen und ihre Geschichte erzählen, aber keiner konnte sich erinnern, je in dem verzauberten Schlosse gewesen zu sein.

Die Prinzessin betrübte sich darüber so sehr, daß sie immer bleicher wurde und gewiß gestorben wäre, hätte ihr Vater sie nicht mit dem Wasser des Lebens erhalten. So vergingen ihr drei ganzer Jahr des Kummers: Sie mochte gar keinen Menschen mehr sehen und fuhr nur auf einsamen Wegen in wilden Wäldern herum. Da trat eines Tages in der Tiefe des Waldes das graue Männchen zu ihr und frug sie, was ihr fehle? Sie klagte dem Männchen offen ihr Leid, und da sagte es: ›Das kommt alles davon, daß er mir nicht gefolgt hat; aber ich will ihm um euretwillen vergeben.‹ Darauf erzählte es ihr Alles, was sich mit dem Jüngling zugetragen hatte und versprach ihr, sie solle ihn bald wiedersehn, nur müsse sie thun, was es ihr sage und nichts Anderes. Ach wie war sie da so glücklich! Sie versprach mit tausend Freuden Alles und sie hielt auch besser Wort, wie der Jüngling. Es war aber auch leichter für sie, als es für ihn gewesen war.

Zu Hause bat sie ihren Vater, ihr alsbald ein großes Heer und viele Schiffe ausrüsten zu lassen, dann segelte sie ab und fuhr nach dem Lande, wo ihr Erlöser zu Hause war. In der Nähe der Hauptstadt am Walde ließ sie ihre Zelte aufschlagen, und ringsherum mußte ihr Heer sich lagern.

Vor ihrem Gezelt lief eine lange Gasse zwischen den Zelten der Soldaten her, deren Boden war mit Teppichen von Sammet belegt, worin die kunstreichsten Stickereien zu sehen waren. Nachdem dieß Alles bereitet war, sandte sie einen Boten an den König und ließ ihm sagen, er solle ihr alsbald den Prinzen zu Pferde senden, welcher das Wasser des Lebens, das Wasser der Schönheit und das Wasser des Todes im Berge Muntserrat geholt habe, denn durch ihn sei sie erlöst.

Als die Botschaft in der Hauptstadt ankam, schwang sich der Älteste alsbald zu Roß, denn die Nachricht von der schönen Frau mit dem mächtigen Kriegsheer hatte sich schnell verbreitet, und der Prinz hätte sie gar zu gern zur Frau gehabt. Als er in vollem Rennen an die Gasse kam und die schönen Teppiche sah, da hielt er es für unerlaubt, darüber weg zu reiten, denn er fürchtete, sie zu verderben und er ritt nebenher, wo keine Teppiche lagen. Als die Frau das aber sah, rief sie ihm schon von ferne entgegen, er solle nur schnell wieder umkehren, so lieb ihm sein Leben sei, denn er sei nicht der Rechte. Das graue Männchen hatte ihr nämlich solches als Wahrzeichen gesagt, ihr Erlöser würde nicht an die schönen Teppiche denken, sondern aus lauter Freude, sie wiederzufinden, darüber hinreiten, als obs gemeines Gras wäre. Also mußte der Älteste von den Prinzen umwenden und beschämt heimkehren.

Da machte sich der Zweite auf den Weg. Der hatte Anfangs der Teppiche nicht Acht und ritt darauf hin, aber sobald er bemerkte, daß das Pferd weicher auftrat und auf den Boden sah, lenkte er es zur Seite. Als die Frau dieß saß, erzürnte sich, befahl ihm, sein Pferd an zu halten und trug ihm auf, dem Könige zu sagen, wenn er ihr ihren Erlöser nicht in kürzester Zeit sende, dann werde sie ihn in seiner Hauptstadt belagern und die Stadt in Brand schießen lassen. Da wandte der Prinz rasch sein Roß um und ritt nach Hause, wie ein begossener Hund, dem König die angenehme Botschaft auszurichten.

Boten flogen jetzt durch das ganze Königreich und riefen an allen Straßenecken aus, der jüngste Prinz möge doch gleich zum König kommen; die Prinzessin vom Berge Muntserrat warte voll Sehnsucht auf ihn. Das hörte der Förster, als er eines Tages in die nächste Stadt kam und erzählte zu Hause davon. Da erhob sich der Jägerbursch und sprach: ›Wenn meine liebe Braut da ist, dann kann ich schon nach Hause zurück.‹ Der Förster und seine Frau starrten ihn an, als ob er wahnsinnig sei, aber er sprach: ›Ich bin der Königssohn, den man sucht,‹ setzte sich auf ein Pferd und ritt davon, während die Förstersleute und die Knechte vor Schrecken steif und stumm dastanden, wie Loths Weib, als sie zum Salzklumpen wurde.

Der Jüngling aber sprengte geraden Weges zu dem Lager und Zelt der Prinzessin und kümmerte sich nicht einen Deut um die kostbaren Teppiche. Da trat die schöne Prinzessin aus dem Zelte und trug ihm ihr Kind entgegen, sie flogen einander in die Arme und küßten einander und weinten helle Thränen vor lauter Lust und Freude. Dann setzten sie sich in den goldenen Staatswagen der Prinzessin und fuhren zum König, sechs

Schwadronen Kürassier voran und sechs Schwadronen hinterdrein. Da trafen sie die beiden falschen Brüder, welche dem König immer noch vorlogen, sie wären die Rechten und der Jüngste nicht. Als das die Prinzessin hörte, sprach sie: ›der Rechte muß ein Wahrzeichen haben, woran ich ihn erkennen kann; er hat meine goldene Kette vom Tische mitgenommen, laßt sehn wer sie hat.‹ Da holten die beiden älteren Brüder zwei goldne Ketten beim Goldschmied und sagten, das wären sie, aber keine wollte der Prinzessin passen, die eine war ihr viel zu groß, die andere zu klein, so daß sie ihr nicht einmal um den Hals ging. Nun zog der Jüngste seine Kette heraus und die paßte ihr gerade, war weder zu eng noch zu weit.

Jetzt erst gingen dem alten König die Augen auf, und er verbannte die Beiden sogleich auf ewige Zeiten vom Hofe, den Jüngling aber schloß er an sein Herz und bat ihn tausendmal um Verzeihung für das Unrecht, welches er ihm gethan hatte. Am folgenden Tage wurde die Hochzeit prächtig gefeiert, dann schenkte der alte König dem Jüngling sein Reich und setzte sich in Ruhestand. Das junge Paar lebte noch sehr lange und regierte glückliche Menschen; jetzt werden sie wohl schon lange gestorben sein.

Der Garten des Erotas
Griechisches Märchen

Es war einmal und zu einer gewissen Zeit ein König, der hatte einen Sohn. Es trug sich zu, daß der König krank wurde und das Licht seiner Augen verlor. So viele Ärzte auch zu ihm kamen, keiner konnte ihm helfen. Eines Tags kam auch eine Alte und sagte zum König, er werde nicht wieder sehend werden, wenn er nicht seine Augen mit dem Wasser bestreiche, das in dem Garten des Erotas fließe. Als das der Sohn des Königs hörte, beeilte er sich zu erfahren, wo sich jener Garten befinde. Man sagte ihm, um es zu erfahren, müsse er sich zu einem alten Manne auf dem und dem Berge begeben, der werde ihm Auskunft ertheilen können.

Da machte sich der Jüngling auf den Weg dahin, und oben auf dem Berge angekommen, trat er vor den Alten und fragte ihn nach dem Garten des Erotas. Der sagte ihm, er solle eines seiner besten Pferde besteigen und immer rechts reiten, dann, bei einer mit Säulen eingefaßten Straße, sich zur Linken wenden und den Berg, der dort sich erhebe, überschreiten, dahinter werde er den Garten des Erotas finden. –

Am folgenden Tage also brach der Königssohn mit seinem besten Pferde auf, und nach einer dreitägigen Reise gelangte er zum Garten des Erotas. Beim Hineingehen erblickte er ein Weib, das war das schönste auf Erden; es saß an der Pforte und spielte mit einem Knaben, der Flügel hatte und einen Bogen in der Hand hielt sammt einer Menge von Pfeilen. Der Garten war ganz voll von Rosen, und über ihnen flatterten eine Menge kleiner Knaben mit Flügeln, gleich Schmetterlingen.

In des Gartens Mitte war eine Quelle, wo das heilkräftige Wasser rieselte. Als sich der Königssohn der Quelle näherte, bemerkte er in ihr ein Weib weiß wie Schnee und leuchtend wie der Mond. Und es war auch wirklich der Mond, der hier ein Bad nahm. Neben der Quelle saß eine zweite, wunderschöne Frau, das war die Mutter des Erotas. Die fragte den Jüngling, ob er vielleicht etwas begehre, und als er ihr den Grund, warum er gekommen, angegeben hatte, reichte sie ihm ein mit dem heilenden Wasser angefülltes Fläschchen und gab ihm ihren Segen.

Nun brach der Königssohn wieder auf. Als er aus dem Garten heraustrat, sah er einen gewaltigen Menschen herankommen, das war Helios, der den Erotas besuchen wollte. Er ging nahe an dem Jüngling vorüber, bemerkte ihn aber nicht, denn hätte er ihn bemerkt, so würde er ihn gefressen haben. Der Königssohn kehrte nun auf dem nämlichen Wege, auf dem er gekommen war, zu seinem Vater zurück und übergab ihm das Wasser. Und sowie der Vater seine Augen damit genetzt, ward er alsbald wieder sehend. Da umarmte er seinen Sohn und küßte ihn und gab ihm sein Königreich zu eigen. Der Jüngling dankte ihm, und nun lebten beide glücklich, wir aber hier noch glücklicher.

Edain, die Fee am Brunnen
Irisches Märchen

Er sah eine Frau am Rand der Quelle mit einem hellen silbernen Kamm, verziert mit Gold. Sie wusch sich die Haare in einer silbernen Schale mit vier goldenen Vögeln darauf und purpur-glitzernden Juwelen am Rand der Schale. Sie trug einen zottigen purpurnen Mantel aus feiner Schafwolle, und silberne Broschen mit Filigranarbeit und eingelegt mit Gold schmückten den Mantel, darunter aber hatte sie ein langes Hemd mit einer Kapuze an, steif und glatt, aus grüner Seide mit Stickereien aus rotem Gold. Schöne Ornamente aus Gold und Silber, die Zwillingstiere darstellten, erkannte man auf dem Hemd über ihren Brüsten und beiden Schulterblättern. Die Sonne schien grell auf sie, und die Männer sahen das Gold funkeln inmitten der grünen Seide. Sie hatte zwei goldgelbe Tressen, und aus jeder waren vier Zöpfchen geflochten, mit einer Perle am Ende eines jeden. Die Farbe ihres Haars glich der von Wasserschwertlilien im Sommer oder von rotem Gold, das poliert worden ist.

Sie hatte die Spangen aus ihrem Haar genommen, und ihre Arme staken durch die Halsöffnung ihres Kleides. Ihre Oberarme waren wie Schnee einer Nacht, und sie waren weich und gerade, und ihre klaren, lieblichen Wangen waren so rot wie der Fingerhut auf dem Moor. Ihre Augenbrauen waren schwarz wie die Flügel eines Käfers, ihre Zähne waren wie Perlen, und ihre Augen waren blau wie Natterkopf, ihre Lippen waren rot wie Zinnober, und ihre Schultern standen hoch und glatt und weich und weiß, ihre Finger waren rein weiß und lang, ihre Arme waren lang. Die schlanken Seiten ihres Körpers waren weich wie Wolle und weiß wie der Schaum der Welle. Ihre Hüften waren warm und glänzend. Rund, klein, fest und weiß waren ihre Knie. Ihre Schienbeine waren kurz, weiß und gerade. Ihre Fersen waren gleichmäßig, gerade und hübsch anzusehen von hinten. Hätte man einen Meßstab neben ihre Füße gelegt, man hätte keinen Fehl gefunden.

Helles Mondleuchten stand auf ihrem Gesicht, Stolz sprang von ihren sanften Brauen, ein Ausdruck wie beim Liebeskampf leuchtete aus ihren königlichen Augen, und auf jeder Wange hatte sie ein Grübchen, die kamen und vergingen: eines wie Blitzen von raschem Purpur so rot wie das Blut eines Kalbs, das andere mit der hellen Weiße von Schnee. Sanfte weibliche Würde lag in ihrer Stimme, ihr Schritt war gemessen, der Gang einer Königin. Sie war die schönste, die lieblichste und vollkommenste unter den Frauen der Welt, jeder dachte: sie muß eine der Feen sein.

Literaturhinweise

1. ORIGINALTEXTE:

Die Königstochter im Berge Muntserrat
 Johann Wilhelm Wolf, Deutsche Hausmärchen, Göttingen, Leipzig 1851
Der Garten des Erotas
 Bernhard Schmidt, Griechische Märchen, Sagen und Volkslieder, Leipzig 1872
Edain
 Frederik Hetmann, Irischer Zaubergarten, Düsseldorf Köln 1981

2. IM KOMMENTAR ZITIERTE MÄRCHEN

Das Wasser des Lebens
 Brüder Grimm, Kinder- und Hausmärchen, Ausgabe letzter Hand, Göttingen 1857
Der König vom goldenen Berge
 Brüder Grimm, a. a. O.
Die Gänsehirtin am Brunnen
 Brüder Grimm, a. a. O.
Die Sage von der schönen Melusine
 (Originaltitel: Die Geschichte von der edlen und schönen Melusina). Aus Volksbücher, Hrsg. G. O. Marbach, Leipzig 1838. In: Märchen von Nixen, hrsg. von Barbara Stamer, Frankfurt 1991
Hessische Erzählvariante des Froschkönigs
 Brüder Grimm, Kinder- und Hausmärchen, Anmerkungen zu den einzelnen Märchen, Nr. 1 Der Froschkönig oder der eiserne Heinrich, Ausgabe letzter Hand, Göttingen 1857

Der Brunnen am Ende der Welt
 Robert Chambers, Popular Rhymes, Fireside Stories, and Amusements of Scotland, Edinburgh 1842. Aus dem Schottischen übersetzt und nach einer noch älteren Quelle (Complaynt of Scotland, 1549) ergänzt und bearbeitet von Barbara Stamer. In: Dornröschen und der Rosenbey, hrsg. von Barbara Stamer, Frankfurt 1985
Brüderchen und Schwesterchen
 Brüder Grimm, a. a. O.
Die Quelljungfer
 Theodor Vernaleken, Alpensagen, hrsg. von Hermann Burg, Salzburg, Leipzig 1938
Frau Holle
 Brüder Grimm, a. a. O.
Die beiden Wanderer
 Brüder Grimm, a. a. O.
Die junge Gräfin und die Wasserfrau
 Ernst Meier, Deutsche Volksmärchen aus Schwaben, Stuttgart 1852
Die Nixe im Teich
 Brüder Grimm, a. a. O.

2. Quelle/Wasser in der Bibel
Elisabeth Moltmann-Wendel

Quelle/Wasser in biblischer und nachbiblischer Tradition

Für Quelle/Brunnen gibt es in der Bibel das gleiche griechische Wort »pege«. Es bezeichnet sowohl einen gemauerten Brunnen als auch einen direkt aus dem Erdreich hervortretenden Wasserstrom. Mit Quelle/Brunnen sind Urvorstellungen der Menschheit von Leben-gebendem süßen Wasser verbunden. Es gibt auch Vorstellungen von Brunnen, die Tod bringen, z. B. in der Sintflut-Geschichte (Gen 7,11; 8,2): Die Quellen/Brunnen der Tiefe brachen aus der Erde hervor und versiegen schließlich auch wieder. Doch gemeinhin sind mit den Vorstellungen Quelle/Brunnen Leben-gebendes Fließwasser verstanden. Ein altes theologisches Wörterbuch (Büchners Handconcordanz 1888) nennt Quelle »die liebesthätige Brust der Erde, dieser allgemeinen Mutter«. Pege ist auch der Name einer alten Quellgöttin. Quellen waren im Altertum Orte von Gottheiten, Göttinnen. Davon ist in biblischer Tradition nichts mehr zu spüren. Im späteren Christentum übernahmen allerdings heilige Frauen wie Maria, Anna, Martha solche Funktionen; die heidnischen Quellen wurden ihnen geweiht, und sie traten an die Stelle vorchristlicher Göttinnen. – Im übertragenen Sinn wird Maria später in der orthodoxen Kirche als die »Zoodochos pege – die lebengebende Quelle dargestellt auf Ikonen in einem Wasserbecken sitzend« (Gertrud Schiller; s. S. 164). In Südfrankreich verbindet sich eine lokale Quellgöttin mit der französischen Missionsheiligen Martha. Als Erdmutter mit meist grünem Kleid ist auch Anna, die legendäre Mutter Marias, mit Quellen und Brunnen in Verbindung gebracht. Wasser ist das Sinnbild von Fruchtbarkeit und bleibt auch in der Bibel meist mit der Frau verbunden.

Brunnen/Quelle als Grundlage von Leben und Wohlstand

Ohne Quellen und Brunnen gäbe es kein Wasser, und ohne Wasser ist Leben nicht möglich. Wasser ist wichtig zum Trinken, aber auch zur Reinigung. In Gegenden, wo Wüste und Hitze vorherrschen, bekommen Quellen und Brunnen noch einen besonderen Stellenwert. Das Austrocknen eines Brunnens ist wie ein Verstummen und ein Absterben (Jer 15,18). Das Wasser muß süß, nicht salzig sein. Eine salzige Quelle kann nicht süßes Wasser geben (Jak 3,11). Brunnen müssen fest und nicht löcherig sein (Jer 2,13). Es gibt allerdings auch ausgetrocknete Brunnen, »Brunnen ohne Wasser und Wolken«. Mit ihnen vergleicht der Verfasser des Petrus-Briefes Menschen, die ungerecht sind und ins Leere laufen (2 Petr 2,17). Das Wasser der christlichen Taufe, das wie Quellwasser fließend gedacht und angewendet wird (aqua ruenta), ist sowohl als reinigend (Sündenvergebung) als auch als erlösendes Bad der Wiedergeburt gedacht (Joh 3,3–7). Quelle/Brunnen sind – wie im Märchen – Orte der neuen Geburt.

Brunnen als Ort erotischer Begegnung

Am Brunnen wird täglich Wasser geholt, und am Brunnen begegnet man sich täglich. Er ist ein wichtiger Ort sozialen Lebens und häufig auch Ort erotischer Begegnung – wie in der ganzen Weltliteratur, z. B. in Goethes Erzählung: Hermann und Dorothea (S. 112). Meist kommen Frauen zum Wasserschöpfen und begegnen hier ihren späteren Ehemännern.

Mose, nachdem er einen Ägypter erschlagen hat, flieht aus dem Lande und setzt sich an einem Brunnen nieder:

»Der Priester aber in Midian hatte sieben Töchter; die kamen, Wasser zu schöpfen, und füllten die Rinnen, um die Schafe ihres Vaters zu tränken. Da kamen Hirten und stießen sie weg. Mose aber stand auf und half ihnen und tränkte ihre Schafe. Und als sie zu ihrem Vater Reguel kamen, sprach er: Warum seid ihr heute so bald gekommen? Sie sprachen: Ein ägyptischer Mann stand uns bei gegen die Hirten und schöpfte für uns und tränkte die Schafe. Er sprach zu seinen Töchtern: Wo ist er? Warum habt ihr den Mann draußen gelassen? Ladet ihn doch ein, mit uns zu essen. Und Mose willigte ein, bei dem Mann zu bleiben. Und er gab Mose seine Tochter Zippora zur Frau« (Ex 2,16ff.).

Am Brunnen wartet der Knecht Abrahams, der für Isaak eine Frau suchen soll, bis Rebekka zum Wasserholen kommt (Gen 24,11 f.) An einem andern Brunnen treffen dann Rebekka und Isaak zusammen (Gen 24,62). Jakob trifft am Brunnen Rahel, seine spätere Frau:

> »Da machte sich Jakob auf den Weg und ging in das Land, das im Osten liegt, und sah sich um, und siehe, da war ein Brunnen auf dem Felde; und siehe, drei Herden Schafe lagen dabei, denn von dem Brunnen pflegten sie die Herden zu tränken. Und ein großer Stein lag vor dem Loch des Brunnens. Und sie pflegten die Herden alle dort zu versammeln und den Stein von dem Brunnenloch zu wälzen und die Schafe zu tränken und taten alsdann den Stein wieder vor das Loch an seine Stelle.
> Und Jakob sprach zu ihnen: Liebe Brüder, wo seid ihr her? Sie antworteten: Wir sind von Haran. Er sprach zu ihnen: Kennt ihr auch Laban, den Sohn Nahors? Sie antworteten: Ja, wir kennen ihn. Er sprach: Geht es ihm auch gut? Sie antworteten: Es geht ihm gut; und siehe, da kommt seine Tochter Rahel mit den Schafen. Er sprach: Es ist noch hoher Tag und ist noch nicht Zeit, das Vieh einzutreiben; tränkt die Schafe und geht hin und weidet sie. Sie antworteten: Wir können es nicht, bis alle Herden zusammengebracht sind und wir den Stein von des Brunnens Loch wälzen und dann die Schafe tränken. Als er noch mit ihnen redete, kam Rahel mit den Schafen ihres Vaters, denn sie hütete die Schafe. Als Jakob aber Rahel sah, die Tochter Labans, des Bruders seiner Mutter, und die Schafe Labans, des Bruders seiner Mutter, trat er hinzu und wälzte den Stein von dem Loch des Brunnens und tränkte die Schafe Labans, des Bruders seiner Mutter. Und er küßte Rahel und weinte laut und sagte ihr, daß er ihres Vaters Verwandter wäre und Rebekkas Sohn. Da lief sie und sagte es ihrem Vater. Als aber Laban hörte von Jakob, seiner Schwester Sohn, lief er ihm entgegen und herzte und küßte ihn und führte ihn in sein Haus. Da erzählte er Laban alles, was sich begeben hatte« (Gen 29,1ff.).

Am Brunnen begegnete Jesus der samaritanischen Frau (Joh 4,1ff.). Die Bitte um einen Schluck Wasser (Gen 24,45; Joh 4,7) ist Anlaß zu Kommunikation, ist Bild für Sich-gegenseitig-Leben-geben (S. 163). Auch diese neutestamentliche Erzählung, die sehr bewußt an die alttestamentlichen Begegnungsgeschichten angelehnt ist (der Brunnen die Heimstatt der Frau – der Mann auf Suche nach Begegnung und Wasser) enthält eine erotische Komponente, was im Christentum oft vergessen ist. Beide, Frau und Mann, geben sich gegenseitig Selbsterkenntnis und Gotteserkenntnis. Sie erfährt durch ihn, wer sie ist. Er bekommt durch sie eine Fülle von Titeln zugesagt: Herr, Prophet, Messias usw. Am Brunnen, durch das Quellwasser findet Erlösung statt.

Brunnen als Ort göttlicher Offenbarung

Der Brunnen als Ort der Begegnung ist in allen Kulturen auch ein heiliger Ort der Begegnung von Gott und Mensch, ein Ort des Numinosen. Am Brunnen läßt sich Hagar, die Magd Saras, nieder, als sie auf der Flucht vor ihrer Herrin ist. Die kinderlose Sara hatte Abraham gebeten, an ihrer Stelle mit Hagar ein Kind zu zeugen, aber dieser Zustand überforderte Sara, so daß sie Hagar übel behandelte und sie demütigte (s. S. 143).

»Aber der Engel des Herrn fand sie bei einer Wasserquelle in der Wüste, nämlich bei der Quelle am Wege nach Schur« (Gen 16,7). Der Engel gibt ihr Mut zu überleben und verheißt ihr einen Sohn und Nachkommenschaft. Darauf nennt sie ihn »ein Gott, der mich sieht. Denn sie sprach: Gewiß habe ich hier hinter dem hergesehen, der mich angesehen hat. Darum nannte man den Brunnen ›Brunnen des Lebendigen, der mich sieht‹.«

Der Brunnen ist hier der Ort göttlicher Offenbarung. Auch Jakobs Brunnen (Joh 4) ist ein heiliger Ort. Er ist der Kultort der Samaritaner. Zugleich werden dieser Brunnen und die Begegnung mit Jesus für die samaritanische Frau zu einem Ort neuer Gotteserfahrung: Gott ist Geist und nicht an Orte gebunden. Der Brunnen ist dabei auch zugleich Ort der Selbsterkenntnis: In dem spiegelnden Wasser sieht die Frau sich selbst in aller Klarheit. So ist der Brunnen, die Quelle, auch für Hagar der Ort, wo sie von Gott gesehen wird. Selbst- und Gotteserkenntnis, die wir in der Theologie immer noch sauber zu trennen suchen, gehen ineinander über.

Gott, der Schöpfer der Brunnen und Quellen

Der Schöpfer der Brunnen und Quellen ist Gott. »Du hast Quellen und Bäche hervorbrechen lassen und lässest starke Ströme versiegen« (Ps 74,15). »Du läßt Brunnen quellen in den Gründen« (Ps 104,10). Der Zug Israels in das Gelobte Land ist ein Weg zu fruchtbaren Tälern und Quellen: »Der Herr, dein Gott, führt dich in ein gutes Land, darin Bäche, Brunnen und Seen sind« (Dt 8,7). Zugleich fürchtet der Prophet, daß Gottes Zorn einmal die Meere vertrocknen und die Brunnen versiegen lassen kann (Jer 51,36). Beim Zug durch die Wüste, als das Volk Israel meint verdursten zu müssen, läßt Gott die Führer Mose und Aaron mit einem Stab auf einen Felsen schlagen, so daß der Felsen zu einer Quelle von Wasser für Mensch und Vieh wird (Num 20,2–13).

Die Quelle des Lebens – Symbol für Gott

Immer wieder wird Gott, der Schöpfer der Brunnen und Quellen, zur Quelle des Lebens ernannt:
»Bei dir ist die Quelle des Lebens, und in deinem Licht sehen wir das Licht« (Ps 36,10), bekennt der Psalmist. Doch der Prophet läßt auch Gott klagen: »Mich, die lebendige Quelle, verlassen sie und machen sich hier und da ausgehauene Brunnen, die doch löcherig sind und kein Wasser geben« (Jer 2,13), und er selbst kann zugleich von Gott sagen, daß der ihm »wie eine trügerische Quelle« geworden ist (Jer 15,18). Aber Gott bleibt immer wieder Symbol fließenden Wassers, in dessen Stadt es die Brünnlein gibt (Ps 46,5), die reichlich Wasser haben (Ps 65,10) und wo der Durstige genügend lebendiges Wasser zu trinken bekommt (Apk 21,6). Diese Bilder von Gott als alleinige Quelle sind tief in unsere Frömmigkeit und in unser Liedgut eingegangen: »Brunn allen Heils, dich ehren wir«. – »Du Brunnquell guter Gaben . . .« – Die Mystikerin Mechthild von Magdeburg läßt Gott sagen: »Ich bin ein ausfließender Brunnen, den niemand erschöpfen kann.«

Von solchen Gottesbildern her müßte sich jede statische

Gottesvorstellung ausschließen. Gott begegnet Menschen immer neu – dynamisch, fließend, stets sich erneuernd wie frisches Quellwasser. Der Brunnen, von dem in Stufen das Wasser hinunterfließt, ist in der Kunst ein Bild für die Emanationen Gottes, der Gottheit (S. 158f.).

Der Mensch – eine lebendige Quelle

An seltenen Stellen in der Bibel wird aber auch der Mensch Ort lebendiger Quelle, eine Vorstellung, die später in der mittelalterlichen Mystik hin und wieder auftaucht, so z. B. bei Bernhard v. Clairvaux, der sagte, daß in Sachen Spiritualität jeder »aus der eigenen Quelle« – das ist: aus seiner Erfahrung – trinken müsse. – In der Geschichte der samaritanischen Frau sagt Jesus:

»Das Wasser, das ich ihm (dem Menschen) geben werde, das wird in ihm eine Quelle sprudelnden Wassers, das in das ewige Leben quillt« (Joh 4,14).

Und ein ähnlicher Satz steht im gleichen Evangelium:

»Wer an mich glaubt, von dessen Leib werden Ströme des lebendigen Wassers fließen« (7,38)

Das Bild vom Menschen als Quelle ist sonst ungewöhnlich in der Bibel. Doch in der Erotik des Hohenliedes begegnen wir einem Beispiel. Der Liebhaber sagt zu seiner Braut:

»Du bist eine verschlossene Quelle, ein versiegelter Born« (4,12)

Aber diese Quelle kann sich auch öffnen und fließendes Wasser hervorbringen.

»Ein Gartenbrunnen bist du, ein Born lebendigen Wassers, das vom Libanon fließt« (4,15).

Auch das Gespräch zwischen Jesus und der Frau ist nicht ohne diese erotische Komponente. Das Bild von den Brautwerbungen aus dem Alten Testament wird dahinter sichtbar, aber es spielt zugleich auch auf die Liebeserklärung des Hohenliedes an. Die Frau ist nach altem Verständnis eine Quelle, oft »versiegelt« und wie »ein verschlossener Garten« gesehen, aber hier zugleich als offene Quelle, aus der fließendes, lebendiges Wasser hervorquillt. Mit dieser Vorstellung überschreitet m. E. die Bibel traditionelle Frauenbilder, die stets von der Verschlossenheit der Frau, den Bildern von der Frau als Gefäß und Krug ausgehen. Die samaritanische Frau läßt schließlich ihren Krug zurück und damit eine traditionelle Festlegung der Frau, nur aufnehmendes Gefäß zu sein. In dieser Vorstellung von der fruchtbaren, fließenden Frau bietet sich ein neues Bild vom fließenden, durchlässigen, fruchtbaren Menschen an – angeregt, dargestellt an einer Frau und alte Bilder von der Frau als Quellwasser aufgreifend.

In der mittelalterlichen Mystik wurde das Bild von der Frau als Quelle/Brunnen lebendigen Wassers vornehmlich auf Maria übertragen (S. 151 ff.). Sie wurde – vor allem in der orthodoxen Kirche – zur »Zoodochos pege«, zur lebengebenden Quelle, eine Vorstellung, die in der Bibel allen Menschen, nicht allein Maria zugesprochen wird (S. 134).

In der späteren Volksfrömmigkeit verkörpern weibliche Heilige Wasserquellen, vor allem wieder Maria, die in der Bibel selbst noch keinen Bezug zu Quellen hat. Sie übernahm die Funktion der Göttinnen. In sie projizierte man auch alle eigenständige biblische Weiblichkeit, hielt sie aber zugleich in kirchlichen Fesseln, so daß sie nie neben oder über dem christlichen Gott stand (s. S. 155).

Verheißt das Märchen Reichtum und Schönheit, so die Bibel ewiges Leben, das nicht einfach ein fernes, jenseitiges Leben meint, sondern eine Lebensqualität, die hier erfahren wird und über unser Leben hinausreicht. Die Zauberkraft der Märchen-Quellen ist in der Bibel zur erneuernden, verwandelnden Macht Gottes geworden, die in den Menschen einfließt, durch ihn hindurchfließt und ihm Hoffnung auf die Ewigkeit erweckt. Diese Macht Gottes, die sich im Menschen vergegenwärtigt, haben die Theologen »Geist«, Heiligen Geist genannt. Diesen oft unverständlich gewordenen, vergeistigten und veramteten Geist wieder mit den belebenden Zauberkräften der Quellen in Verbindung zu bringen, würde unsere Phantasie beleben, uns selbst verwandeln und die Gegenwart Gottes in uns und um uns herum erlebbar machen. Der Eros der Brunnen-Begegnungen des Alten Testaments, der sich im Neuen Testament auf die Beziehung Gott und Mensch ausweitet, könnte uns anregen, den verlorenen Eros in unsere Gotteserfahrungen wieder einzubringen.

Gib mir zu trinken (eine Auslegung von Joh 4)

Was soll diese Aufforderung Jesu? Ist sie ein Anbändeln? Im Alten Testament wird erzählt, wie Abrahams Knecht auf Brautsuche für den Abraham-Sohn Isaak geschickt wird, am Brunnen auf die begehrte Rebekka wartet, bis die ihr Wasser holen kommt, und dann mit dem gleichen Satz: »Gib mir zu trinken« den Kontakt herstellen will.

Gib mir zu trinken! Was will er nun? Wasser oder Kontakt oder beides? (S. 163)

Die Frau läßt ihn zunächst einmal richtig »abfahren«. »Wieso bittest du etwas von mir zum Trinken, wo du doch ein Jude bist und ich eine Frau aus Samarien bin?« Siehst du nicht, so klingt's aus ihren Worten, was du hier für gesellschaftliche und religiöse Tabus brichst? Mit einer Frau dich einzulassen und dann noch als einer, der mit unserm Volk sowieso nichts zu tun haben möchte?

Sie hat ihren Stolz. Sie weist Jesus in seine Grenzen. Sie richtet zwischen sich und ihm einen Zaun auf. Er hat angefangen, aber sie hat kein Interesse daran, und Wasser gibt sie ihm auch nicht. Fünf Männer hat sie gehabt, und einen sechsten hat sie zu Haus. An diesem durstigen Wanderer hat sie keinerlei Interesse. Nicht mal für einen Schwatz. Mit vielen hat sie sich eingelassen, aber mit diesem, dazu noch aus einer fremden und feindseligen Volksgruppe, hat sie nichts im Sinn. Aber was er dann auf ihre rauhe Abweisung antwortet, macht sie neugierig. Er stellt sich ihr vor als einer, den sie eigentlich um Wasser bitten könnte, und statt ihr solche Abweisung zu geben, würde er ihr sogar mehr als normales Wasser geben, nämlich lebendiges Wasser. Jetzt ist ihr Interesse geweckt. Sie versteht nicht ganz, was der Mann sagt, aber sie spürt, das ist nicht ein Schwatz mit irgendeinem begehrlichen Mann, auch nicht nur mit einem durstigen Wanderer, sondern da steckt mehr dahinter. Da spricht einer von Gott, und sie scheint in ihrer Religion auch nicht ganz unbewandert zu sein. »Herr«, spricht sie ihn nun an. Mit mehr Ehrfurcht als zuvor. Aber seine Rede kommt ihr doch sehr nebulös vor. Und da muß sie doch noch mal konkret dahinterhaken. Sie hat ihren Brunnen im Kopf und das Wasser, das sie jeden Tag dort holen muß, den Wasserbehälter, den sie schleppen muß und ohne den sie gar kein Wasser bekommen kann. Nun sitzt da einer am Brunnenrand, redet vom lebendigen Wasser, also von einem besonderen Wasser, und hat nicht mal einen ganz normalen Eimer bei sich. Mit den Händen kann er kein Wasser heraufholen, so denkt sie. Der Brunnen ist tief.

Und dann fällt ihr noch etwas ein: Der Brunnen hier ist ja nicht irgendeine Wasserquelle. Es ist ein heiliger, traditionsreicher Brunnen. Der religiöse Vater der Samaritaner, der Erzvater Jakob, hat ihn dem Volk gegeben. Er hat daraus getrunken, seine Söhne haben daraus getrunken und sein Vieh. Dies Wasser gab die ökonomische und religiöse Grundlage für ihr Volk ab. Ist das alles nicht mehr ausreichend? Muß es jetzt neues Wasser, anderes Wasser, lebendiges Wasser geben?

Was ist das für eine Kritik an ihrer Vaterreligion.

Da sitzt ein Mann, unpraktisch und ohne Eimer, redet von einem neuen Wasser und hält unser Wasser für untauglich und unsere Religion für ungenügend. Die Frau mit ihrem praktischen und mit ihrem religiösen Argument ist eine Hilfe für Jesus. Er merkt, er muß sich genauer ausdrücken. Ich glaube, es ist die große charismatische Gabe von Frauen, Theologen und Gotteslehrer zu allen Zeiten zu zwingen, die Dinge konkreter zu sagen. Und Jesus stellt sich der Frau. Er greift auf, was sie nicht begriffen hat. Er macht das, was er sagen wollte, plastischer und persönlicher.

Nun sagt er ganz eindeutig, daß der Brunnen, an dem sie sich getroffen haben, nur ein Beispiel war, um von einer ganz andern Lebensmacht als dem natürlichen Wasser zu sprechen: »Wer von diesem Wasser trinken wird, den wird wieder dürsten. Wer aber von dem Wasser trinken wird, das ich ihm gebe, den wird ewiglich nicht dürsten.« Ich möchte es so wiedergeben: Alles, was du tust, ist Sisyphusarbeit. Du holst Wasser und hast Durst, trinkst es und mußt wieder Wasser holen. Du mußt kochen und verbrauchst Wasser, und am nächsten Tag ist wieder nichts da, und du mußt wieder den leeren Krug zum Brunnen tragen und den vollen nach Hause schleppen. Wer von diesem Wasser trinkt, den wird wieder dürsten. Daß ihr Wasser habt, das ist von dir und deiner Person abhängig. Es ist der ewige Rhythmus, und ihr könnt ihm nicht entgehen. Aber es gibt etwas, das dich von diesem Rhythmus frei macht. Es gibt ein Wasser, eine Lebensmacht, die ist anders als die Wiederkehr des Immergleichen. Die ist nicht mit Mühsal und Plackerei verbunden. Es gibt eine Lebensmacht, die frei und unabhängig macht, und ihr braucht sie, um zu leben, so wie ihr Wasser braucht.

Der Anblick des alten Brunnens hat Jesus angeregt, um mit der Frau über die Zwänge, in denen sie steckt, zu sprechen. Aber da steht sie nun mit dem Krug in der Hand und in den Ohren und vielleicht auch vor Augen schöne Bilder von einem Wunderwasser, das der Mann ihr anbietet und das sie fasziniert. Bilder von einem Leben, frei von Mühen, Abhängigkeiten und unerfüllten Sehnsüchten, und das alles umsonst! Nur – wie bekommt *sie* es? Sie – eine Frau auf der untersten sozialen Stufenleiter. Vereinsamt in der Stadt, verachtet als Frau, selbst unter den schon gering geachteten Frauen.

Ich meine, daß Jesus dies spürt: dieses Wollen und Doch-nicht-Können. Dieses verzweifelte Draußen-vor-Stehen und Nicht-teilhaben-Können. Sie hat es in ihrem sozialen Leben erfahren, und es ist ihr auch nur allzu wohlvertraut aus der Religion: Frauen sind zweitrangig, weil sie unrein sind oder unrein sein könnten, und die großen religiösen Bilder passen im Grunde nicht auf sie: die Vaterbilder, die Bilder von männlicher Macht und Herrschaft. Der religiöse Mensch ist Mann, und Frau hat Mann zu kopieren. Aber wo sind ihre Bilder? Wo werden ihre Bedürfnisse erfüllt? Und da tut Jesus einen

Schritt auf die Frau zu, wie er es sonst kaum wieder getan hat. Er sieht sie in ihrer Persönlichkeit, die draußen vor der Tür steht, und sagt ihr: Im Menschen wird aus dem Lebenswasser Gottes ein Brunnen entstehen. Aus ihm wird das Wasser sprudeln, das in das ewige Leben quillt. *Du* bist der Brunnen. Du bist wichtig. Du bist Quelle. Du mußt nicht mit deinem Krug woanders schöpfen gehen. Guck in dich. Schau dich an. Da ist das, was Leben ist.

Der Urquell ist woanders, aber aus diesem Urquell speist sich dein eigener Quell. Gott ist wie ein unterirdisches Meer, und dieses Urwasser läßt deinen eigenen Brunnen entstehen.

Es gibt eine christliche Angst vor der Eigenmächtigkeit des Menschen, und unsere Bibelausleger werden an dieser Stelle immer ganz aufgeregt, daß hier von einer gottlosen Eigenmacht des Menschen die Rede sein könnte. Jesus hat diese Angst nicht, wenigstens nicht angesichts dieser Frau.

Nun sind der Vater Jakob und die alte Religion gar nicht mehr entscheidend. Die Frau wird weggeführt von der Tradition, hinter der sie sich verbergen möchte, und hingeführt zu sich selbst. Es braucht keinen Jakobskult mehr, keinen Tempel und keinen heiligen Berg Garizim: In dir wird ein Brunnen, eine Quelle sprudelnden Wassers, das in das ewige Leben quillt.

Wie kommt Jesus zu dieser unerhörten Aussage, daß der Mensch selbst Brunnen sein wird? Wie kommt er zu dieser fast ketzerischen Selbstbestätigung des Menschen?

»Bei *Dir* ist die Quelle des Lebens«, so heißt es in Ps 35,10. In der ganzen biblischen Tradition ist eigentlich Gott Quelle oder Brunnen des Lebens. Das lebendige Wasser geht in der Apokalypse vom Stuhl Gottes aus. ... »Brunn allen Heils, dich ehren wir«, so heißt es im Kirchenlied. Oder »Du bist Brunnquell guter Gaben, von dem wir alles haben«. »Du Quell, draus alle Weisheit fließt.« Diese Weisheit gießt sich hier in »fromme Seelen«. Die Menschen sind dann Gefäße, aber keine Brunnen! Wo gibt es eine Aussage, daß der Mensch ein Brunnen wird, aus dem das Wasser des Lebens sprudelt? Nur einmal noch – und auch im Johannesevangelium – heißt es: »Wer an mich glaubt, von dessen Leib werden Ströme des lebendigen Wassers fließen.«

Ich meine, daß diese Aussage Jesus nur möglich war angesichts dieser Frau am Brunnen, die so stolz und abweisend ist und so zäh nach Verdeutlichung verlangt. Und ob er es bewußt oder unbewußt macht, Jesus greift tief in die alte weibliche Bilderwelt zurück, um sich verständlich zu machen und der Frau das Evangelium »auf den Leib zuzuschneiden«. Der Brunnen, den er im Menschen hier sieht, ist nicht allein der Arbeitsplatz von Frauen. Er ist auch ein altes Symbol für Frauen. Brunnen sind in alter Tradition mit weiblichen Quellgottheiten verbunden. Das Wort »Brunnen«, auf Griechisch pege, ist der Name einer Quellgöttin. Die Quellen wiederum speisen sich im mythologischen Verständnis aus dem Leib der Göttin. Sie geben mehr als Trinkwasser. Sie geben Heilwasser, Lebenswasser und sind demzufolge heilig.

Aus dem Wasser kommt auch Leben. Im Fruchtwasser lebt das ungeborene Kind. Wasser ist Bild für Geburt und Wiedergeburt. Wasser und Muttersein hängen zusammen, und im übertragenen Sinn ist Wasser dann auch Metapher für Fruchtbarkeit und Schöpferkraft.

Das Alte Testament hat diese alten Bilder kaum noch. Da ist der Brunnen des Lebens oft die Weisheit und Klugheit von Menschen, und es sind Männer, die sie verkörpern: »Die Lehre des Weisen ist eine Quelle des Lebens« oder: »Tief wie das Meer sind die Worte eines rechten Mannes, unerschöpflich wie ein sprudelnder Bach« (Spr. 13,14;18,4). Das Zeugungsglied des Mannes, bei dem er schwört, wird »Quell des Lebens« genannt. Das Wasser wird aus dem Sinnbild der Geburt zum »Sinnbild der Zeugung« (Lexikon der Symbole). Die alte Einsicht, daß Frauen Schöpferinnen des Lebens und Urbilder der Weisheit sind, geriet in den Hintergrund. Mir scheint, daß Jesus sich daran wieder erinnert. Auf jeden Fall bietet er der Frau ungewöhnliche Bilder für Heil und Heilwerden an, mit denen sie umgehen kann: Wie in dir neues Leben entsteht, so ist auch geistliches, schöpferisches Leben tief in dir verankert. Glaub an dich! Vertrau dir! Du bist in Gott und Gott in dir. Das Wort, das er später sagt: »Wer an mich glaubt, von dessen

Leib werden Ströme lebendigen Wassers fließen«, macht noch deutlicher: Der Leib, von dem da die Rede ist, ist eigentlich der Uterus, der Mutterleib. *Hier* sind die eigentlichen schöpferischen Kräfte des Menschen. Hier erwächst neues Leben. Hier werden unsere geistlichen Gaben geboren.

Aber wer kann das verstehen, wenn nicht Frauen!

Aber indem Jesus hier gezwungen wird, einer Frau sein Anliegen deutlich zu machen, macht er allen Menschen klar, daß sie Brunnen guter Gaben, Heilsquelle für sich und andere sein können. Gott ist kein ferner Gott. Gott ist nicht ganz woanders. Wir sind keine Nichtse, sondern Gottes Kinder, seine gute, ganze Schöpfung. »Gib mir zu trinken«, so hat Jesus die Frau am Anfang gebeten. Jetzt hat sie ihm zu trinken gegeben: durch Bilder, die Leben und Heil menschlich, persönlich, hautnah wiedergeben. »Herr, gib mir zu trinken«, bittet die Frau darauf, »daß mich nicht dürste und ich nicht herkommen müsse zu schöpfen.«

Texte

Die Brautwerbung

[11]Da ließ der Knecht Isaaks die Kamele sich lagern draußen vor der Stadt bei dem Wasserbrunnen des Abends um die Zeit, da die Frauen pflegten herauszugehen und Wasser zu schöpfen.

[12]Und er sprach: HERR, du Gott Abrahams, meines Herrn, laß es mir heute gelingen und tu Barmherzigkeit an Abraham, meinem Herrn!

[13]Siehe, ich stehe hier bei dem Wasserbrunnen, und die Töchter der Leute in dieser Stadt werden herauskommen, um Wasser zu schöpfen.

[14]Wenn nun ein Mädchen kommt, zu dem ich spreche: Neige deinen Krug und laß mich trinken, und es sprechen wird: Trinke, ich will deine Kamele auch tränken –, das sei die, die du deinem Diener Isaak beschert hast, und daran werde ich erkennen, daß du Barmherzigkeit an meinem Herrn getan hast.

[15]Und ehe er ausgeredet hatte, siehe, da kam heraus Rebekka, die Tochter Betuëls, der ein Sohn der Milka war, die die Frau Nahors, des Bruders Abrahams, war, und trug einen Krug auf ihrer Schulter.

[16]Und das Mädchen war sehr schön von Angesicht, eine Jungfrau, die noch von keinem Manne wußte. Die stieg hinab zum Brunnen und füllte den Krug und stieg herauf.

[17]Da lief ihr der Knecht entgegen und sprach: Laß mich ein wenig Wasser aus deinem Kruge trinken.

[18]Und sie sprach: Trinke, mein Herr! Und eilends ließ sie den Krug hernieder auf ihre Hand und gab ihm zu trinken.

[19]Und als sie ihm zu trinken gegeben hatte, sprach sie: Ich will deinen Kamelen auch schöpfen, bis sie alle genug getrunken haben.

[20]Und eilte und goß den Krug aus in die Tränke und lief abermals zum Brunnen, um zu schöpfen, und schöpfte allen seinen Kamelen.

[21]Der Mann aber betrachtete sie und schwieg still, bis er erkannt hätte, ob der HERR zu seiner Reise Gnade gegeben hätte oder nicht.

[22]Als nun die Kamele alle getrunken hatten, nahm er einen goldenen Stirnreif, sechs Gramm schwer, und zwei goldene Armreifen für ihre Hände, hundertundzwanzig Gramm schwer,

[23]und sprach: Wessen Tochter bist du? Das sage mir doch! Haben wir auch Raum in deines Vaters Hause, um zu herbergen?

[24]Sie sprach zu ihm: Ich bin die Tochter Betuëls, des Sohnes der Milka, den sie dem Nahor geboren hat.

[25]Und sagte weiter zu ihm: Es ist auch viel Stroh und Futter bei uns und Raum genug, um zu herbergen.

[26]Da neigte sich der Mann und betete den HERRN an

[27]und sprach: Gelobt sei der HERR, der Gott Abrahams, meines Herrn, der seine Barmherzigkeit und seine Treue vor meinem Herrn nicht hat weichen lassen: denn der HERR hat mich geradewegs geführt zum Hause des Bruders meines Herrn.

²⁸Und das Mädchen lief und sagte dies alles in ihrer Mutter Hause.
²⁹Und Rebekka hatte einen Bruder, der hieß Laban; und Laban lief zu dem Mann draußen bei dem Brunnen.
³⁰Denn als er den Stirnreif und die Armreifen an den Händen seiner Schwester gesehen hatte und die Worte Rebekkas, seiner Schwester, gehört hatte: So hat mir der Mann gesagt –, da kam er zu dem Mann, und siehe, er stand bei den Kamelen am Brunnen.
³¹Und er sprach: Komm herein, du Gesegneter des HERRN! Warum stehst du draußen? Ich habe das Haus bereitet und für die Kamele auch Raum gemacht.
³²Da führte er den Mann ins Haus und zäumte die Kamele ab und gab ihnen Stroh und Futter, dazu auch Wasser, zu waschen seine Füße und die Füße der Männer, die mit ihm waren *(Gen 24,11–33)*.

Hagars Gotteserfahrung an der Quelle
Sarai, Abrams Frau, gebar ihm kein Kind. Sie hatte aber eine ägyptische Magd, die hieß Hagar.
²Und Sarai sprach zu Abram: Siehe, der HERR hat mich verschlossen, daß ich nicht gebären kann. Geh doch zu meiner Magd, ob ich vielleicht durch sie zu einem Sohn komme. Und Abram gehorchte der Stimme Sarais.
³Da nahm Sarai, Abrams Frau, ihre ägyptische Magd Hagar und gab sie Abram, ihrem Mann, zur Frau, nachdem sie zehn Jahre im Lande Kanaan gewohnt hatten.
⁴Und er ging zu Hagar, die ward schwanger. Als sie nun sah, daß sie schwanger war, achtete sie ihre Herrin gering.
⁵Da sprach Sarai zu Abram: Das Unrecht, das mir geschieht, komme über dich! Ich habe meine Magd dir in die Arme gegeben; nun sie aber sieht, daß sie schwanger geworden ist, bin ich geringgeachtet in ihren Augen. Der HERR sei Richter zwischen mir und dir.
⁶Abram aber sprach zu Sarai: Siehe, deine Magd ist unter deiner Gewalt; tu mit ihr, wie dir's gefällt.
Als nun Sarai sie demütigen wollte, floh sie vor ihr.
⁷Aber der Engel des HERRN fand sie bei einer Wasserquelle in der Wüste, nämlich bei der Quelle am Wege nach Schur.
⁸Der sprach zur ihr: Hagar, Sarais Magd, wo kommst du her, und wo willst du hin? Sie sprach: Ich bin von Sarai, meiner Herrin, geflohen.
⁹Und der Engel des HERRN sprach zu ihr: Kehre wieder um zu deiner Herrin und demütige dich unter ihre Hand.
¹⁰Und der Engel des HERRN sprach zu ihr: Ich will deine Nachkommen so mehren, daß sie der großen Menge wegen nicht gezählt werden können.
¹¹Weiter sprach der Engel des HERRN zu ihr: Siehe, du bist schwanger geworden und wirst einen Sohn gebären, dessen Namen sollst du Ismael nennen; denn der Herr hat dein Elend erhört.

¹²Er wird ein wilder Mensch sein; seine Hand wider jedermann und jedermanns Hand wider ihn, und er wird wohnen all seinen Brüdern zum Trotz.

¹³Und sie nannte den Namen des HERRN, der mit ihr redete: Du bist ein Gott, der mich sieht. Denn sie sprach: Gewiß hab ich hier hinter dem hergesehen, der mich angesehen hat.

¹⁴Darum nannte man den Brunnen »Brunnen des Lebendigen, der mich sieht«. Er liegt zwischen Kadesch und Bered.

¹⁵Und Hagar gebar Abram einen Sohn, und Abram nannte den Sohn, den ihm Hagar gebar, Ismael.
(Gen 16,1–15)

Jesus und die samaritanische Frau am Brunnen

⁵Da kam Jesus in eine Stadt Samariens, die heißt Sychar nahe bei dem Feld, das Jakob seinem Sohn Josef gab.

⁶Es war aber dort Jakobs Brunnen. Weil nun Jesus müde war von der Reise, setzte er sich am Brunnen nieder; es war um die sechste Stunde.

⁷Da kommt eine Frau aus Samarien, um Wasser zu schöpfen. Jesus spricht zu ihr: Gib mir zu trinken!

⁸Denn seine Jünger waren in die Stadt gegangen um Essen zu kaufen.

⁹Da spricht die samaritische Frau zu ihm: Wie, du bittest mich um etwas zu trinken, der du ein Jude bist und ich eine samaritische Frau? Denn die Juden haben keine Gemeinschaft mit den Samaritern. –

¹⁰Jesus antwortete und sprach zu ihr: Wenn du erkenntest die Gabe Gottes und wer der ist, der zu dir sagt: Gib mir zu trinken!, du bätest ihn, und er gäbe dir lebendiges Wasser.

¹¹Spricht zu ihm die Frau: Herr, hast du doch nichts, womit du schöpfen könntest, und der Brunnen ist tief; woher hast du dann lebendiges Wasser?

¹²Bist du mehr als unser Vater Jakob, der uns diesen Brunnen gegeben hat? Und er hat daraus getrunken und seine Kinder und sein Vieh.

¹³Jesus antwortete und sprach zur ihr: Wer von diesem Wasser trinkt, den wird wieder dürsten,

¹⁴wer aber von dem Wasser trinken wird, das ich ihm gebe, den wird in Ewigkeit nicht dürsten, sondern das Wasser, das ich ihm geben werde, das wird in ihm eine Quelle des Wassers werden, das in das ewige Leben quillt.

¹⁵Spricht die Frau zu ihm: Herr, gib mir solches Wasser, damit mich nicht dürstet und ich nicht herkommen muß, um zu schöpfen!

¹⁶Jesus spricht zu ihr: Geh hin, ruf deinen Mann und komm wieder her!

¹⁷Die Frau antwortete und sprach zu ihm: Ich habe keinen Mann. Jesus spricht zu ihr: Du hast recht geantwortet: Ich habe keinen Mann.

¹⁸Fünf Männer hast du gehabt, und der, den du jetzt hast, ist nicht dein Mann; das hast du recht gesagt.

¹⁹Die Frau spricht zu ihm: Herr, ich sehe, daß du ein Prophet bist.

²⁰Unsere Väter haben auf diesem Berge angebetet, und ihr sagt, in Jerusalem sei die Stätte, wo man anbeten soll.
²¹Jesus spricht zu ihr: Glaube mir, Frau, es kommt die Zeit, daß ihr weder auf diesem Berge noch in Jerusalem den Vater anbeten werdet.
²²Ihr wißt nicht, was ihr anbetet; wir wissen aber, was wir anbeten; denn das Heil kommt von den Juden.
²³Aber es kommt die Zeit und ist schon jetzt, in der die wahren Anbeter den Vater anbeten werden im Geist und in der Wahrheit; denn auch der Vater will solche Anbeter haben.
²⁴Gott ist Geist, und die ihn anbeten, die müssen ihn im Geist und in der Wahrheit anbeten.
²⁵Spricht die Frau zu ihm: Ich weiß, daß der Messias kommt, der da Christus heißt. Wenn dieser kommt, wird er uns alles verkündigen.
²⁶Jesus spricht zu ihr: Ich bin's, der mit dir redet.
²⁷Unterdessen kamen seine Jünger, und sie wunderten sich, daß er mit einer Frau redete, doch sagte niemand: Was fragst du? oder: Was redest du mit ihr?
²⁸Da ließ die Frau ihren Krug stehen und ging in die Stadt und spricht zu den Leuten:
²⁹Kommt, seht einen Menschen, der mir alles gesagt hat, was ich getan habe, ob er nicht der Christus sei!
³⁰Da gingen sie aus der Stadt heraus und kamen zu ihm.
(Joh 4,5–30)

Literaturhinweise

Mechthild von Magdeburg, Das fließende Licht der Gottheit. Hg. P. Gall Morell, Darmstadt 1976
Marina Warner, In weiblicher Gestalt, Hamburg 1989
Gertrud Schiller, Ikonografie der christlichen Kunst 4,2, Gütersloh 1980

3. Quelle/Wasser in der Kunst
Maria Schwelien

Quelle/Wasser in der Kunst- und Kulturgeschichte

Das Urelement Wasser

Nirgendwo sagt der Genesis-Text, daß Gott das Wasser erschaffen hat. War das Wasser schon vorher da, sozusagen als Urelement? Ist es älter als die Götter?

Wasser tritt aus der Erde als Quelle, bewegt sich als Fluß, steht als See und bildet in endloser Bewegtheit das Meer. Es verwandelt sich zu Eis oder Dampf. Es bewegt sich aufwärts durch Verdunstung und abwärts als Regen, Schnee oder Hagel. Es fliegt als Wolke. Es ist der Samen, der die Erde befruchtet. Es ist farblos und kann alle Farben annehmen. Es weckt beim Schwimmen die Ahnung davon, was Schweben, Gleiten und Schwerelosigkeit bedeuten. Im Wasser wohnt der Embryo. Wasser reinigt Seele und Geist durch die Taufe und andere Initiationsriten des Hinduismus, Buddhismus und Islam. Wasser löst auf und verbindet, grenzt ab und vereinigt. Es paßt sich jeder Form an und ist weich, aber gleichzeitig stärker als Stein. Man nennt es auch »weiße Kohle«. Es gestaltet Landschaften und Lebensformen wie die Wüste durch extremen Mangel oder periodischen Überfluß von Regenzeiten. So enthält das Wasser auch den Tod und gebiert das Leben. – Der Urgrund ist das Wasser, erklärte der griechische Philosoph Thales vor 2500 Jahren. Er sah das Wasser als Urstoff göttlichen Ursprungs an, als besiegtes Chaos.

Es gibt keine Kultur auf dieser Erde, die in ihren Symbolwerten nicht nachhaltig vom Element des Wassers bestimmt ist. Seit den Flußkulturen Mesopotamiens und Ägyptens fordert das Wasser den menschlichen Erfindungsgeist heraus: Flußregulierungen, Dammbau, Kanalisation und Schiffbau. Mit einem Gedankensprung ist man dann schnell bei den Wasserstudien des Leonardo da Vinci, der die Strömungen des Wassers jahrelang untersuchte. Sein Ziel war die Berechnung des Volumens der Lungen der Erde, die das Wasser nach oben drücken. Er hat beschrieben und gezeichnet, was passieren könnte, wenn eine solche nach oben gepreßte Ader eine brüchige Stelle in der Erdhaut finden und herausplatzen würde.

Neben der Furcht vor der Sintflut vermochte das Wasser auch Ehrfurcht und Sympathie auszulösen. Die Brücke zwischen dem schreckenerregenden offenen Meer und den Bächen und Teichen bildete in der Mythologie die Liebesgöttin Venus, die nach ihrer Geburt im offenen Meer auf der Insel Kythera ein von lustvollen Gewässern erfülltes Königreich der Liebe gründete. Der Widerstreit zwischen dem unfreundlichen, salzigen Meerwasser und den Bächen und Flüssen der Landschaften der Liebe wurde zu einem Hauptmotiv antiker Pastoraldichtungen, nachdem Theokrits Anrufung der Nymphe Galatea durch den Kyklopen das Stichwort geliefert hatte:

> »Ei, so komm doch zu mir!
> Du sollst nicht schlechter es finden.
> Laß da das bläuliche Meer, wie es will,
> aufschäumen zum Ufer; lieblicher soll
> dir die Nacht bei mir in der Höhle vergehen ....«

Und damit befindet man sich alsbald im Bannkreis der Göttinnen der Meere und Flüsse, der Quellnymphen, Nixen und Sirenen, die durch alle Jahrhunderte die Phantasie von Malern, Steinmetzen und Märchenerzählern beflügelten und selbst im Jugendstil nochmals zwischen Seerosenblättern und Schlingpflanzen auftauchen. In den Malereien des Gustav Klimt (1862–1918) erscheinen sie als Metapher personifizierter Natur: mütterlich verlockend, ursprünglich und regenerierend zu gleicher Zeit: Wasserwesen, die an den Urzustand erinnern.

Die erotische Qualität des Wassers

Mit der Entstehung von Mythologien und der fortschreitenden Herausbildung religiöser Begriffe bekam die Verehrung des Wassers festere Konturen und verband sich immer mehr mit dem Kult von Gottheiten, die wie die Nymphen, die

Quell- und Flußgöttinnen, lebendiges Wasser personifizierten. Zu ihnen gehörten nicht nur die eigentlichen Erdgöttinnen, sondern auch die mit ihnen verwandten und oft mit ihnen identischen Fruchtbarkeits-, Geburts- und Muttergöttinnen. Aus dem Mutterschoß der Erde kommt die Quelle hervor, und so entstand auch die Vorstellung von der Erdgeburt des Wassers. Hier sei auf den bedeutenden Liebesroman »Hypnerotomachia Polifili« (Liebeskampftraum) des kunstliebenden venezianischen Dominikanermönches Francesco Colonna aus dem Jahre 1499 hingewiesen, in dem das Wasser als Erotikum eine entscheidende Rolle spielt. In dem Roman wird das Liebespaar Poliphilus und Polia auf einem Nachen in Begleitung von Amor und Nymphen zur Insel Kythera gebracht. Vorher jedoch muß Poliphilus eine Reihe von Tauf- und anderen Initiationsriten über sich ergehen lassen, als er auf seinem Weg durch ein Labyrinth in das Reich der Königin Eleuterylida gelangt, wo er aus einem wundersamen Wandbrunnen trinkt. Das Wasser quillt dort aus den Brüsten einer Nymphe, die – von einem erregten Satyr betrachtet – unter einem Baum liegt und schläft. Ein kalter und ein heißer Wasserstrahl vermischen sich in einem Becken zu warmem Wasser und bilden einen Bach, um die Erde zu befruchten. Eine griechische Inschrift an dem Wandbrunnen besagt, daß es sich bei der Nymphe um die »Gebärerin von allem« handelt: eine Mischform aus Venus und Natura. Hier tritt das Wasser als Urquell auf. In seiner Gebärkraft ist es weiblich, aber in ihm wirken mit dem Dualismus von heiß und kalt die beiden Prinzipien von Zeugen und Gebären, von männlich und weiblich. Es ist sozusagen eine sexualisierte Auffassung des Urwassers, die zum festen Bestandteil der Naturphilosophie der Renaissance gehört. Als Gegenpol zur männlichen Ordnung gilt das bewegliche, anpassungsfähige, aber gleichzeitig auch mächtige und unaufhaltsame Wasser seit der Antike als Zeichen von weiblicher Erotik und Laszivität.

Die erotische Qualität des Wassers bekommt Poliphilus jedoch erst im Inneren des Gebäudes zu spüren, nachdem er aus den Brüsten der Nymphe getrunken hat und einen achteckigen Bau betritt, der an ein Baptisterium denken läßt. Er erblickt fünf Nymphen, die sich dort waschen, schminken, parfümieren, lachen, ihn schließlich mit dem erregenden Wasser bespritzen und mit Aphrodisiaca einreiben, bis er nicht mehr ein noch aus weiß. Die Szene beginnt mit der Betrachtung eines Reliefs, auf dem zwei Nymphen einen kleinen, später als »Manneken Pis« berühmten Jungen stützen, der mit beiden Händen sein Glied hält und einen außerordentlichen Strahl in das Wasser schickt.

Poliphilus wird von den Nixen aufgefordert, etwas von dem Wasser aufzufangen, was jedoch nicht gelingt. Jedenfalls wird hier auf blasphemische Weise dem christlichen Taufritus begegnet: statt des Baptisteriums ein Badehaus, statt eines Priesters die Nymphen und statt des Taufaktes ein Strahl des amorhaften Wesens.

Die Traumerzählung der Liebeswirren des Poliphilus – erschienen als Prachtausgabe und gewertet als eines der schönsten illustrierten Bücher der Renaissance – ist noch im 18. Jh. wie ein fernes Echo in den »Fêtes galantes« des Watteau, Lancret und Fragonard wiederzuentdecken, die das Reich der Liebesgöttin Venus in freier Natur mit sprühenden, rauschenden Brunnen zeigen, Nymphen und Faune eingeschlossen.

Die erotisierende Wirkung des Wassers wurde zur Zeit des Bekanntwerdens des Liebeskampftraumes ausgiebig genutzt. Die besseren Freudenhäuser kosteten die verführerische Wirkung des Wassers in Badehäusern oder weltlichen Paradiesgärten weidlich aus. Ein solcher hortus deliciarum aus dem Jahre 1480 befindet sich in der Biblioteca Estense in Modena. Dort lassen sich Männer und Frauen im Becken eines Venusbrunnens vom Wasser anregen. – In der Alten Pinakothek in München hängt das »Goldene Zeitalter« von Lucas Cranach d. Ä., das die zwanglose Paarbildung in fruchtbarer Natur am Wasser zeigt. Eine vergnügte Hofgesellschaft aus der weltlichen Oberschicht gibt sich hier ein gediegenes Stelldichein (s. S. 162).

Wassergöttinnen und Nixen

Quellen gelten als Sinnbild der Reinheit und des fruchtbaren Überflusses, die bei den meisten Völkern als weibliche Gottheiten personifiziert wurden. Als Quellgöttin im höchsten Sinn galt die persische Anāhita, die zugleich als Himmels-, Liebes- und Fruchtbarkeitsgöttin verehrt wurde. Sie machte die Männer zur Zeugung tauglich und verhalf den Frauen zu einer leichten Geburt. Fische und Granatäpfel waren ihre Attribute. Als Himmelskönigin wohnte Anāhita zwar unter den Sternen. Als »Mutter Erde« war sie jedoch gleichzeitig Göttin der Quellen und Flüsse, und ihre lebensspendenden Wasser sicherten die Fruchtbarkeit der Felder. Wie Maria trug sie eine sternenverzierte Goldkrone (s. auch S. 25). Die wahrliche Ahnfrau der Wassergöttinnen aber – so Friedrich Muthmanns kühne Annahme in seinem Buch »Mutter und Quelle« – ist eine namenlose Bronzefigur aus Luristan (nordwestiranische Provinz) mit seitlich an den Händen hochgezogenen Fischschwänzen. Wahrscheinlich handelt es sich hier um eine der alten orientalischen Göttinnen der Gewässer, einer »Herrin der Tiere«. Luristan liegt im Iran, ist ein Gebiet mit unzähligen Flußläufen. Wie jedoch jüngere Recherchen ergeben haben, weiß man fast gar nichts über die Bedeutung dieser winzigen Bronze (H 3,4 cm, B 5,2 cm). Fest steht lediglich, daß die Arbeit als einzigartig gelten darf und im Umkreis vorderasiatischer Kunst sonst nicht zu finden ist. Das Figürchen befindet sich gegenwärtig im Depot des Rietberg-Museums in Zürich. – Im Koptischen Museum in Kairo stellt sich die Erdgöttin Gaia in einer Steinskulptur aus dem 2. Jh. nach Christus gleichzeitig als Quellgöttin vor, nämlich als zweischwänzige Nixe. Genaueres über diese Arbeit ist unbekannt.

Überall zu finden – besonders in Italien, Frankreich und in Spanien – sind Kirchen, die auf den Fundamenten alter Tempel erbaut wurden, und solche, die auf Quellheiligtümern zurückgehen. Nixen und Wassergeister haben sich mit dem geweihten Wasser in die Taufbecken der Kirchen und Kapellen eingeschlichen, wo sie im Dämmerdunkel der Kapitelle, unter den Weihwasser- und Taufbecken, rund um die Portale und selbst an den Kanzeln den Beter anlächeln und – so sagt man – irritieren, wie etwa auf der Kanzelwand der Pfarrkirche in San Pietro in Gropina in der Toskana (s. S. 166) oder auch in dem ältesten, dem nordöstlichen Teil des Straßburger Münsters, wo eine ganze Nixenfamilie – die Meerfrau säugt gerade ihr Kind – von einem Kapitell auf die Gläubigen herunterschaut.

Steht man etwa im spanischen Burgos auf der Plaza de Santa Maria vor dem Haupteingang zur Kathedrale, sieht man in der Mitte einen Brunnen mit einer gekrönten Marienfigur, unter der sich, dunkelgrün und vermoost und fortwährend mit Wasser benetzt, zweischwänzige Meerjungfrauen ein Stelldichein geben.

Die romanische St. Martinskirche in Zillis im Kanton Graubünden in der Schweiz besitzt eine seltene Kostbarkeit, die politische Wirrungen und Plünderungen aufgrund ihrer Lage ohne Schaden überstanden hat. Es geht dabei um eine unter dem Flachdach angebrachte romanische Bilderdecke. Dargestellt sind Szenen aus dem Neuen Testament, die an den Rändern abgeschlossen werden mit Personifikationen der vier Winde, Fabelwesen und musizierenden Neriden als Sinnbilder des Dämonischen (s. S. 165). In einem Mäanderband, das sich als Bordüre entlangzieht, erscheinen in regelmäßigen Abständen, verblaßt und nicht mehr gut zu erkennen, Sibyllen, die prophetischen Frauen des Altertums.

Maria als lebenspendende Quelle

Quellgöttinnen gehören neben den Fruchtbarkeitsgöttinnen zu der heidnischen Verwandtschaft der Gottesmutter Maria, die besonders in der darstellenden Kunst der Ostkirche als Brunnenheilige, von einem Quellbecken umschlossen und so die Quelle selbst verkörpernd, dargestellt und verehrt wird. Nachstehende Preisungen gehören in die byzantinische Mariologie:

»Preisen wir, o ihr Gläubigen, die Gottesmutter, die lebenspendende Quelle; sei gegrüßt, die du einen reich strömenden Fluß entsendest.«

Bei den Griechen wird Maria als lebensspendende Quelle, als *Zoodochos Pegē,* verehrt. Wenn auch der Titel »pege« zunächst eine vorwiegend geistige Bedeutung hatte, so entstand daneben doch auch ein nahes Verhältnis zu den wirklich fließenden Quellen, und damit wurde Maria die direkte oder auch echte Nachfolgerin antiker Göttinnen nicht nur, indem sie mit manchen antiken Heiligtümern auch deren Quellkulte übernahm, sondern indem man, vor allem in Griechenland, auch viele andere Quellen, besonders die heilkräftigen, ihrem Schutz anvertraute. Zu ganz ähnlichen Entwicklungen kam es in den nördlichen Ländern, doch davon später.

Die Gottesmutter zur lebensspendenden Quelle ist als Inbegriff der heilungbringenden und hilfreichen Frau so volkstümlich geworden, daß sie hier und da unabhängig von einer Quelle sowohl Kirchen wie Kapellen besitzt, ja daß Fischerboote etwa auf Ägina und auf anderen Inseln ihren Namen am Bug tragen. Maria wird aber nicht nur als *stella maris* verehrt, sondern auch als *stella matutina,* als Morgenstern, den die Römer nach der Venus benannten. Sie wird als Beschützerin gebärender Frauen angerufen und besonders im nach ihr benannten Mai – dem Marienmonat – besungen. »Meerstern, ich dich grüße« ist eines dieser alten Lieder, das aus dem neunten Jahrhundert stammt. Madonnenbilder des 13. Jh. und später tragen einen Stern auf der linken Schulter ihres Gewandes und auch oft über der Stirn, der sie als Königin der Meere kennzeichnet, zu sehen in den Uffizien in Florenz, im Museo Nazionale in Pisa und im Dom-Museum in Siena. Duccio, seine Vorgänger und seine Nachfolger haben Maria so gemalt. Gleiches gilt für griechische Ikonen, von denen die Muttergottes von Karyes im Protâton mit drei Sternen auf ihrem Gewand geschmückt ist.

Die Gottesmutter als Schutzpatronin natürlicher Quellen ist frühestens seit dem 14. Jh. nachweisbar, obwohl die Bezeichnung Zoodochos pege bereits im 7. Jh. erscheint. Die einfachere Bezeichnung jedoch, nämlich »Gottesmutter zur Quelle«, geht zurück auf ein 563 unter dem Patriarchen Menas abgehaltenes ökumenisches Konzil in Konstantinopel, der sich dort als »Priester und Abt des Klosters und Gotteshauses der heiligen und ruhmvollen Jungfrau und Gottesmutter Maria zur Quelle« vorstellte. Als Keimzelle der Zoodochos pege gilt ein geographisch nicht näher bezeichnetes Quellenheiligtum vor den Mauern Konstantinopels, von wo aus sich der Kult in die Länder der Ostkirche verbreitete. Die Kirche, die dort erbaut wurde, ist zerstört. 1727 wurde auf dem gleichen Grund und Boden eine kleine Brunnenkapelle errichtet. Nach erneuter Zerstörung hat man 1835 nochmals ein Kirchlein erbaut, in dem man, um zur Quelle zu gelangen, in ein Gewölbe hinabsteigen muß.

Nach dem 15. Jh. verlieren die Darstellungen der Gottesmutter im Quellbecken langsam ihre hieratische Strenge und werden vielfach durch Nebenfiguren erweitert. Aber das Grundmotiv bleibt bestehen und wird auch in seiner von Beiwerk freien Form immer wieder aufgenommen. Die Theotókos erscheint nun oft nicht mehr in der Haltung des Orans mit seitlich ausgebreiteten Armen, sondern umfaßt ihr Kind mit mütterlichen Händen. Das runde oder mehreckige Becken, in dem das Wasser um die Gestalt der Maria flutet, steht gewöhnlich auf kräftigem Fuß in einem großen Bassin, in welches das Wasser von oben durch zwei Ausflüsse herabströmt.

Die Ikonen der Zoodochos pege des 16. Jh. erfreuen sich hohen Ansehens und großer Volkstümlichkeit. Auf der byzantinischen Ikone (s. S. 164) treten von rechts und links zwei miniaturhaft anmutende Menschen zum Bassin, die Heilung suchen. Sie sind als Vorboten der Kranken und Lahmen anzusehen, die sich von nun an um den Brunnen drängen werden.

In der abendländischen Malerei nördlich der Alpen erscheint das Bild der Gottesmutter mit dem Brunnen seit dem 14. Jh. immer häufiger. Aber bereits in der Mystik des 12. Jh. heißt es in einer Wechselgesprächsform des Hohenliedes zwischen Christus und Maria in einer Gartenszene:

»Du bist eine Quelle der Gärten und ein Brunnen lebendigen Wassers. Quelle der Gärten, das heißt Mutter der Kirchen bist du, meine Schwester, meine Braut, und ein Brunnen lebendiger Wasser, nämlich Schrein heiliger Schriften bist du; denn deine Wasser sind das Paradies der früchtetragenden Granatäpfelbäume. Wie im Anfang die Quelle aus der Erde emporstieg und die ganze Oberfläche der Erde bewässerte, wie ein Fluß vom Lustgarten ausging, um das Paradies zu bewässern, und sich dann in vier Hauptwasser teilte, so steigt aus dir, o Freundin, o gesegnete Erde, jene Quelle empor, die bei Gott war und das wahre Licht war, wie geschrieben steht: Denn bei dir ist die Quelle des Lebens, und in deinem Lichte werden wir das Licht sehen. Jene Quelle steigt aus dir empor. Sie hat nicht Ursprung noch Anfang in dir, sondern sie kommt auf dich in dunklen Wegen aus dem Herzen des Vaters mit allen lebendigen Wassern, das heißt mit allen Schriften der Wahrheit und steigt so aus dir empor. Wozu steigt sie empor? Vorzüglich um das Erdreich zu bewässern, um über den ganzen Erdkreis die Kirche aufzurichten und zu erhöhen. Dazu geht der Fluß vom Lustgarten aus, um das Paradies zu bewässern. Dazu nimmt aus dir, o Lust, o Lustgarten Gottes, das heilige Evangelium seinen Ursprung, daß es über die ganze Welt das Paradies des Geistes bewässere. Er wird in vier Hauptströme geteilt, das heißt in die vier zum Heile notwendigen Sakramente, und diese sind: Menschwerdung, Leiden, Auferstehung und meine Himmelfahrt. Die nämlich müssen verkündet und gekannt werden, weil ohne ihr Bekenntnis unser Paradies nicht wird und ohne den Glauben an sie die Welt nicht erlöst wird. Die lebendigen Wasser teilen sich in diese vier Hauptströme, und weil alle Schriften auf diese vier genau hinstreben, nenne ich sie so: Bild des Menschen, Bild des Stieres, Bild des Löwen und Bild des fliegenden Adlers.«

Maria verkörpert den verschlossenen Garten und in sich selbst das neue Paradies (s. S. 134f.). Sie ist der Lustgarten Gottes. Sie ist die Erde, aus der die Quelle emporsteigt. Und so entsteht um Maria wieder das uralte Bild der mütterlichen Erde, aus deren Schoß das lebenerweckende und fruchtbringende Wasser hervorquillt.

Nach der Überlieferung wird das Hohelied Salomon zugeschrieben, wiewohl es sich hierbei anscheinend um nicht mehr als eine Sammlung dörflicher Liebeslieder handelt. Die Spuren führen jedoch noch weiter zurück bis zu dem Kult der Fruchtbarkeitsgöttin Astarte. Die Auslegungen des Textes klaffen weit auseinander.

Im Rheinischen Marienlob des 13. Jh. wird Maria als makellose, als gesegnete Erde gepriesen. Sie wird angerufen als »Ursprung fleißiger Brunnen«, »lebendiger Brunnen«, »Brunnen aller Gnade«, »Quell der Seligkeit«, »Heiliges Wasser«, »Brunnen aller Milde«. Gleiches gilt für Kirchen- und Volkslieder, in denen Maria als »Brunnen, der nie versiegt«, als »lebendiger Brunnenquell« und als »Quelle aller Freuden« besungen wird. In den Marienliedern des Jesuitenpaters Jakob

Balde (17. Jh.) wird aus Maria in geschulter, lyrischer Metaphorik sogar eine Nymphe, die in einer Höhle den Verehrenden »liebend umfängt«.

Mit geschickter Pastoralpsychologie haben christliche Missionare versucht, die heidnischen Kultbräuche zu bekämpfen, vor allem im ehemaligen Gallien. Sie haben sich dennoch teilweise, wenn auch unter veränderten Bedingungen, bis auf den heutigen Tag erhalten. Man christianisierte die heidnischen Brunnen und Quellen dadurch, daß man die Bekehrten darin taufte und das Wasser gleichzeitig unter den Schutz der Maria oder einer Heiligen stellte, die dann häufig die Rolle der heidnischen Quellengöttinnen zu übernehmen hatte und auch bei den Kultgebräuchen die Nachfolge antraten. Es änderten sich also nur die Namen, die Sache selbst blieb die alte.

In den Konzilien des 5. und 6. Jh. wurde jede religiöse Handlung bei Wasser, Bäumen und Höhlen unter Strafe gestellt. In Predigten und öffentlichen Bußdisziplinen wurden die Gläubigen gefragt, ob sie »Hilfe« woanders suchen als bei dem allmächtigen Gott, etwa bei Quellen, und ob sie an Quellen gebetet und dort Kerzen angezündet hätten. Der weitblickende Papst Gregor der Große schrieb um 660 an den Abt Mellitius von Canterbury, man möge die heidnischen Tempel jedoch nicht zerstören, sondern sie vielmehr in Kirchen umwandeln: dort sollten lediglich die Götzenbilder vernichtet, anschließend die Tempel mit Weihwasser besprengt und Reliquien zur Andacht deponiert werden, damit sich das Volk wenigstens noch an vertrauten Orten versammeln und schließlich den wahren Gott erkennen und anbeten könne.

Der Dom zu Paderborn soll nach den Recherchen von Gisela Graichen auf 80 Quellen ruhen und die Kathedrale von Chartres auf 44. Der Kölner Dom steht auf den Fundamenten einer Weihestätte keltischer Muttergöttinnen, einem Tempel für römische Gottheiten mit Brunnen und einem Mithrasheiligtum. Zum Komplex des 870 geweihten alten Doms gehörte auch noch ein großes Atrium mit Brunnen.

Die Krypta in Chartres birgt einen 33 m tiefen keltischen Schachtbrunnen und die Reste eines kleinen Heiligtums, sowie eine dort errichtete Madonnenstatue als Nachfolgerin eines an dieser Stelle verehrten Kultbildes der gallischen Muttergöttin. Dem Wasser werden Heilkraft und wundertätige Eigenschaften zugeschrieben, und so ist diese Krypta seit dem frühen Mittelalter ein vielbesuchtes christliches Wallfahrtsziel. Durch die Umwandlung eines heidnischen Kultes in den Marienkult ist in Chartres eines der bedeutendsten Gotteshäuser der Christenheit entstanden.

Dem Schutz der Maria sind im Mittelalter viele heilige Quellen und Brunnen anvertraut worden: die Frauenkirche in Nürnberg, die Maria geweihte Kapelle bei der Heilquelle in Aachen, die Frauenkapelle in Baden bei Wien: Mariabrunn, Mariastern, Mariarast, Mariaborn, Mariaspring, Mariazell und viele andere. Maria hatte dort überall die Aufgabe der alten Muttergottheiten als Schutzherrin der Quellen übernommen. Die Quelle des kleinen Pyrenäenstädtchens Lourdes, das sich einst gegen islamische Invasoren zur Wehr setzen mußte, wurde 1858 von der vierzehnjährigen Bernardette Soubirous entdeckt, nachdem ihr 18mal eine »leuchtende Frau« – Maria – in einer Grotte erschienen war.

Quellgöttinnen und Brunnenheilige

Eine der bekanntesten Brunnen- und Quellenheiligen der Schweiz ist die heilige Verena, deren Leben verwoben ist mit den mythologischen Gefilden der Nymphen. Sie war thebäischer Abstammung und folgte Anfang des 4. Jh. den Soldaten des Mauritius über die Alpen. Der Fisch (ΙΧΘΨΣ), Zeichen der frühen Christen, diente den Soldaten und Verena als Erkennungszeichen. Auf dem Weg nach Zurzach wurde Verena vor dem Fischerdorf Koblenz auf einem Stein als Schiff von zwei großen Fischen in einer »wunderbaren Flußfahrt« auf der Aare geleitet. Die Heilige erscheint auf Bildern meist mit Kamm und Krug, ihren Berufsutensilien, denn sie widmete sich bereits auf dem Weg über die Alpen der Krankenpflege. Ihre wahren Attribute jedoch waren der Fisch und damit auch das Wasser. Bevor Verena nach Zurzach kam, zog sie sich in der Nähe von Solothurn in die Höhleneinsamkeit der Waldquellen zurück. Als eines Tages der Fluß anschwoll, wurde sie von den Fluten mitgerissen und konnte sich – so die Legende – nur noch an einem Felsen festhalten. Die Solothurner kennen diesen Felsen genau und erzählen, daß Frauen, die sich ein Kind wünschen, an genau dieser Stelle ihren Fuß in die Aare tauchen.

Wasser, Fisch, Quelle und Höhle spielen in ihrem Leben eine gewichtige Rolle. Nachdem sie sich in Zurzach der Krankenpflege widmete und einem Geistlichen den Haushalt führte, wurde ihr – so eine andere Legende – eines Tages der Ring ihres Herrn zur Aufbewahrung gegeben. Ein böser Knecht nahm ihn jedoch und warf ihn in den Rhein, um Verena Böses anzutun. Als kurze Zeit danach dem Geistlichen ein großer Fisch aus dem Rhein geschenkt und entweidet wurde, fand man den Ring, der die Unschuld der Heiligen bestätigte.

Verena ist einer der beliebtesten Mädchennamen in der Schweiz. Sie gehört jedoch nicht nur der Vergangenheit an, sondern bewacht seit 1978 als Brückenheilige den Rhein bei Zurzach an der Stelle, wo sich die Grenze zwischen Deutschland und der Schweiz befindet. Verena ist die Patronin der Fischer und Bräute. Verena segnet die Kinder. Sie wird verehrt als Wetterheilige der Schweiz und wird besonders am 1. September gefeiert, wenn Schweizerinnen sich das »Vreneliwasser« aus den Zurzacher oder anderen Quellen holen. Der 1. September ist auch der Termin des Erntedankfestes, ein christlich überdecktes, heidnisches Fest – und damit gleitet Verena gleichzeitig in die Gefilde einer Fruchtbarkeitsgöttin. Der Sagenforscher Ernst Ludwig Hochholz bringt Verena zusätzlich in die Nähe der nordischen Liebesgöttin Freyja und der Märchengestalt der *Frau Holle*. So wie die Frauen von Solothurn an einer ganz bestimmten Stelle ihren Fuß in die Aare tauchen, wenn sie sich ein Kind wünschen, baden nach einem alten Brauch in Hessen junge Frauen auf der Höhe des Meißners im sogenannten Frau-Holle-Teich. Hinzu gesellt sich mancherorts noch die Gottesmutter Maria als Nachfolgerin von Frau Holle, welche neugeborene Kinder hütet und zu welcher sterbende Kinder zurückkehren (s. S. 26).

Märchen, Mythen und Legenden gehen hier ineinander über. Während nach einer Legende Maria vom 15. August bis zum 12. September die Erde segnet und die Fäden des Altweibersommers als Mariengarn bezeichnet werden, nennt man sie auch »Schleier der Frau Holle«. – Und wenn Frau Holle ihre Kissen schüttelt, wird bekanntlich die Erde weiß. Wie Frau Holle ist auch Perchta als dämonische Spinnerin bekannt. Maria erscheint auf manchen Gemälden ebenfalls mit einem Spinnrocken, dem Attribut der Schicksalsgöttinnen. Das Dämonische der Perchta- und Frau-Holle-Gestalten verklärt sich jedoch in Märchen und Legenden und verwandelt sich schließlich in die Holdseligkeit der Gottesmutter.

Die Fonte Gaia, der »fröhliche Brunnen« des Jacopo della Quercia auf der Piazza del Campo in Siena, ist eine großartige Brunnenanlage, in der sich christliche und heidnische Elemente beziehungsreich miteinander vereinigen. Hier thronen neun edle Frauengestalten und in der Mitte die Muttergottes mit ihrem Kind. Hinzu kommen die christlichen Tugenden Justitia, Fides, Temperania, Sapientia, Prudentia, Spes, Fortitudo und die mütterliche Gestalt der Caritas mit den beiden Kindern auf dem Schoß. Die Darstellung dieser Caritas ist typologisch die Nachfolgerin der Erdgöttin Tellus, herrlich zu sehen an der Ostseite des Tempels der Ara Pacis Augustae in Rom aus dem 9. Jh. v. Chr.: eine schöne Frau mit zwei Kindern in ihren Armen und Feldfrüchten auf dem Schoß. Tellus aber war nicht nur Erdmutter, sondern zugleich Unterweltgöttin, die Kinder hervorbringt und gestorbene wieder aufnimmt (s. S. 94).

Nur ein Jahr vor der Fertigstellung des »fröhlichen Brunnens« in Siena entstand auf dem Altstadtmarkt in Braunschweig der sogenannte Joghetbornen, der Jugendbrunnen, dessen Wasser aus einer am Stadtrand gelegenen Quelle kommt. Im Zweiten Weltkrieg teilweise zerstört, wurde er in den fünfziger Jahren in seiner ursprünglichen Gestalt wieder aufgebaut: ein Dreischalenbrunnen in gotischer Form und einem beziehungsreichen Bildprogramm, das von einer Sitzfigur der Muttergottes als Schutzpatronin des Brunnens und Hüterin des Wassers bekrönt wird. Die vier Evangelisten bilden zusammen mit den vier Wasserstrahlen einen Kreis um die Maria, so daß es naheliegt, sie den vier Paradiesflüssen gleichzusetzen. Das Wasser des Lebens, gleichbedeutend mit der Heilslehre, quillt aus dem mystischen Brunnenquell und teilt sich in die vier Hauptwasser. Das Paradies gleichsam verlassend, strömt es in die zweite Schale, die hier das Erdreich symbolisiert. Sodann wird das Wasser von einer dritten Schale aufgefangen, wo Männer des Alten Testaments seine segensreiche Kraft verkünden.

Die Wallfahrtskirche Maria Brünnlein

Außerhalb des alten Städtchens Wemding, nicht weit von München entfernt, ist im 17. Jh. nach dem Auffinden einer Quelle auf freiem Feld eben an dieser Stelle eine Kapelle erbaut worden, in die eine Marienstatue gestellt wurde, die ein abenteuer- und reisefreudiger Sohn des damaligen Dorfes aus Rom mitgebracht hatte. Die legendenfreudige Zeit hat ein übriges getan, um die kleine Kapelle zu einem vielbesuchten Ort zu machen. Die Pilgerscharen wurden immer größer, aber es dauerte schließlich doch noch ein ganzes Jahrhundert, bis nach langen Verhandlungen mit dem Bischof von Eichstätt der Grundstein für ein Rokokokirchlein als Nachfolgekirche der kleinen Feldkapelle gelegt werden konnte.

Die Wallfahrtskirche Maria Brünnlein ist der Himmelskönigin Maria geweiht. Im Zentrum des Kirchenschiffes befindet sich ein »Quellenaltar« in Gestalt eines Baldachinaltars, der von den Besuchern umgangen werden kann. Die Quelle, die sich in vier Rinnsalen mit je drei kleinen Wasserläufen aus Muscheln in die Becken ergießt, symbolisiert die vier Paradiesflüsse, die vier Evangelisten, die vier Himmelsrichtungen, die vier Jahreszeiten und schließlich die Dreieinigkeit, die auch in Märchen immer wieder vorkommt als Zahl zu bestehender Prüfungen. Hinzu kommt die Dreiheit der produktiven Erfüllung von Mann und Frau im Kind. Auch führt sie zurück zum Weltenbaum, an dessen drei Wurzeln drei Brunnen sprudeln. – Hier ist Heidnisches mit Christlichem verwoben, was auch die Muschel betrifft, die im Mittelalter die Lebens- oder Pilgerreise versinnbildlichte und während der Antike die Vagina und die Fruchtbarkeit.

Maria erscheint in dem Deckengemälde des Johann Baptist Zimmermann als die apokalyptische Madonna mit der Sonne hinter sich, einen Sternenkranz um ihr Haupt und die Mondsichel zu ihren Füßen auf einer Brunnenschale, aus der vier Quellen fließen. In den Lobpreisungen der Maria, in denen sie als Lilie, als Turm Davids und Arche des Bundes angerufen wird, klingt auch Vorchristliches mit: Morgenrot, Sonne, Mond, Morgenstern. In Gebeten wird sie angesprochen als schönster Mond, als aufleuchtende Morgenröte und als Herrin von Haus, Hof, Flur und Feld, was an antike Fruchtbarkeitsgöttinnen erinnert. Hier läßt die Ährenmadonna grüßen! Weiter wird sie angerufen als *regina terrae,* und auf einem Schriftband an der Decke des Kirchleins wird sie auch als *regina inferni,* als Königin der Unterwelt, besungen. Hierzu sei bemerkt, daß in byzantinischen und äthiopischen Beschreibungen der Apokalypse Maria zu den Verdammten in die Unterwelt hinabsteigt. Überhaupt wird der Brunnen in Märchen und Antike als Eingang zur Unterwelt verstanden.

Die Wallfahrer in Wemding trinken vom Brünnlein und benetzen damit ihre Augen mit der stillen Bitte, daß Maria helfen möge, das Wesentliche im Leben zu sehen. Die in dem Kirchlein ausliegenden kleinen Andachtsbildchen, die Maria in der Mondsichel zeigen, führen viel weiter zurück als zur Offenbarung 12,1, in der es heißt, daß sie erscheine, gekleidet mit der Sonne, den Mond zu ihren Füßen und über ihrem Haupt zwölf Sterne. Als Symbol der Fruchtbarkeit spielte der Mond seit jeher wegen seiner ständig wechselnden Gestalt vor allem im alten Orient eine oft bedeutendere Rolle als die Sonne. Wegen seines Vergehens und Wachsens steht er in engem Zusammenhang mit der weiblichen Fruchtbarkeit, der Menstruation und der Schwangerschaft als Quintessenz des Lebens. Als Herrscher über Ebbe und Flut symbolisiert der Mond Ewigkeit und rhythmischen Wechsel zugleich, denn er ist der Herr der Meere. Er bewegt die Gezeiten.

Aber mehr noch: In einer der Seitenkapellen der Kathedrale der südspanischen Provinzhauptstadt Almeria hängt das erstaunliche Gemälde eines unbekannten Meisters aus dem 18. Jh., das Maria zeigt, die einer Venus gleich in einer Muschel steht, im rechten Arm Christus als Schmerzensmann hält und links das Jesuskind. Dazu gesellt sich – aus dem Meer auftauchend – ein bronzehäutiger Tritone, der die Gottesmutter in der Muschel von den Wellen abschirmt.

Maria wird – wie bereits erwähnt – auch *stella maris* genannt, Königin der Meere. Im Spanischen gibt es den Mädchennamen »Marina«, was bedeutet, zum Wasser gehörend. Viele Mädchen werden auch »Concha« genannt: Muschel. Von dort aus ist es dann nicht mehr weit zu einer der antiken Vorgängerinnen der Madonna, zu Venus der Schaumgeborenen und zu Luna, die von den Römern mit einer Mondsichel bekrönt wurde. Albrecht Dürer hat in dem Titelbild zu seinem »Marienleben« – es ist so etwas wie ein holzgeschnittenes Volksbuch – lange vor Johann Baptist Zimmermann eine Madonna mit Kind und Sternenkranz in einer Mondsichel dargestellt, in der die Vorstellung von Jungfrau, Mutter, Königin und Göttin ineinander übergehen.

Literaturhinweise

Walter Beltz, Mythen der Ägypter (Knaur Kulturgeschichte)
Hartmut Böhme, Kulturgeschichte des Wassers. Frankfurt/M 1988
Gisela Graichen, Das Kultplatzbuch. Ein Führer zu den alten Opferplätzen, Heiligtümern und Kultstätten in Deutschland. Hamburg 1988
Paul Huber, Athos, wundertätige Ikonen. Stuttgart
M.R. James, The Apocalypse of the Virgin
Friedrich Muthmann, Mutter und Quelle. Basel 1975
Adolf Reinle, Die heilige Verena von Zurzach. Basel 1948
Marina Warner, Alone of all her Sex. London 1978
Wilhelm Wätzold, Dürer und seine Zeit. Wien 1935

Quelle/Wasser

Abb. 13: Goldenes Zeitalter
Lucas Cranach d. Ä.
(1472–1553)
Alte Pinakothek München

Quelle/Wasser in der Kunst

Abb. 14: Christus und die Samaritanerin am Brunnen
Annibale Carrachi (1593/1595)
Palazzo Sampieri, Bologna

Quelle/Wasser

*Abb. 15: Zoodochos pege
Byzantinische
Ikone vom Athos*

Quelle/Wasser in der Kunst

Abb. 16: Zweischwänzige Nixe
etwa 1130
St. Martinskirche
Zillis, Schweiz

Quelle/Wasser

*Abb. 17: Zweischwänzige Nixe und Meerungeheuer
Pfarrkirche San Pietro (Kanzelwand)
Gropina, Toskana*

III. DER BAUM

Der Baum wird älter als jedes andere Lebewesen. Er kommt dem Himmel am nächsten und verbindet ihn mit der Erde. Er ist der Inbegriff der Ausgeglichenheit. Sein Leben spielt sich im Innern ab, ist geheimnisvoll, weil es stumm vor sich geht und dem großen Rhythmus der Natur gehorcht. Wer hat nicht schon einmal im Frühling unter einem Baum geträumt? Selbst der moderne Mensch, der oft das Staunen verlernt hat, bleibt davon nicht unberührt.

Wenn sich die Kälte über die Erde legt, verliert der Baum seine Blätter. In der Zeit der Ruhe und Überwinterung zirkuliert der Saft nicht mehr durch die Zweige, sondern hat sich an den Ansatz der Wurzeln in die Erde geflüchtet. Entblößt von allem, was an ihm zart und zerbrechlich ist, werden viele Bäume während des Winters zu einem Skelett, um sich im Frühling mit neuer Pracht und Herrlichkeit zu schmücken, und versinnbildlichen damit den Zyklus der Unsterblichkeit des Lebens.

Viele alte Kulturen kennen heilige Baum- und Vegetationskulte. Märchen und Mythen erzählen von dem himmelhohen Weltenbaum, dem Lebens- und Schicksalsbaum, der Leben gebend und schützend als mütterlich-göttliches Wesen erscheint.

Das Schicksal der Menschen war seit Urzeiten durch ein enges Band mit dem der Bäume verknüpft, so daß man sich fragen sollte, wie es wohl einer Menschheit ergehen wird, die so brutal mit ihren Bäumen und Wäldern umgeht. Unüberhörbare Stimmen jedoch werden laut, die auf die Kostbarkeit von Wäldern und ihre Funktion als Sauerstofflieferant und Erholungsraum aufmerksam machen und warnen. Klar ist, daß es ohne Wald keine Zukunft mehr gibt. Nicht zu vergessen ist, daß auch der Ursprung der Kulturen in den Bäumen liegt, denn seit dem Altertum galten sie als heilig und schützten diejenigen, die die Sache der Gerechtigkeit vertraten. Mehr noch: die ersten Hütten wurden aus Balken gebaut, die noch ganze Baumstämme waren.

Auch der Baum ist ein Muttersymbol. Tief wurzelnd in der Erde und mit seinen Zweigen zum Himmel sich ausbreitend, steht er für Ganzheit und Fruchtbarkeit und war in vielen Kulturen mit der Erdmutter verbunden. Indem er Laub trägt oder Früchte tragen kann, die dem Wechsel der Jahreszeiten unterliegen, stand er wie die Erde auch für Vergehen und Neuwerden, Sterben und Aufstehen. Er erscheint in Menschengestalt und ist der fernste Vorfahr des Menschen. Er tritt ein für ewige Jugend, Gesundheit und Unsterblichkeit.

Doch darüber hinaus hat er noch eine andere Botschaft. Seine Fähigkeit, Größe und Weite zu entwickeln, sich von der Muttererde zu entfernen, birgt auch ein Risiko: Er kann zu groß werden, er kann Hybris entwickeln, er kann auch absterben. Anders als die braune oder schwarze Erde, anders als das lichtdurchlässige Wasser kann er mit seinen Blättern und Früchten glitzernde, verführerische Farben entwickeln. Früchte sind immer wieder mit Glück und Gelingen symbolisiert worden. So gelingt es dem Märchenhelden, auf den himmelhohen Wunderbaum zu klettern und die goldenen Äpfel zu pflücken, die ihm Glück und Weisheit verleihen; so bedeuten die Früchte von dem paradiesischen Apfelbaum der Frau Holle für Goldmarie die Erlösung aus Unterdrückung und Unfreiheit. In der biblischen Sündenfallgeschichte aber kann die Frucht auch einen verführerisch-tödlichen Kern in sich tragen. Wachstum ist mit Gefahren verbunden, und der Baum stellt uns persönlich, aber auch unserer Gesellschaft, die Schicksalsfrage: Wieweit wollen und können wir uns ausweiten? Wieweit können wir anderen dadurch den Lebensraum nehmen? Wieweit können wir unsere Ganzheit und Integrität verlieren und absterben und fruchtlos werden? Welche Früchte des Glücks und der Erkenntnis brauchen wir überhaupt?

Vielleicht hat die Bibel mit ihrer Art der Baumsymbolik diese gesellschaftskritische Frage am deutlichsten gestellt. Damit ist jedoch nicht nur die alte Sündenfallgeschichte gemeint, die Verführung Adams durch Eva und die Frucht. Die reflektiert eher eine geschlechtsspezifische Arbeitsteilung und ein aufkommendes Mißtrauen gegenüber Frauen und Frauenmacht. Doch die Baumbilder von der hybriden Herrschermacht im Alten Testament, von der Fruchtlosigkeit und dem Baumtod im Neuen Testament signalisieren unsere gegenwärtigen Probleme. Und trotzdem ist die Hoffnung auf den grünen Baum mit seinen guten Früchten, der ganz in der Erde wurzelt und in dessen Zweigen andere Schutz, Nahrung und Schatten suchen können, in vielen Texten und Bildern da. Im Hisham-Palast z. B., außerhalb von Jericho, inmitten der Wüste, befindet sich ein guterhaltener Mosaik-Boden (7. Jh. n. Chr.), der einen herrlichen Granatapfelbaum zeigt, einen Lebensbaum. Große Zeitsprünge führen zu den byzantinischen Mosaiken, den Bäumen des Meisters von Hohenfurt, Rembrandts Eichen, zu Rousseaus Bäumen im Wald von Fontainebleau und schließlich zu Magrittes Baumhäusern.

1. Der Baum im Märchen
Barbara Stamer

Heilige Bäume und Baumkulte in den alten Kulturen

Der Baum spielt in den Märchen und Mythen vieler Kulturen der Welt eine zentrale Rolle, da er auf Grund seiner Größe und Gestalt, seines hohen Alters, seiner Fruchtbarkeit und seines Immergrüns (Nadelbäume) das sinnfällige und naturgegebene Symbol für die jährliche Erneuerung der Vegetation, für Leben (Frühjahr) und Tod (Winter) im Sinne einer zyklischen Wiederkehr des Lebens, auch der Auferstehung hin zu einem neuen ewigen Leben darstellt.

So finden wir in vielen Völkern Erzählungen von dem *Lebens-* und *Himmelsbaum,* der das menschliche Leben in seiner Doppelheit von Hell und Dunkel versinnbildlicht: Die in den Himmel ragenden Äste entsprechen den Wurzeln, die tief ins Erdreich wachsen. In den Mythen stützen solche Bäume den Himmel, sie sind Mittler zwischen Erde und Himmel. Der Baum ist auch zugleich Symbol für die Welt (s. u.). Der *Weltenbaum* erscheint in den Mythologien Indiens, des Nahen Ostens, Afrikas u. a. als umgekehrt wachsender Baum, also im Himmel wurzelnd und die Äste zur Erde hin ausbreitend.

Bäume galten als heilig und waren den Gottheiten geweiht. Der fruchttragende Baum war meist den Fruchtbarkeitskulten der großen Erdmutter-Göttin zugeordnet. Darstellungen von *heiligen Baum- und Vegetationskulten* kennen wir aus den ältesten Kulturen Europas, z. B. der kretischen, mykenischen und maltesischen, der sumerischen und phrygischen. Archäologen haben in einem unbeschädigt gebliebenen königlichen Grab des *minoischen Kreta* (um 2500 v. Chr.) in Phournia unter einem kunstvollen Goldschatz einen außergewöhnlichen Siegelring gefunden, der in feinster Eingravierung eine Göttin mit erhobenen Armen und zwei Priesterinnen in Ausübung eines sakralen Baumkultes zeigt. Die Bäume sind in Gefäße eingepflanzt. Ein goldener Siegelring, gefunden in der Burg von *Mykene,* läßt ebenfalls eine weibliche Gestalt (Erdgöttin?) unter einem Baum erkennen, die von drei Frauen mit

Blumen beschenkt und von der Sonne und dem Mond beschienen wird.

In Haġar Qim, *Malta*, hat man in dem aus riesigen Felsblöcken erbauten, der Erdmutter-Göttin geweihten Tempelkomplex einen Altar mit vier Schauseiten gefunden, in den auf allen vier Seiten reliefartig ein deutlich erkennbarer Baum eingemeißelt ist, der aus einem Gefäß herauswächst. Die geheimnisvollen Kulte, insbesondere Vegetationskulte, die der Erdmutter galten – man hat ausschließlich weibliche Kult-Statuetten gefunden –, sind wissenschaftlich nicht eindeutig definiert, das Gefäß als weibliches Symbol spielte jedoch eine zentrale Rolle: In Tarxien, einem anderen riesigen Tempel Maltas, fand sich ein etwa ein Meter hohes Kultbecken, welches ursprünglich aus einem Steinblock gehauen war.

Auch im alten *Sumer* hat es einen Baumkult gegeben: Ischtars Tempel stand in der Mythe »auf einem hohen Berg voll prächtiger Zedern«. Die Göttin Inanna-Ischtar, die zugleich die verführerische Liebesgöttin und die Göttin der Fruchtbarkeit war, schenkte der Erde Flora und Fauna, sie galt als Mutter aller Götter und Menschen. Sie wird mit einem Lebensbaum dargestellt.

Auch mit Kybele, der *phrygischen* Göttin, ist ein ausgeprägter Baumkult überliefert. Sie wird selbst häufig als Baum, als Pinie, verehrt, aus ihren Früchten soll ihr Heros entstanden sein. Dies erinnert an die griechische Mythe von der Göttin Daphne, die sich in einen Lorbeerbaum verwandelte (siehe Märchentext S. 194). Tod und Wiederkehr des Gottes Attis wurden später noch in Rom durch einen Baum symbolisiert, eine Pinie oder Tanne aus dem Kybelewald. Volkstümliche Baumbräuche, wie wir sie z. B. vom Maibaum oder vom Weihnachtsbaum her kennen, sind letzte Reste solcher uralten Baumrituale.

Der Baum in der Mythologie

Der *germanische Weltenbaum Yggdrasill,* der uns aus der literarischen Überlieferung der »Edda« bekannt ist, dessen Zweige bis über den Himmel emporragen und dessen drei Wurzeln bis in die Unterwelt hinabreichen, umspannt die gesamte Welt. Der Baum galt auch als *Schicksalsbaum:* Im Dunkel der Erde, an den Wurzeln dieses Baumes, wo gleichzeitig die Weisheitsquelle entspringt, hocken die drei dunklen Frauen, die Nornen, die das Schicksal des Menschen spinnen.

Die Vorstellung vom Weltenbaum war aber keineswegs nur bei den Germanen bekannt. So berichten die ältesten heiligen Schriften der Hindus, die sogenannten »Veden« (2000 v. Chr.) vom *Acvatha-Himmelsbaum,* der als Feigenbaum das ganze Universum darstellt. Seine Wurzeln reichen bis in die Unterwelt und halten den Erdboden fest. Am Fuße des Stammes leben die Menschen. Dort entspringen auch vier Flüsse, die sich in den Ozean ergießen, der die Erdscheibe umfließt. Der Baum wächst bis in den Himmel, dessen Kuppel er stützt. Die Blätter des Baumes sind die Sterne, und die Götter wohnen im Gipfel des Baumes.

In der Nähe Jerichos, der ältesten Stadt der Welt, die schon seit biblischen Zeiten als fruchtbare Oase inmitten von Wüstengebieten beliebter Wohnsitz der Herrschenden war, finden wir noch heute die Ruinen des arabischen Hisham-Palastes (7. Jahrhundert n. Chr.). Ein gut erhaltenes Mosaik stellt einen paradiesischen Granatapfelbaum dar, leichtfüßigen Gazellen Schatten spendend, in dessen reichem und grünem Blattwerk die roten Früchte leuchten, ein Lebensbaum an den Quellen der Oase, inmitten der sengend heißen Wüste.

Die *griechische Mythologie* erzählt von den »Äpfeln der Hesperiden«, den Früchten von dem goldenen Apfelbaum, der das Hochzeitsgeschenk der Mutter Erde an Hera war. Der hundertköpfige Drache Ladon mußte für Hera die kostbaren Früchte des Baumes bewachen, indem er sich als Hüter um den Baum wand; denn Hera hatte bemerkt, daß die Töchter des Atlas, der die himmlische Wölbung auf seinen Schultern trug, die Äpfel geplündert hatten. Alle Paradiese der neolithischen Zeit und der Bronzezeit waren Inseln von Fruchtgärten. Paradies bedeutet »Obstgarten«, »Apfelland«, entsprechend der indogermanischen Sprachwurzel »abol« = Apfel. Der sagenhafte König Arthur fuhr, um Heilung von seinem schweren Leiden zu erhalten, zur Insel Avalon, der geheimnisvollen Insel der Unsterblichen – es ist die Insel der Apfelbäume. Dem Apfel ähnlich ist der Granatapfel, der einerseits Fruchtbarkeit und Liebe symbolisiert, andererseits aus dem Mythos aber auch als Todesfrucht bekannt ist (s. S. 81). Man glaubte, der Granatapfel entstamme dem Blute des Adonis oder Tammuz. Persephone, Tochter der Demeter, wird von Hades zum Genuß eines Granatapfelkerns verführt und muß nun einen Teil des Jahres, den Winter über, bei dem Gott der Unterwelt bleiben. Hera, die in der Frühzeit des griechischen Mythos auch als Todesgöttin galt, wird ebenfalls mit einem Granatapfel in der Hand gezeigt.

Auch im Hohenlied (S. auch S. 203) ist der Apfelbaum Metapher für die Liebenden:

»Wie ein Apfelbaum unter den wilden Bäumen, so ist mein Freund unter den Söhnen. Ich sitze unter dem Schatten, des ich begehre, und seine Frucht ist meiner Kehle süß ... Er erquickt mich mit Blumen und labt mich mit Äpfeln, denn ich bin krank vor Liebe« (Hohelied 2, 3 und 5).

Gemeint ist wahrscheinlich der kretische Apfel – oder die Quitte –, die Liebesfrucht der Aphrodite.

In den alten *irischen* Mythen ist »Quert«, der wilde Apfelbaum, einer der »sieben edlen heiligen Bäume des Hains« der Göttin. Bei Todesstrafe war es verboten, ihn zu fällen. Der Apfelbaum galt als »Baum der Unsterblichkeit«, im »heiligen Dickicht der Apfelbäume« suchte die Göttin in Gestalt einer Hindin Zuflucht. Die Begräbnisinsel »Alyscamps« an der Rhone ist nach der Göttin Alys benannt, etymologisch mit »alisier«, dem Elsbeerbaum, verwandt, der dem Apfelbaum ähnlich ist. Von Ranke-Graves stellt die These auf, daß die »Alyscamps«, die »Elysischen Felder«, die gleiche Bedeutung wie Avalon gehabt hätten, nämlich »Apfelhain«. Somit wäre der Apfelbaum als Paradiesesbaum oder als Baum der Unsterblichkeit, der Baum, der Leben und Tod symbolisierte, schon im *vor*-christlichen Frankreich und Spanien belegt.

Als die biblische Geschichte von Adam und Eva, dem ersten Menschenpaar, nach Westeuropa gelangte, wurde die Frucht vom biblischen Baum der Erkenntnis von Gut und Böse als Apfel aufgefaßt und nicht als Feige, obwohl das Feigenblatt im gleichen Text genannt wird. Im griechischen Mythos galt der Apfel als Liebesfrucht der Aphrodite und als Todesfrucht der Persephone.

Nach einer alten christlichen Legende wurde das Kreuz Christi an der Stelle errichtet, an welcher der Baum der Erkenntnis, der Paradiesesbaum, gestanden haben soll. Der Lebens- und Todesbaum, das christliche Kreuz, kann mit dem Baum der Erkenntnis als Einheit gesehen werden. Viele künstlerische Darstellungen zeigen das Kreuz als Lebensbaum, so etwa das »Hungertuch aus Haiti« (siehe S. 235). In der St. Jones-Cathedral in La Valetta, Malta, sehen wir einen gekreuzigten Christus, kunstvoll gearbeitet aus einem knorrigen Baumstamm mit Ästen, im Tod das Leben symbolisierend.

Auch in Volks- und Brauchtum spielt der Apfelbaum unter allen Bäumen eine besondere Rolle. Der Genuß eines Apfels oder eines Granatapfels verleiht Fruchtbarkeit und gehört zu vielerlei Hochzeitsbräuchen und Praktiken des Liebeszaubers. Bei Krankheit gilt der Apfel als heilend. Der Volksglaube überliefert eine enge Beziehung vom Apfelbaum zum Göttlichen: Man sagt, daß in der Christnacht die Apfelbäume manchmal blühten, daß man den Himmel offen sähe, wenn man sich in dieser Nacht unter einen Apfelbaum stellte.

Viele europäische Volksmärchen haben den Mythos des *heiligen Baumes* in seinen vielfachen Aspekten des Weltenbaumes, des Lebensbaumes, des Schicksalsbaumes, der lebengebend und lebenerhaltend als göttliches Wesen erscheint, weitertradiert und ausgestaltet. Diese Weltenbäume ragen hinein in den Himmel, der Märchenheld vermag die »himmelhohen Bäume« zu erklettern und kann dadurch Weisheit und Glück erringen. Deren Früchte, z. B. goldene Äpfel, Granatäpfel, goldene Zweiglein etc., verleihen dem Märchenhelden Reichtum, Glück und Weisheit, oft auch Unsterblichkeit.

Das Symbol des Baumes im europäischen Volksmärchen

Der Lebensbaum

Im Märchen erscheint der Baum als ebenbürtiges, vitales Lebewesen neben Mensch und Tier, die Metamorphosen zwischen den Seinsstufen Mensch-Tier-Baum sind fließend: Der Baum spricht und handelt. Er ist mit göttlichen und magischen Fähigkeiten ausgestattet, so daß der Mensch bei ihm Hilfe und Schutz findet. Eine alte deutsche Eingangsformel lautet: »Vor Zeiten, als die Beume redten.« Die Priester der griechischen Antike konnten aus dem Rauschen der Zeuseiche (Dordona) die Stimme des Gottes hören. Manche Märchen und Mythen berichten vom »*Urbaum*«, der Mensch und Götter gebar. Myrrha wird von den Göttern in einen Myrrhenbaum verwandelt und gebiert aus dessen Rinde den Adonis. Aus der altgermanischen Überlieferung kennen wir den Mythos der Erschaffung des ersten Menschenpaares aus einer Esche (Mann) und einer Ulme (Frau). Hesiod berichtet von der Erschaffung des dritten ehernen Menschengeschlechts aus einer Esche. Das europäische Volksmärchen kennt viele Varianten zu diesem Schöpfungsmythos: die Geburt eines schönen Mädchens aus einer Frucht, aus einem Bäumchen und umgekehrt die Frau, die einen Zweig gebiert, der sich sodann in ein schönes Mädchen verwandelt.

Im mediterranen Griechenland ist der Paradiesbaum natürlich ein herrlicher Zitronenbaum. Es ist der Lebensbaum, der im ursprünglichen Sinn Leben schafft: In seinen prallen Früchten sind drei schöne Mädchen eingeschlossen, die herausspringen, wenn der Prinz die Früchte durstig aufschneidet. In archaischer Bild-Sprache zeigt dieses griechische Märchen *»Die drei Citronen«* den Kreislauf der Verwandlung von einer Seinsstufe zur anderen: vom Baum zum Menschen, zum Tier, zum Busch und wieder zum Menschen. Die schöne Jungfrau, aus der Zitrone geboren, von der bösen Nebenbuhlerin verfolgt und getötet, wird sozusagen im Tier, dem Goldfischlein, wiedergeboren, ein Knöchelchen der Toten verwandelt sich in das Fischlein. Auch dieses wird getötet, aber aus den Gräten erwächst ein herrlicher Rosenbusch, aus dem im richtigen Moment das Zitronenmädchen schlüpft (Märchentext siehe S. 186).

Das Dolomitenmärchen »*Die Tochter des Baumes*« erzählt von der wunderbaren Geburt eines schönen Mädchens aus einem Bäumchen. Die Mutter hatte, der Weissagung einer rauschenden Bergquelle folgend, sieben Jahre lang täglich ein bestimmtes Bäumchen mit Blumen bekränzt und dann den Stamm des Bäumchens gespalten – ein Mädchen war entstanden.

»An einem ganz klaren Abend, als die Zinnen des Rosengartens feuerrot glühten und die Luft darüber seegrün war, nahm sich die Frau ein Herz, ging nochmals zu dem Bäumchen und hackte in den Stamm hinein. Da schrie das Bäumchen laut auf und fiel in Stücke auseinander. Mitten heraus aber kam ein Püppchen, das war in dünne Tüchlein von silberheller und scharlachroter Farbe gehüllt. Voll Entzücken hob die Frau das Püppchen auf... Die Jahre vergingen. Das kleine Püppchen wuchs heran und wurde allmählich eine schöne Jungfrau. Man nannte sie Borina, weil sie aus einer »bora«, d. h. einem Baumstamme, hervorgegangen war...«

Die Baumfrau ist ein Mensch, sie heiratet und kann Kinder gebären. Jedoch sie bleibt dem Baum wesenhaft verbunden, denn eines ihrer Kinder kehrt in den Baum zurück:

»›Es ist in den hohlen Baum gekrochen!‹ sagte er. Sie gingen zu dem Baume und versuchten, das Kind herauszuziehen. Jedoch der Baum hatte sich geschlossen, und nun hörten sie das Kind mit dünnem Stimmchen singen:
›O, laßt mich da nach meinem Sinn,
ich bin so gern im Baume drin!‹
Da sagte die Frau: ›Ich glaube, das Kind ist gut aufgehoben, es wird in den Baum hineinwachsen und Blatt und Blume werden. Vielleicht war das von Anfang an sein Schicksal.‹«

Das rumänische Märchen »*Der Granatapfelbaum*« erzählt von einem riesigen Baum auf einem hohen Berg, dessen Gipfel noch über den Wolken liegt, dem »Paradies näher als der Erde«. Die Früchte dieses Granatapfelbaumes verleihen Gesundheit: Der schwerkranke Prinz gesundet, als er von der köstlichen Frucht ißt, welche das schöne Mädchen ihm vom himmelhohen Baum gebracht hat. Der Granatapfel ist jedoch auch ein Symbol für Fruchtbarkeit: Das Mädchen, das beim Erklimmen des hohen Himmelsbaumes durstig eine Frucht genossen hat, wird davon schwanger:

> »›Es gibt nur ein Mittel, um deinen Sohn zu heilen: nämlich einen Apfel vom Granatapfelbaum. Aber jemand müßte ihn bringen, bevor der Königssohn einundzwanzig Jahre alt wird, denn bringt er ihn bis dahin nicht, so muß er sterben.‹
> Der König sagte: ›Kann es nicht irgendein beliebiger Granatapfel sein? Und was heißt das, vom Granatapfelbaum? Ist das ein ganz bestimmter Baum, den du meinst?‹
> ›Ja, Majestät‹, sagte der Magier, ›das ist ein Baum, der bis zum Himmel wächst. Und die Früchte sind ganz hoch oben, und bis jetzt ist es niemandem gelungen, dort hinaufzusteigen, weil die meisten Menschen schwindelig werden und abstürzen.‹«

Joana, der Schönen, gelingt es dennoch, den Baum zu besteigen, sie befolgt jedoch nicht alle weisen Ratschläge des Großväterchens:

> »›Du mußt wissen, daß der Gipfel des Baumes hoch über den Wolken liegt, dem Paradies näher als der Erde. Wenn du aber auf dem Gipfel angekommen bist, so wirst du drei Zweige sehen, einen mit Zitronen, einen mit Orangen und einen mit Granatäpfeln. Du wirst von der Mühe des Kletterns viel Durst haben, und deshalb rat ich dir: pflück für dich je eine Zitrone und eine Orange, oder auch mehrere, und iß und trink davon, denn so wird dein Durst gestillt. Achte aber darauf, daß du keinen Granatapfel ißt, du könntest davon schwanger werden.‹«

Die Zauberkraft des Märchenbaumes, auch menschliches Leben hervorbringen zu können, verweist auf die mythologische Vorstellung des Baumes als einer gebärenden, also weiblichen Gottheit. Dazu gehört auch die sinnenfällige Fruchtbarkeit des Baumes. Der Genuß einer süßen, samtweichen, saftigen Frucht ist ein Bild der Sinnlichkeit, eine erotische Metapher. Auch im Volksglauben wird der Granatapfel auf Grund seiner vielen Kerne als ein Symbol der Fruchtbarkeit und Erotik angesehen.

Der Weltenbaum

Dreimal neun Tage braucht der männliche Aschenputtel-Held des Märchens »*Der Wunderbaum*« (Siebenbürgen), um den himmelhohen Baum zu erklettern, der drei Königreiche mit ganzen Städten, Palästen und Feldern umspannt, das kupferne, das silberne und das goldene. Das kupferne und silberne hat er schon durchstreift:

> »Er kehrte schnell zurück zum großen Baum, der reichte noch immer hoch in die Wolken, und es war noch kein Ende zu sehen. ›Da oben muß es noch schöner sein!‹ dachte er und stieg abermals neun Tage aufwärts, und siehe, da war er im Wipfel des Baumes, und es öffnete sich ein weites Feld; und darauf standen lauter goldne Paläste, und hinter den Palästen war ein großer Wald mit goldenen Bäumen, und auf dem höchsten Baum saß ein goldener Hahn; unter dem Hahn war eine Quelle mit flüssigem Golde, die sprudelte immer fort ...«

Als der Held vom Wunderbaum wieder herabsteigt, haben sich Ort und Zeit verändert. Kupfer, Silber und Gold, die wunderkräftigen Gaben des Baumes, weiß er zunächst nicht zu schätzen. Unwissend führt er eine Aschenputtelexistenz und verhüllt seine mit Kupfer überzogenen Füße, seine silbernen Hände und seine goldenen Haare. Das kupferne, silberne und goldene Zweiglein jedoch weisen ihm im richtigen Augenblick den Weg zur Prinzessin auf dem geheimnisvollen Glasberg.

In diesem und anderen europäischen Märchen ist der Glasberg ein steiler, glatter und unbesteigbarer Berg. Im Althochdeutschen hat das Wort »glas« die Bedeutung von Bernstein. Etymologisch hängt das Wort »glas« mit den Wörtern »glast, glanz, gleißen, glitzern, glosten« zusammen, der Glasberg ist also der gleißende, glitzernde Berg. Aus dem germanischen Altertum sind uns mehrere mythische Orte überliefert, die von »glas« abgeleitet sind: so »Glaesisvellir«, das Totenreich, »Glasislund«, der Glaswald, dessen Bäume goldene Blätter haben und der vor Walhall, der Totenhalle, liegt; ebenso »Glesaria«, die Bernsteininsel, die der »Apfelinsel« oder »Avalon« im keltischen Mythos der Insel der Seligen, der Toteninsel, entspricht. Schon Jacob Grimm weist darauf hin, daß der Glasberg im Märchen ein Totenberg ist. Das Erklettern des dreistufigen Weltenbaumes – die Neunzahl bedeutet eine Steigerung der Dreizahl – findet seinen Höhepunkt in der Bezwingung des Glasberges. Die Steigerung der Metalle Kupfer – Silber – Gold symbolisiert die Läuterung des Helden im Leben und im Tod. Das Bild des Glasberges weist uns auf eine alte Vorstellung der Seelenreise hin. So ist der »Wunderbaum« ein Weltenbaum, der Diesseitigkeit und Jenseitigkeit umfaßt.

Metalle und Edelsteine sind im Märchen immer Metaphern für Glück und Selbstfindung, aber auch für die unterschiedlichen Formen des Glanzes der Sterne, des Mondes und der Sonne, Abbilder des göttlichen Glanzes. Hier findet sich eine Entsprechung zu dem weiblichen Aschenputtel: Aschenputtel erhält auf dem Grab der Mutter (also auch aus dem Jenseitsbereich!) ein Sternen-, Mond- und Sonnenkleid und kann damit den Geliebten gewinnen, d. h. zum Glück finden. Das Erklettern des Weltenbaumes und des Glasberges ist auch ein Bild für den langen und mühevollen Weg des Menschen, bis er Weisheit und Liebe erfährt (Märchentext s. S. 189).

Der Schicksalsbaum

Orakelbäume waren schon in der Antike berühmt. Alexander der Große läßt sich sein Schicksal von weissagenden Bäumen deuten: Der »Sonnenbaum« und der »Mondbaum« haben ihm den baldigen Tod geweissagt. So kennt auch das Volksmärchen den Schicksalsbaum.

Urväterchen-Alleswiß kann aus den fallenden Blättern eines Apfelbaums das Schicksal lesen. In dem rumänischen Märchen »*Der Kaiser mit den drei Frauen*« verwandelt sich der Apfelbaum in einen Schicksalsbaum:

> »›Siehst du jenen Apfelbaum dort mitten auf der Wiese? Dreimal wachsen die Blätter an ihm, und dreimal fallen sie im Winde wieder herab. Wenn die Blätter fallen, schaue ich nach ihnen hin und weissage aus ihnen das Schicksal der Menschen.‹ ... Der Apfelbaum fing an zu treiben und zu sprossen, und die Blätter kamen hervor, grünten und verwelkten.

Da kam ein flinker, flinker Wind, ein rasches Lüftchen, und auf einmal brachen die Blätter ab und fielen von den Zweigen. Der Alte betrachtete sie und fand das Schicksal.«

Eine enge magische Verbindung verknüpft Mensch und Baum. Volksbrauchtum und auch das Volksmärchen wissen davon, daß der bei der Geburt gepflanzte Baum eng mit dem Schicksal des Kindes verbunden ist. Viele Volkserzählungen berichten davon, daß der blühende Baum Gesundheit, der verdorrte Baum aber Krankheit und Tod bedeutet.

Das ostpreußische Märchen »*Die Lebensbäume*« berichtet von dem geheimen Ort, an dem die Lebensbäume der einzelnen Menschen wachsen:

»›Ich weiß, wo eure Lebensbäume stehen, und will dich hinführen, du mußt dir aber die Augen verbinden lassen und nie mehr den Weg finden, sonst ist es dein früher Tod. ... Das ist der Lebensbaum deiner Mutter, siehst du die Schlange an der Wurzel herumkriechen? Nimm einen Stein und zertrümmre ihr den Kopf, dann wird die Mutter genesen.‹«

Dies befolgt der Knabe, und die Mutter wird wieder gesund.

In dem Märchen »*Die zwei Brüder*« stoßen die Brüder zum Abschied ein blankes Messer in den Baumstamm, das ihnen ihr Schicksal künden wird.

»›Wann ihr euch einmal trennt, so stoßt dies Messer am Scheideweg in einen Baum, daran kann einer, wenn er zurückkommt, sehen, wie es seinem abwesenden Bruder ergangen ist, denn die Seite, nach welcher dieser ausgezogen ist, rostet, wenn er stirbt, solange er aber lebt, bleibt sie blank‹« (KHM Nr. 60).

Der orientalisch-arabische Schicksalsbaum ist die Dattelpalme, die mit ihren köstlich süßen Früchten auch inmitten von Wüstengebieten an den Quellen einer Oase gedeiht. Jericho, die uralte biblische Oasenstadt in der Wüste, wird seit Menschengedenken die Stadt der Dattelpalme genannt.

Der Derwisch des arabischen Märchens »*Der blaue Palmbaum*«, der mit seinem Schicksal hadert, wird von einer schönen Fee in einen paradiesischen Garten geführt, in dessen Mitte an zwei Wasserströmen ein blauer Palmbaum wächst, der von sinnlicher Schönheit ist. Drei Dattelfrüchte mit goldenem Kern sind ihm vom Schicksal zugeteilt, die anderen Früchte darf er nicht pflücken. Gleich dem biblischen Baum der Erkenntnis wächst die Märchen-Dattelpalme in einem Garten, der von Strömen bewässert wird. Das Pflücken der verführerischen Frucht wird mit dem Tode bestraft (Gen. 2,8–18).

»Wenn du zum blauen Palmbaum kommst, so brich drei Datteln und nimm sie mit dir, ohne die übrigen zu berühren! Denn diese drei sind schon genug und bringen, wenn du sie pflanzst, in einem einzigen Tage drei große, blaue Bäume mit ebensolchen Früchten hervor. Merke, was ich dir sage; mehr als drei sind dir nicht beschieden! ...

Als ich mich dem Garten näherte, wehte mir von den Blumen und Früchten ein so süßer, lieblicher Geruch entgegen, daß ich bei jedem Schritte verweilte und die gewürzreiche Luft mit vollen Zügen einatmete ...

Doch alle Schönheiten verschwanden aus meinen Augen, als ich den blauen Palmbaum erblickte. Sein Stamm funkelte wie köstlicher Lasurstein von Samarkand, mit einem feinen Gewebe goldener Adern. Seine langen Blätter strahlten wie der reinste Saphir im Sonnenlicht, und seine Früchte! ... Es war, als ob ein heimliches Feuer von ihnen ausginge, das mein Herz mit Verlangen entzündete. Meine Lippen brannten nach ihrem Genuß ...«

Nach dem Genuß der wunderbaren Datteln stürzen sich blutgierige Löwen auf den Derwisch, nur die gütige Fee mit dem blauen Palmzweig kann ihn vom sicheren Tode erretten, er muß jedoch als armer Derwisch weiterleben.

Die Baummutter – der matriarchale Aspekt

Im Volksbrauch gilt der Baum auch als Sitz der Seele, d. h., die Seele des Verstorbenen wohnt im Baum, der auf dem Grab gepflanzt wurde. In vielen Märchen wird diese Vorstellung erzählerisch ausgemalt. Insbesondere in vielen Varianten des auf der ganzen Welt verbreiteten Aschenputtelmärchens erfährt Aschenputtel Hilfe von der toten Mutter durch den Baum, der selbsttätig Kleider, Gold oder auch Essen spendet, um dem Mädchen aus seiner Not zu helfen. Der Baum hilft und spendet Gutes durch die Seele der Mutter, die sich *im* Baum befindet oder die der Baum *selbst* ist.

Die Baummutter – der matriarchale Aspekt

»Als nun niemand mehr daheim war, ging Aschenputtel zu seiner Mutter Grab unter den Haselbaum und rief:
›Bäumchen, rüttel dich und schüttel dich,
wirf Gold und Silber über mich.‹
Da warf ihm der Vogel ein golden und silbern Kleid herunter ...«

Im Volksglauben vieler Völker ist der Haselstrauch ein besonderer Baum, bei den alten Iren wurde er als Baum der Weisheit verehrt. Der Haselstrauch gehörte zu den sieben heiligen Bäumen der Göttin. Das Fällen der heiligen Bäume, auch der Apfelbaum gehörte dazu, war unter Todesstrafe verboten.

Der Seinswechsel zwischen Tier, Mensch und Baum geht in der bildkräftigen Sprache des Märchens geradezu mühelos vonstatten. Die archaische Muttergestalt in der Symbolfigur der Erdkuh aus dem alten deutschen Märchen *»Das Erdkühlein«* (siehe Kapitel »Erde«, S. 38) kann auch in der Seinsform eines Apfelbaumes in das Märchengeschehen eingreifen. Die Baummutter bewegt ihre Äste wie ein Mensch seine Arme und reicht im richtigen Moment die kostbaren, heilenden Äpfel herab.

»Nun begab es sich einmal, daß ein mächtiger Herr vorbeiritt, dieser führte seinen Sohn mit sich, der das Fieber hatte. Und als der Sohn die schönen Äpfel sah, sprach er: ›Mein Vater, lasset mir Äpfel bringen von diesem Baum! Mir ist, ich würde gesund davon werden.‹ So befahl der Herr, man sollte ihm Äpfel bringen, er wollte sie teuer bezahlen.
Die ältere Tochter ging als erste zum Baum und wollte Äpfel davon brechen. Da zogen sich die Äste allesamt in die Höhe, so daß sie keinen erreichen konnte ... Zuletzt ging Margarete zum Baum, um Äpfel zu brechen. Zu ihr neigten sich die Äste und ließen sie willig Äpfel abbrechen ...
Als der Herr dies alles gehört hatte, fragte er die Jungfrau, ob sie ihm folgen wolle. Da willigte das gute Mädchen freudig ein, grub ihren Baum aus und setzte sich zusammen mit ihrem Vater auf den Wagen zu dem Herrn.«

Ein wundersamer Grabbaum wächst auch aus dem Grab der Ziege in dem Grimmschen Märchen *»Einäuglein, Zweiäuglein und Dreiäuglein«* (KHM Nr. 130). Die Ziege, in diesem Märchen ein Muttersymbol, versorgt das verstoßene Zweiäuglein, das eine Aschenputtelexistenz führen muß, mit Nahrung und

Kleidung, bis die bösen Stiefschwestern das Geheimnis erlauschen und die Ziege schlachten. Zweiäuglein vergräbt auf Anraten einer weisen Frau die Eingeweide der Ziege in der Erde.

»Am anderen Morgen, als sie insgesamt erwachten und vor die Haustüre traten, so stand da ein wunderbar prächtiger Baum, der hatte Blätter von Silber, und Früchte von Gold hingen dazwischen, daß wohl nichts Schöneres und Köstlicheres auf der weiten Welt war.«

Immer wieder finden wir im Volksmärchen den alten Mythos der *Baum-Mutter,* die Leben gibt und erhält. Der Baum ist aber auch der Grabbaum, der Schicksalsbaum und der Lebensbaum. Das Mütterliche des Baumes ist gleichzeitig göttlich, weil dem Jenseitigen zugeordnet.

Der Baum als Schutz und Zuflucht

Der magische Baum ist im Märchen oft auch Zufluchtsort für die Märchenheldin, die in Not ist. Der Baum öffnet sich, bietet Schutz und Wärme (s. S. 236), er spendet Nahrung, Kleidung und Gold. Marienkind, Allerleirauh und Aschenputtel flüchten zum hohlen Baum im Wald. In dem Märchen der Brüder Grimm »*Die Alte im Wald*« (KHM Nr. 123) (Märchentext siehe S. 196) bringt ein weißes Täubchen dem armen Mädchen ein Schlüsselchen, mit dem es einen großen Baum im Walde aufschließen kann. Darin findet es wunderbarerweise Milch und Brot, ein Bett und Kleider. Im Mythos gebiert der mütterliche Baum den Heros, im oben genannten Märchen tritt aus dem mütterlichen Baum der Prinz, der das Mädchen rettet.

In dem rumänischen Märchen »*Daphne*« flieht die hübsche Tochter vor der ödipalen Liebe des Vaters und ruft in ihrer Not die tote Mutter an: »Mutter, hilf mir, verwandle mich in einen Lorbeerbaum!« Diesem Märchen liegt der griechische Mythos von Daphne, einer Priesterin der Erdmutter, zugrunde, die vor der begehrlichen Liebe Apollons floh (s. S. 223); die Erdmutter ließ an ihrer Statt einen prächtigen Lorbeerbaum wachsen (Märchentext S. 194).

Der Baum als Schutz und Zuflucht

Ein alttürkisches Nomadenmärchen »*Der Zedernbaum*« schildert das Wunder der Entstehung einer weiblichen Gestalt aus einem Stück geschnitzten Holzes und berichtet, wie diese vor drei Männern zurück zu dem Zedernbaum flieht und in ihm verschwindet:

> »Völlig gebannt durch dieses Geschehen, ohne Denken und Wollen, folgten die drei Männer dem Weg der hölzernen Frau, gleich ihr hingehend zu dem großen, dem wunderbar starken Zedernbaum, der hier auf den Höhen der Berge Wache hielt über die Weite und Stille. ... Der Stamm öffnete sich, und die hölzerne Frau setzte einen Fuß in die entstandene Öffnung hinein, doch im Eintreten wandte sie den Kopf und lächelte zu dem hin, der sie bildend geschaffen ...«

In der Sprache dieses Märchens erkennt man die Metaphorik der israelitischen Weisheitstheologie wieder, die Weisheit erscheint in der Gestalt einer Zweiggöttin (siehe S. 207):

> »Ich bin hoch gewachsen wie eine Zeder auf dem Libanon« (Jesus Sirach 24,17).

In vielen Variationen erscheint in den Märchen das mythische Bild der Baumgöttin. Der Baum ist die alte Muttergöttin selbst und deshalb heilig und weise. Der Baum trägt weiblichen Elementarcharakter, er ist Symbol für das Leben und den Tod, für Himmel und Welt; und so wächst im Märchen der Lebensbaum, der Weltenbaum, der Schicksalsbaum, aber immer ist er eine Inkarnation der Göttin in ihren vielen Figurationen.

Texte

Die drei Citronen
Griechisches Märchen
Es lebte einmal und zu einer gewissen Zeit ein König, der hatte einen sehr schönen Sohn. Dieser ging eines Tages auf die Jagd, und als er so durch Wälder und über Berge schweifte, gelangte er an einen Garten und war eben in Begriff hineinzugehen, doch da besann er sich plötzlich anders, denn er gewahrte viele wilde Thiere, welche unter einem Citronenbaume lagen und brüllten. Der Citronenbaum stand in der Mitte des Gartens, und an ihm hingen drei goldne Früchte, während seine Blätter verwelkt waren. Betrübt darüber, dass er die Citronen nicht bekommen konnte, kehrte der Jüngling wieder um. Auf dem Heimweg begegnete er einem Mönche, welcher seine Traurigkeit bemerkte und zu ihm sagte:
›Was weinst du denn und härmest dich,
Mein liebes, gutes Söhnlein?
Bist wohl bergauf bergab gestreift
Und nun erschöpft vom Hunger?‹
›Nein,‹ antwortete der Königssohn,
›Doch einen Garten sah ich, der
In goldnen Früchten prangte,
Und hält die Wacht ein grimm'ger Leu,
Dass mir im Herzen bangte.‹
›Fürchte dich nur nicht,‹ versetzte darauf der Mönch, ›ich bin der Gärtner dieses Gartens, und wenn du die goldnen Citronen abzuschneiden wünschest, so will ich dir sagen, wie du das anfangen musst. Höre mich an! Nimm recht viel Fleisch mit dir und wirf es dem Löwen und den übrigen wilden Thieren vor, da werden sie dich die Citronen nehmen lassen.‹ Der Jüngling küßte hierauf dem Mönche dankend die Hand und kehrte heim.

Am andern Morgen aber stand er frühzeitig auf, versah sich mit Fleisch, wanderte wieder nach dem Garten, fütterte die wilden Thiere, schnitt, ohne von ihnen belästigt zu werden, die drei goldnen Citronen ab, steckte sie in seine Tasche und trat dann wieder den Rückweg an. Als er so dahin zog, ward er sehr durstig, und er beschloss die eine der drei Citronen aufzuschneiden, um durch ihren Saft sich zu erfrischen. Wie er aber schnitt, da sprang auf einmal eine schöne Jungfrau aus der Frucht heraus: die bat ihn um Wasser, und da er nicht im Stande war, ihr welches zu geben, hauchte sie sofort ihr Leben aus. Sehr betrübt über diesen Vorfall zog der Jüngling seines Weges weiter.

Da der Durst ihn fortwährend quälte, so schnitt er auch die zweite Citrone auf, und da ging's ihm ebenso, nur war das Mädchen, das heraussprang und dann verschied, noch schöner als das erste. Er beschloß nun die dritte Citrone so lange aufzuheben, bis er an eine Quelle mit Wasser käme. Als er endlich eine solche fand, schnitt er auch die dritte Citrone auf, und mit einem Male sprang ein wunderschönes Mädchen heraus, dessen Schönheit die Sonne verdunkelte. Da schöpfte der Königssohn eilig Wasser aus der Quelle, besprengte die Jungfrau damit und erhielt sie auf diese Weise am Leben. Schnell war sein Entschluss gefaßt, sie zur Frau zu nehmen.

Als er ihr aber diese Absicht mittheilte, sprach sie: ›Nein, geh erst allein nach Hause und erzähle deinen Eltern die Sache, mich aber lass einstweilen hier oben auf diesem Maulbeerbaum, dann komm zurück und hole mich ab. Aber sieh dich vor, daß deine Mutter dich nicht küsse, denn sonst wirst du mich vergessen.‹ Also hob sie der Königssohn auf den an der Quelle stehenden Maulbeerbaum und nahm unter Thränen von ihr Abschied.

Er hatte sich noch nicht eine Viertelstunde weit entfernt, als eine Mohrin (s. Anm. S. 189), die von ihrer Herrin abgeschickt war, um Wasser zu holen, an die Quelle kam. Als diese im Wasser den Schatten des Mädchens erblickte, das auf dem Baume saß, vermeinte sie ihr eigenes Bild zu schauen und rief aus:

›Ei sieh, wie wunderschön bin ich!
Und Wasser holen heisst man mich!‹

Dabei warf sie ihren Krug zu Boden, dass er zerbrach, und kehrte nach Hause zurück. Und hier sagte sie das nämliche zu ihrer Herrin, der Lámnissa. Die schalt das Mohrenmädchen (s. Anm. S. 189) aus, machte sich aber dann selbst – denn sie merkte wohl, wie die Sache sich verhalten mochte – auf den Weg nach der Quelle. Dort angekommen gewahrte sie, als sie in die Höhe blickte, die Jungfrau auf dem Baume und sprach zu ihr: ›Steig herunter, dass ich dich fresse.‹ Jene aber antwortete: ›Geh nach Hause, knete den Teig, backe und dann komm zurück, mich zu fressen.‹ Da ging die Lámnissa wieder nach Hause, buk in aller Eile Brod und kehrte dann zurück, um das Mädchen zu fressen. Nachdem sie es vorher noch genötigt hatte, ihr seine ganze Geschichte zu erzählen, frass sie es. Während ihrer Mahlzeit aber fiel, ohne daß sie's merkte, ein kleines Knöchelchen ins Wasser und verwandelte sich sofort in ein Goldfischchen. Nachdem nun die Lámnissa das Mädchen aufgefressen hatte, setzte sie an seiner Statt sich selber auf den Maulbeerbaum.

Verlassen wir jetzt die Lámnissa, und wenden wir uns zum Königssohn! Der gelangte zu Hause an und hütete sich wohl davor, dass seine Mutter ihn küsste. Als er aber eben im Begriff war, sein ganzes Erlebnis seinem Vater zu erzählen, versank er, ermüdet wie er war von dem weiten Wege, in Schlaf, und während des Schlafes küsste ihn seine Mutter. Als er dann am andern Morgen erwachte, da hatte er alle Erinnerung an die Geliebte verloren. So verstrichen sechs Monate.

Da zog er eines Tags mit grossem Gefolge zu Pferd auf die Jagd und kam auf seinem Wege zufällig an den Maulbeerbaum, auf dem die Lámnissa sass. Als diese den Königssohn erblickte, stieg sie sofort vom Baum herunter und erzählte ihm alles, was geschehen war, indem sie sich selbst für das von ihm verlassene Mädchen ausgab. Jetzt kam ihm wieder die Erinnerung an das frühere Erlebnis, und obwohl ihm die grosse Veränderung der Geliebten auffiel, so nahm er doch an, daß die Sonne das bewirkt habe, fiel der Lámnissa zu Füßen, bat sie um Verzeihung, hob sie auf ein Pferd und brachte sie nach Hause. Noch am selbigen Abend liess er sich mit ihr unter großer Feierlichkeit trauen. Er hatte aber auch das Goldfischchen mitgenommen und behielt es in seinem Zimmer, denn er liebte es sehr. Da fasste Lámnissa Verdacht gegen das Fischchen und war sehr eifersüchtig darauf. Sie sann und sann, wie sie es wohl tödten könnte. Sie stellte sich also krank und bestach den Arzt, der musste aussagen, dass die Prinzessin nicht genesen könnte, wenn sie nicht das Goldfischchen zu essen bekäme. Der Königssohn hörte das zu seiner großen Betrübniss, allein da es sich um die Gesundheit seiner Gemahlin handelte, so gab er seine Einwilligung dazu.

Man schlachtete also das Fischchen, briet es und gab es der Kranken. Sobald diese es verzehrt hatte, fühlte sie sich wohler, und nach wenigen Tagen verliess sie das Bett. Die Gräten des Goldfischchens aber, die man in den nahen Garten der alten Wäscherin des Schlosses geworfen hatte, gingen hier auf als ein schöner Rosenstrauch, und daran blühte eine prächtige Rose. Eines Tages, als die Alte die Wäsche ins Schloss tragen wollte, kam sie auf den Gedanken, auch die Rose mitzunehmen, für welche sie ein paar Heller zu lösen hoffte.

Aber in dem Augenblicke, da sie dieselbe schnitt, sprang ein liebliches Mädchen aus dem Rosenstrauch heraus und sprach zu der erschrockenen Alten: ›Fürchte dich nicht, liebes Mütterchen, ich bin kein böses Mädchen. Sage aber ja niemandem, dass ich bei dir bin. Sieh, ich war einst eine Königstochter, nach meiner Geburt kamen meine Moeren und theilten mir das Los zu, dass ich das beste und schönste Mädchen von der Welt sein sollte. Aber als sie darauf wieder die Treppe unseres Hauses hinabstiegen, strauchelte die älteste von ihnen und fiel hin. Darüber erzürnten sie, kehrten wieder um und sprachen zu mir: was sie mir einmal zugetheilt, das sollte ich zwar behalten, aber sobald ich das dreizehnte Jahr erreicht, sollte ich in eine Citrone verwandelt werden und in diesem Zustande so lange bleiben, bis jemand käme und mich erlöste. Da fand sich der Sohn des Königs hier: der befreite mich und erwählte mich zu seinem Weibe.‹

Nachdem die Jungfrau hierauf ihr weiteres Geschick erzählt, wie sie von der Lámnissa, der jetzigen Frau ihres Geliebten, gefressen, wie sie dann in ein Goldfischchen und hierauf in den Rosenstrauch verwandelt worden war, sprach sie zu der Alten: ›Trage jetzt deine Wäsche ins Schloss und nimm auch dieses Körbchen voll Rosen für den Königssohn mit. Doch sage ihm nichts von mir. Den Dienst aber, den du mir erweisest, will ich dir schon lohnen.‹ In diesem Körbchen befand sich unter den Rosen auch der Ring, den das Mädchen einst vom Königssohn erhalten hatte.

Die Wäscherin besorgte den Auftrag, und als der Königssohn die Rosen aus dem Körbchen nahm, fand er auch den Ring. Da schöpfte er gleich Verdacht und sagte zur Alten, er werde am folgenden Tage sie besuchen, um etwas heimlich mit ihr zu besprechen. Freudig kehrte die Alte heim und überbrachte diese Botschaft dem Mädchen. Am nächsten Tage kam der Königssohn ganz allein in der Alten Wohnung, und da sagte diese zu ihm:
›Zeig ich dir die Geliebte dein,
Wirst du sie wiederkennen,
Sie, die dein Weib, die Lámnissa,
Durch deine Schuld gefressen?‹
Nun führte sie rasch die Jungfrau vor ihn, und nachdem diese ihrem Geliebten alles erzählt, fiel er unter Thränen ihr zu Füssen, bat sie um Verzeihung und versprach ihr, daß er ihr Blut rächen werde. Hierauf brachte er sie sammt der Alten heimlich ins Schloss. Am andern Tage aber veranstaltete er ein grosses Gastmahl, zu welchem viele Herren und Frauen geladen waren, und unter den ersten viele Rechtskundige. Er lenkte das Gespräch auf Verbrechen und Strafen; und nachdem er sich lange über diesen Gegenstand mit seinen Gästen unterhalten hatte, wandte er sich an seine Gattin mit der Frage: ›Was für eine Strafe, meinst du wohl, soll ich über ein Weib verhängen, welches ein anderes gefressen hat?‹ Die Lámnissa stellte sich sehr entrüstet und erwiderte: ›Es soll in Stücke gerissen werden.‹ Da sprach der Königssohn: ›Du bist dieses Weib und sollst jetzt die Strafe erleiden, die du selber vorgeschlagen.‹

Nun führte er rasch seine Geliebte mit der alten Wäscherin herein und erzählte allen Anwesenden das Geschehene. Hierauf gab er den Befehl, die Lámnissa an vier trunken gemachte Rosse anzubinden, um von ihnen in Stücke gerissen zu werden. Nachdem dies geschehen, liess er sich mit seiner Geliebten trauen. Sein Vater zog sich jetzt zurück und überliess ihm seine Krone. Die alte Wäscherin aber ward wie die Mutter der jungen Königin betrachtet, und der Vater derselben legte, nachdem er alles erfahren, die Trauerkleider ab, öffnete sein Haus wieder und eilte dann in die Arme seiner Tochter, welcher er seine eigene Krone noch dazu gab.

Die Autorin distanziert sich von der diskriminierenden Bezeichnung »Mohrin« bzw. »Mohrenmädchen«, beläßt aber den Begriff im Text, um den Originalwortlaut des Märchens zu wahren.

Der Wunderbaum
Märchen aus Siebenbürgen

Der Hirtenknabe – ob er gerade der Sohn des armen Mannes war, den unser Herr Christus und Petrus gesegnet hatte, weiß ich nicht – erblickte eines Tages, als er die Schafe weidete, auf dem Felde einen Baum, der war so schön und groß, daß er lange Zeit voll Verwunderung dastand und ihn ansah. Aber die Lust trieb ihn hinzugehen und hinaufzusteigen; das wurde ihm auch sehr leicht, denn an dem Baume standen die Zweige hervor wie Sprossen an einer Leiter. Er zog seine Schuhe aus und stieg und stieg in einem fort neun Tage lang. Siehe, da kam er nur einmal in ein weites Feld, da waren viele Paläste von lauter Kupfer, und hinter den Palästen war ein großer Wald mit kupfernen Bäumen, und auf dem höchsten Baume saß ein kupferner Hahn; unter dem Baume war eine Quelle von flüssigem Kupfer, die sprudelte immerfort, und das war das einzige Getöse; sonst schien alles wie tot, und niemand war zu sehen, und nichts regte und rührte sich.

Als der Knabe alles gesehen, brach er sich ein Zweiglein von einem Baum, und weil seine Füße vom langen Steigen müde waren, wollte er sie in der Quelle erfrischen. Er tauchte sie ein, und wie er sie herauszog, so waren sie mit blankem Kupfer überzogen; er kehrte schnell zurück zum großen Baum; der reichte aber noch hoch in die Wolken, und kein Ende war zu sehen. »Da oben muß es noch schöner sein!« dachte er und stieg nun abermals neun Tage aufwärts, ohne daß er müde wurde, und siehe da kam er in ein offenes Feld, da waren auch viele Paläste, aber von lauter Silber, und hinter den Palästen war ein großer Wald mit silbernen Bäumen, und auf dem höchsten Baum saß ein silberner Hahn; unter dem Baum war eine Quelle mit flüssigem Silber, die sprudelte immerfort, und das war das einzige Getöse, sonst lag alles wie tot, und niemand war zu sehen, und nichts regte und rührte sich.

Als aber der Knabe alles gesehen hatte, brach er sich ein Zweiglein von einem Baum und wollte sich aus der Quelle die Hände waschen; wie er sie aber herauszog, waren sie von blinkendem Silber überzogen. Er kehrte schnell zurück zum großen Baum, der reichte noch immer hoch in die Wolken, und es war noch kein Ende zu sehen. »Da oben muß es noch schöner sein!« dachte er und stieg abermals neun Tage aufwärts, und siehe, da war er im Wipfel des Baumes, und es öffnete sich ein weites Feld; darauf standen lauter goldne Paläste, und hinter den Palästen war ein großer Wald mit goldnen Bäumen, und auf dem höchsten Baum saß ein goldner Hahn, unter dem Hahn war eine Quelle mit flüssigem Gold, die sprudelte immerfort, und das war das einzige Getöse; sonst lag alles wie tot, und niemand war zu sehen, und nichts regte und rührte sich.

Als der Knabe alles gesehen hatte, brach er ein Zweiglein von einem Baum, nahm seinen Hut ab, bückte sich über die Quelle und ließ seine Haare ins sprudelnde Gold hineinfallen. Als er sie aber herauszog, waren sie übergoldet. Er setzte seinen Hut auf, und wie er alles gesehen hatte, kehrte er zurück zum großen Baum und stieg nun in einem fort wieder hinunter und wurde gar nicht müde. Als er auf der Erde angelangt war, zog er seine Schuhe an und suchte seine Schafe; doch er sah von ihnen keine Spur. In weiter Ferne aber erblickte er eine große Stadt; jetzt merkte er, daß er in einem andern Lande sei. Was war zu tun? Er entschloß sich, hinunterzugehen und sich dort einen Dienst zu suchen. Zuvor jedoch versteckte er die drei Zweiglein in seinen Mantel, und aus dem Zipfel desselben machte er sich Handschuhe, um seine silbrigen Hände zu verbergen.

Als er in der Stadt ankam, suchte der Koch des Königs gerade einen Küchenjungen und konnte keinen finden; indem kam ihm der Knabe zu Gesicht. Er fragte ihn, ob er um guten Lohn Dienste bei ihm nehmen wolle. Der Junge war das zufrieden unter einer Bedingung: er solle den Hut, den Mantel, die Handschuhe und die Stiefel nie ablegen müssen, denn er habe einen bösen Grind und müßte sich schämen. Das war dem Koch nicht ganz recht; allein weil er sonst niemanden bekommen konnte, mußte er einwilligen. Er dachte sich: »Du kannst ihn ja immer nur in der Küche verwenden, daß niemand ihn sieht.« Das währte so eine Zeitlang. Der Junge war sehr fleißig und tat alle Geschäfte, die ihm der Koch auftrug, so pünktlich, daß ihn dieser sehr liebgewann. Da geschah es, daß wieder einmal Ritter und Grafen erschienen waren, die es unternehmen wollten, auf den Glasberg zu steigen, um der schönen Tochter des Königs, die oben saß, die Hand zu reichen und sie dadurch zu erwerben. Viele hatten es bisher vergebens versucht; sie waren alle noch weit vom Ziele ausgeglitscht und hatten zum Teil den Hals gebrochen. Der Küchenjunge bat den Koch, daß er ihm erlauben möchte, von ferne zuzusehen. Der Koch wollte es ihm nicht abschlagen, weil er so treu und fleißig war, und sagte nur: »Du sollst dich aber versteckt halten, daß man dich nicht sieht!« Das versprach der Junge und eilte in die Nähe des Glasberges.

Da standen schon die Ritter und Grafen in voller Rüstung mit Eisenschuhen, und sie fingen bald an, der Reihe nach hinaufzusteigen; allein keiner gelangte auch nur bis in die Mitte, sie stürzten alle herab, und manche blieben tot liegen. Nun dachte der Knabe bei sich: »Wie wäre es, wenn du auch versuchtest?« Er legte sogleich Hut und Mantel und Handschuhe ab, zog seine Stiefel aus und nahm den kupfernen Zweig in die Hand, und ehe ihn jemand bemerkt hatte, war er durch die Menge gedrungen und stand am Berge; die Ritter und Grafen wichen zurück und sahen und staunten; der Knabe aber schritt sogleich den Berg hinan ohne Furcht, und das Glas gab unter seinen Füßen nach wie Wachs und ließ ihn nicht ausgleiten.

Als er nun oben war, reichte er der Königstochter demütig das kupferne Zweiglein, kehrte darauf sogleich um, stieg hinab, fest und sicher, und ehe sich's die Menge versah, war er verschwunden. Er eilte in sein Versteck, legte seine Sachen an und war schnell in der Küche. Bald kam auch der Koch und erzählte seinem Jungen die Wunderdinge von dem schönen Jüngling mit den kupfernen Füßen, den silbernen Händen und den goldenen Haaren, und wie er den Glasberg erstiegen und ein kupfernes Zweiglein der Königstochter gereicht habe und wie er dann wieder verschwunden sei; dann fragte er den Jungen, ob er das auch gesehen habe. Der Junge sagte: »Nein, das habe ich nicht gesehen, das war ich ja selbst!«

Aber der Koch lachte über den dummen Einfall und erwiderte im Scherz: »Na, da müßte ich dann ein großer Herr werden!«

Am andern Tage wollten es mehrere Ritter und Grafen wieder versuchen und versammelten sich vor dem Glasberg. Der Junge bat den Koch abermals, er möchte ihm erlauben, aus der Ferne zuzusehen. Der Koch konnte es ihm nicht abschlagen und sagte nur: »Du sollst dich aber versteckt halten, daß niemand dich sieht!« Das versprach der Junge und eilte an seinen gestrigen Platz. Die Ritter fingen an hinaufzusteigen, allein vergebens: sie stürzten alle herab, und mehrere blieben tot. Der Junge zögerte nicht länger und versuchte es zum zweitenmal. Er hatte schnell seine Kleider abgelegt; er nahm das silberne Zweiglein und schritt, ehe man es merken konnte, woher er kam, durch die Menge, und alles wich vor ihm zurück, und er ging ruhig und sicher den Glasberg hinan, und das Glas gab nach wie Wachs und zeigte die Spuren, und wie er oben war, überreichte er demütig der Königstochter das Zweiglein; gerne hätte sie auch seine Hand gefaßt; er aber kehrte gleich zurück und schritt hinab und war in der Menge auf einmal verschwunden. Er warf seine Kleider um und eilte nach Hause. Bald kam auch der Koch und erzählte wieder von den Wunderdingen, von dem schönen Jüngling mit den kupfernen Füßen, den silbernen Händen, den goldenen Haaren und wie er hinangestiegen, der Königstochter ein silbernes Zweiglein gereicht, wie er herabgekommen und verschwunden sei. Er fragte seinen Jungen, ob er das nicht gesehen. Der Junge sagte: »Nein, das habe ich nicht gesehen, das war ich selbst!« Der Koch lachte wieder recht herzlich und sagte im Scherz: »Da müßte ich auch ein großer Herr werden!«

Am dritten Tage wollten es einige Ritter und Grafen noch einmal versuchen und versammelten sich vor dem Glasberg. Der Junge bat den Koch wieder, er möchte ihm erlauben, aus der Ferne zuzusehen. Der Koch wollte ihm's nicht abschlagen und sagte nur: »Du sollst dich aber versteckt halten, daß niemand dich sieht!« Das versprach der Junge und eilte sogleich an seinen Platz. Die Ritter und Grafen versuchten's, aber umsonst; sie stürzten alle herab, und mehrere blieben tot liegen. Der Knabe dachte: »Noch einmal willst du es auch versuchen«; er warf seine Kleider von sich, nahm das goldene Zweiglein und eilte, noch ehe man's merken konnte, woher er kam, durch die Menge bis zum Glasberg; alles wich vor ihm zurück. Da schritt er fest und sicher hinan, und das Glas gab nach wie Wachs und zeigte die Spuren, und als er oben war, überreichte er demütig das Goldzweiglein der Königstochter und bot ihr die rechte Hand; sie ergriff sie mit Freuden und wäre gern mit ihm den Berg hinabgestiegen. Der Junge aber machte sich frei und stieg allein hinunter und war wieder schnell unter der Menge verschwunden. Er legte seine Kleider an und eilte zurück an seinen Platz in die Küche.

Als der Koch nach Hause kam, erzählte er von den Wunderdingen, von dem schönen Jüngling mit den kupfernen Füßen, den silbernen Händen, den goldenen Haaren und wie er zum drittenmal den Glasberg erstiegen, der Königstochter ein goldnes Zweiglein gereicht und ihr die Hand geboten habe, wie er aber allein wieder herabgestiegen und unter der Menge verschwunden sei; er fragte ihn, ob er das nicht gesehen hätte. Der Junge sagte wieder: »Nein, das habe ich nicht gesehen, das war ich selbst!« Der Koch lachte wieder über den dummen Einfall und sprach: »Da müßte ich auch ein großer Herr werden!«

Der König aber und die Königstochter waren sehr traurig, daß der schöne Junge nicht erscheinen wollte. Da ließ der König ein Gebot ausgehen, daß alle jungen Burschen aus seinem Reiche barfüßig und bloßhäuptig und ohne Handschuhe vor dem König der Reihe nach vorübergehen und sich zeigen sollten. Sie kamen und gingen, aber der rechte, nach dem man suchte, war nicht unter ihnen. Der König ließ darauf fragen, ob sonst kein Junge mehr im Reich wäre. Der Koch ging sofort zum König und sprach: »Herr, ich habe noch einen Küchenjungen bei mir, der mir treu und redlich dient; der ist es aber gewiß nicht, nach dem ihr sucht! Denn er hat einen bösen Grind, und er trat nur unter der Bedingung zu mir in den Dienst, daß er Handschuhe, Mantel, Hut und Stiefel nie ablegen dürfe.« Der König aber wollte sich überzeugen, und die Königstochter freute sich im stillen und dachte: »Ja, der könnte es sein!« Der Koch mußte dableiben; ein Diener brachte den Küchenjungen herein, der sah aber ganz schmutzig aus.

Der König fragte: »Bist du es, der dreimal den Glasberg erstiegen hat?« – »Ja, das bin ich!« sprach der Junge, »und ich habe es auch meinem Herrn immer gesagt!« Der Koch fühlte bei diesen Worten den Boden nicht unter seinen Füßen, und die Rede blieb ihm eine Zeitlang stehen; endlich sagte er: »Aber wie kannst du hier so reden?« Der König achtete indes nicht darauf, sondern sprach gleich zum Jungen: »Wohlan, entblöße dein Haupt, deine Hände und Füße!« Alsbald warf der Junge seine Kleider ab und stand da in voller Schönheit und reichte der Jungfrau die Hand, und sie drückte sie und war über die Maßen froh; es wurde die Hochzeit gefeiert, und nicht lange darauf übergab der König das Reich dem Jungen. »Glaubst du nun, daß ich es war, der dreimal den Glasberg erstiegen?« sprach der Junge zum Koch. »Was sollt' ich denn glauben, wenn ich das nicht glaubte!« sprach der Koch und bat um Verzeihung. »Nun, so sollst du auch ein großer Herr werden, wie du hofftest, und über alle Köche im Reich die Aufsicht führen.«

Die junge Königin aber hätte gar zu gerne gewußt, woher ihr Gemahl die drei Zweiglein und die kupfernen Füße, die silbernen Hände und das goldige Haar habe. »Das will ich dir, mein Kind, nun sagen!« sprach der junge König eines Tages, »und du sollst auch selbst sehen, wie das zugegangen!« Er wollte mit ihr noch einmal auf den Wunderbaum steigen und die Herrlichkeit ihr zeigen; allein, als er an die Stätte kam, so war der Baum verschwunden, und kein Mensch hat weiter davon etwas gehört und gesehen.

Daphne
Rumänisches Märchen
Es war einmal, was nicht war. Wäre es nicht gewesen, so könnte ich es nicht erzählen. Es war einmal ein Kaiser, dem war seine Frau gestorben. Die Frau aber hatte ihm ein Töchterchen hinterlassen, ein liebliches Mädchen, das hat ihr recht ähnlich gesehen. Und je größer das Mädchen geworden ist, um so größer ist auch die Ähnlichkeit mit der verstorbenen Mutter geworden. Der Kaiser hat mit Verwunderung gesehen, wie seine Tochter immer mehr seiner früheren Frau gleichgesehen hat. Und er hat sich gefragt: »Wache ich oder träume ich? Kann es sein, daß meine Frau wiedererstanden ist?«

Und eines Nachts ist der Kaiser in das Schlafzimmer seiner Tochter gegangen und hat sich zu ihr legen wollen. Das Mädchen aber ist aufgewacht und – nackt, wie es war – in den Wald geflohen. Der Kaiser hat sich in Eile angezogen, um das Mädchen zu verfolgen. Aber wie die Tochter im Wald gesehen hat, daß der Vater ihr folgt, hat sie ausgerufen: »Mutter, hilf mir und verwandle mich in einen Lorbeerbaum!«

Und so ist es geschehen.

Der Kaiser aber hat seine Tochter vergeblich gesucht, ist nach Hause zurückgekehrt und gestorben.

Tausend Jahre sind darüber vergangen.

Einmal hat es sich ereignet, daß ein Kaiserssohn im Walde gejagt hat. Und als er dorthin gekommen ist, wo der Lorbeerbaum steht, sagt er: »Das ist hier ein lieblicher Ort! Hier will ich bleiben. Schlagt mir da mein Zelt auf!«

In der Nacht aber, als der Prinz geschlafen hat, hat sich Daphne in ein Mädchen verwandelt, und – nackt wie es war – ist es in das Zelt des Kaiserssohnes geschlüpft und hat mit ihm das Lager geteilt.

Bevor es Morgen geworden ist, hat sie aus dem Zelt schlüpfen und sich wieder in den Lorbeerbaum verwandeln wollen. Sie hat gerufen: »Mutter, verwandel mich wieder in Lorbeer!«

Aber die Stimme der Mutter hat geantwortet: »Ich kann nicht. Du bist nicht mehr mein Kind, sondern eines andern Frau.«

Da ist Daphne wieder ins Zelt geschlüpft und hat sich neben den Burschen gelegt. Und wie der Kaiserssohn aufgewacht ist, hat er begriffen, daß er nicht geträumt hat. Und er hat Daphne versprochen, sie mit heim zu nehmen und zur Kaiserin zu machen. Und das Mädchen hat ihm Glauben geschenkt. Und sie haben dort dreißig Tage und dreißig Nächte gewohnt.

Dann sagt der Kaiserssohn: »Es ist Zeit, daß ich heimkehre. Bleib du hier und wart, bis ich dich holen lasse.« »Und warum nimmst du mich nicht mit?« »Ich muß erst meinem Vater, dem Kaiser, und meiner Mutter, der Kaiserin, erzählen und die Hochzeit vorbereiten.« »Gut, so nimm hier dieses Lorbeerblatt mit!«

Der Bursche hat Daphne das Zelt als Wohnung zurückgelassen und ist heimgeritten. Doch als er heimgekommen ist, war sein Vater schwer krank, und er hat ihm nicht erzählen können, daß er sich verlobt hat. Und einige Zeit darauf ist der Kaiser gestorben. Die Mutter des Burschen aber hat sich so grämt, daß sie auch krank geworden ist, und so hat der junge Kaiser wieder nichts sagen können. Und nach einigen Monaten ist auch die alte Kaiserin gestorben.

Der Kaiser hat nun Daphne ganz vergessen. Aber lassen wir ihn, und sehen wir, was Daphne macht!

Daphne hat im Zelt gelebt, bis ihre Zeit gekommen ist, da hat sie einen Sohn geboren. Sie hat weiter im Zelt gelebt und sich von den Früchten des Waldes ernährt.

Als das Kind sechs Jahre alt gewesen ist, sagt die Mutter: »Söhnchen, Schatz der Mutter, lauf in die Kaiserstadt und bring dem Herrscher dieses Lorbeerblatt! Dazu sollst du sagen:

Bin ein Blatt vom Baum,
glaubst du es auch kaum.
Schau nur unters Kissen:
alles wirst du wissen.

Kannst du dir das merken?« »Ich kann es, Mutter«, sagte das Kind. Was soll ich sagen? Der kleine Bursche läuft flink wie der Wind in die Kaiserstadt und läßt sich zum Herrscher führen. Der grüßt den Kleinen freundlich und sagt: »Woher kommst du? Was begehrst du? Wenn dich mein Herz sieht, wird es fröhlich.« »Ich komme aus dem Wald«, sagt der Kleine, »und ich soll dir dieses Lorbeerblatt bringen und dir sagen:

Bin ein Blatt vom Baum,
glaubst du es auch kaum.
Schau nur unters Kissen:
alles wirst du wissen.

Das ist alles.«

Der Kaiser schüttelt den Kopf und sagt: »Das sind ja seltsame Dinge. Aber du machst mich neugierig. Ich will also unters Kopfkissen schaun.«

Und der Kaiser nimmt das Kind an der Hand und geht damit in sein Schlafgemach. Und wie er das Kopfkissen aufhebt, da findet er dort ein Lorbeerblatt, genau so eins, wie es ihm der Kleine gebracht hat.

Da sind dem Kaiser die Augen aufgegangen, und er hat sich an Daphne erinnert. Und er hat zwei Pferde satteln lassen und ist mit seinem Sohn zu seiner Frau geritten. Die ist noch dort im Wald gewesen, wo er sie verlassen hatte. Sie ist wie ein Mann gekleidet gewesen, weil sie nur jene Kleider besessen hat, welche vom Kaiser dort hinterlassen worden waren.

Aber nun hat sie sich wie eine Frau gekleidet. Und der Kaiser hat sie mit in die Stadt genommen und hat eine große Hochzeit gehalten, und bei der Feier in der Kirche hat er nicht seine Krone, sondern einen Kranz aus Lorbeerzweigen getragen. Und die Kaiserin auch. Und sie haben gegessen und getrunken neun Tage und neun Nächte hindurch.

Und dort bin ich gewesen;
hab' getrunken und gegessen,
hab' beim Tanzen den Rock ausgezogen.
Und alles ist wahr, und nichts ist erlogen.

Die Alte im Wald
Märchen der Brüder Grimm
Es fuhr einmal ein armes Dienstmädchen mit seiner Herrschaft durch einen großen Wald, und als sie mitten darin waren, kamen Räuber aus dem Dickicht hervor und ermordeten, wen sie fanden. Da kamen alle miteinander um bis auf das Mädchen, das war in der Angst aus dem Wagen gesprungen und hatte sich hinter einen Baum verborgen. Wie die Räuber mit ihrer Beute fort waren, trat es herbei und sah das große Unglück. Da fing es an, bitterlich zu weinen, und sagte: »Was soll ich armes Mädchen nun anfangen, ich weiß mich nicht aus dem Wald herauszufinden, keine Menschenseele wohnt darin, so muß ich gewiß verhungern.« Es ging herum, suchte einen Weg, konnte aber keinen finden. Als es Abend war, setzte es sich unter einen Baum, befahl sich Gott und wollte da sitzenbleiben und nicht weggehen, möchte geschehen, was immer wollte.

Als es aber eine Weile da gesessen hatte, kam ein weiß Täubchen zu ihm geflogen und hatte ein kleines goldenes Schlüsselchen im Schnabel. Das Schlüsselchen legte es ihm in die Hand und sprach: »Siehst du dort den großen Baum, daran ist ein kleines Schloß, das schließ mit dem Schlüsselchen auf, so wirst du Speise genug finden und keinen Hunger mehr leiden.« Da ging es zu dem Baum und schloß ihn auf und fand Milch in einem kleinen Schüsselchen und Weißbrot zum Einbrocken dabei, daß es sich satt essen konnte.

Als es satt war, sprach es: »Jetzt ist es Zeit, wo die Hühner daheim auffliegen, ich bin so müde, könnt ich mich doch auch in mein Bett legen.« Da kam das Täubchen wieder geflogen und brachte ein anderes goldenes Schlüsselchen im Schnabel und sagte: »Schließ dort den Baum auf, so wirst du ein Bett finden.« Da schloß es auf und fand ein schönes weiches Bettchen; da betete es zum lieben Gott, er möchte es behüten in der Nacht, legte sich und schlief ein.

Am Morgen kam das Täubchen zum drittenmal, brachte wieder ein Schlüsselchen und sprach: »Schließ dort den Baum auf, da wirst du Kleider finden«, und wie es aufschloß, fand es Kleider, mit Gold und Edelsteinen besetzt, so herrlich, wie sie keine Königstochter hat. Also lebte es da eine Zeitlang und kam das Täubchen alle Tage und sorgte für alles, was es bedurfte, und war das ein stilles, gutes Leben.

Einmal aber kam das Täubchen und sprach: »Willst du mir etwas zuliebe tun?« »Von Herzen gerne«, sagte das Mädchen. Da sprach das Täubchen: »Ich will dich zu einem kleinen Häuschen führen, da geh hinein, mittendrein am Herd wird eine alte Frau sitzen und guten Tag sagen. Aber gib ihr beileibe keine Antwort, sie mag auch anfangen, was sie will, sondern geh zu ihrer rechten Hand weiter, da ist eine Türe, die mach auf, so wirst du in eine Stube kommen, wo eine Menge von Ringen allerlei Art auf dem Tisch liegt, darunter sind prächtige mit glitzernden Steinen, die laß aber liegen und suche einen schlichten heraus, der auch darunter sein muß, und bring ihn zu mir her, so geschwind du kannst.«

Das Mädchen ging zu dem Häuschen und trat zu der Türe ein; da saß die Alte, die machte große Augen, wie sie es erblickte, und sprach: »Guten Tag, mein Kind.« Es gab ihr aber keine Antwort und ging auf die Türe zu. »Wo hinaus?« rief sie und faßte es beim Rock und wollte es festhalten. »Das ist mein Haus, da darf niemand herein, wenn ich's nicht haben will.« Aber das Mädchen schwieg still, machte sich von ihr los und ging gerade in die Stube hinein. Da lag nun auf dem Tisch eine übergroße Menge von Ringen, die glitzerten und glimmerten ihm vor den Augen; es warf sie herum und suchte nach dem schlichten, konnte ihn aber nicht finden. Wie es so suchte, sah es die Alte, wie sie daherschlich und einen Vogelkäfig in der Hand hatte und damit fort wollte. Da ging es auf sie zu und nahm ihr den Käfig aus der Hand, und wie es ihn aufhob und hineinsah, saß ein Vogel darin, der hatte den schlichten Ring im Schnabel. Da nahm es den Ring und lief ganz froh damit zum Haus hinaus und dachte, das weiße Täubchen würde kommen und den Ring holen, aber es kam nicht.

Da lehnte es sich an einen Baum und wollte auf das Täubchen warten, und wie es so stand, da war es, als wäre der Baum weich und biegsam und senkte seine Zweige herab. Und auf einmal schlangen sich die Zweige um es herum und waren zwei Arme, und wie es sich umsah, war der Baum ein schöner Mann, der es umfaßte und herzlich küßte und sagte: »Du hast mich erlöst und aus der Gewalt der Alten befreit, die eine böse Hexe ist. Sie hatte mich in einen Baum verwandelt, und alle Tage ein paar Stunden war ich eine weiße Taube, und solange sie den Ring besaß, konnte ich meine menschliche Gestalt nicht wiedererhalten.« Da waren auch seine Bedienten und Pferde von dem Zauber frei, der sie auch in Bäume verwandelt hatte, und standen neben ihm. Da fuhren sie fort in sein Reich, denn er war eines Königs Sohn, und sie heirateten sich und lebten glücklich.

Literaturhinweise

1. ORIGINALTEXTE:

Die drei Citronen
Bernhardt Schmidt, Griechische Märchen, Sagen und Volkslieder, Leipzig 1877
Der Wunderbaum
Josef Haltrich, Deutsche Volksmärchen aus dem Sachsenlande in Siebenbürgen, Berlin 1856
Daphne
Rumänische Märchen, hrsg. von Felix Karlinger, Kassel 1982
Die Alte im Wald
Brüder Grimm, Kinder- und Hausmärchen, Ausgabe letzter Hand, 1857

2. IM KOMMENTAR ZITIERTE MÄRCHEN:

Die Tochter des Baumes
(La fía de la bóra) Karl Felix Wolf, Dolomitensagen, Bozen 1913
Der Granatapfelbaum
Rumänisches Märchen, a. a. O.
Der Kaiser mit den drei Frauen
Rumänisches Märchen, a. a. O.
Die Lebensbäume
Karl Friedrich Baltus, Märchen aus Ostpreussen, Kattowitz 1907
Die zwei Brüder
Brüder Grimm, a. a. O.
Der blaue Palmbaum
J. G. Herder/ J. A. Liebeskind, Palmblätter. Erlesene morgenländische Erzählungen, Donauwörth o. J. In: Märchen von Schicksal und Weissagung, Frankfurt 1990
Das Erdkühlein
Martin Montanus, Ein schön History von einer Frawen mit zweyen Kindlin. In: Ander theyl Gartengesellschaft, Straßburg 1560. Aus dem Frühneuhochdeutschen übersetzt und dem jetzigen Sprachgebrauch behutsam angepaßt (ungekürzte Ausgabe) von Barbara Stamer. In: Dornröschen und der Rosenbey, Frankfurt 1985
Aschenputtel
Brüder Grimm, a. a. O.
Einäuglein, Zweiäuglein und Dreiäuglein
Brüder Grimm, a. a. O.
Der Zedernbaum
Elsa Sophia von Kamphoevener, An Nachtfeuern der Karawan-Serail. Märchen und Geschichten alttürkischer Nomaden, Reinbek bei Hamburg 1975

2. Der Baum in der Bibel
Elisabeth Moltmann-Wendel

Der Baum in biblischer und nachbiblischer Tradition

Neben dem Lebenswasser spielt der Lebensbaum oder besser der »heilige Baum« (Urs Winter) im biblischen Orient eine wichtige Rolle. Wasser und Baum kommen beide aus der Erde. Anders aber als das fließende Wasser ist der Baum mit der ihn nährenden Erde fest verbunden. Zugleich steigt er aber in den Luftraum auf und entwickelt seine Zweige zum Himmel. Er verbindet Himmel und Erde, hat also kosmische Dimensionen und ist insofern auch ein Symbol für die Einheit von Immanenz und Transzendenz. Seine Früchte ernähren Tiere und Menschen. Menschen können in seinem Schatten leben und Vögel sich ihre Nester bauen. In dürrer Steppe konnte er als Markierungspunkt dienen. Seine Blätter, die aus der fruchtbaren Erde ihre Vitalität erhalten, dienten als Heilmittel und sind Sinnbilder für Fruchtbarkeit, Leben und Erneuerung.

Ursprünglich gehört das Baumsymbol in die matriarchale Bildwelt. Baumgöttinnen sind vor allem aus Ägypten bekannt. Hathor/Nut gilt als die Herrin des Maulbeerfeigenbaumes. Vor allem im späteren ägyptischen Totenkult findet man Baumgöttinnen, die die Toten speisen. Aber auch in Syrien/Palästina gibt es die Verbindung Baum und Göttin, und es scheint auch einen Baumkult gegeben zu haben. Der Feigenbaum z. B. galt als Göttinnensymbol. Seine herzförmigen Blätter erinnern an die weibliche Scham. Aus dem Scham-Dreieck der Göttin können auch auf Terrakottareliefs Zweige erwachsen, ein Symbol der Fruchtbarkeit von Frau und Baum. Die Zweiggöttin scheint eine verbreitete Vorstellung im Mittelmeerraum gewesen zu sein. Religionspsychologisch und tiefenpsychologisch gilt der Baum bis heute als weiblich-mütterliches Symbol. Symbolisch bezeichnet der Baum »die Geborgenheit bei der Mutter« (s. S. 232) – »die Einheit mit sich selbst« und »die Geborgenheit in Gott« (Drewermann, Strukturen II, 868).

Wie ging man nun in der jüdisch-christlichen Tradition, die keine Göttinnen kennt und deren Gott keine andere Verehrung außer sich selbst kennt, damit um?

Bäume als Schutz und Speise

Die Bibel erzählt von einer Menge verschiedener Bäume. Nach dem 1. Schöpfungsbericht hat die Erde selbst sie hervorgebracht.

> Und die Erde ließ aufgehen Gras und Kraut, das Samen bringt, ein jedes nach seiner Art, und Bäume, die da Früchte tragen, in denen ihr Samen ist, ein jegliches nach seiner Art (Gen. 1,12).

Sie sind Kinder der Erde und mit ihr und ihren Kräften unmittelbar verbunden. Unter Bäumen wohnt Abraham im Hain Mamre (Gen 18,1). Zedern schmücken den Libanon. Unter einer Terebinthe, dem Terpentinbaum, wird Saul begraben (1 Chr 10,12), und Absalom bleibt mit seinem Haar an einer Terebinthe hängen (2 Sam 18,9). Unter einer hohen Kürbispflanze findet Jona, der die von ihm angekündigte Vernichtung Ninives erwartet, Schutz vor der stechenden Sonne.

> Und Jona ging zur Stadt hinaus und ließ sich östlich der Stadt nieder und machte sich dort eine Hütte; darunter setzte er sich in den Schatten, bis er sah, was der Stadt widerfahren würde. Gott der HERR aber ließ eine Staude wachsen; die wuchs über Jona, daß sie Schatten gäbe seinem Haupt und ihm hülfe von seinem Unmut. Und Jona freute sich sehr über die Staude. Aber am Morgen, als die Morgenröte anbrach, ließ Gott einen Wurm kommen, der stach die Staude, daß sie verdorrte (Jona 4,5f.).

Unter einer Palme spricht die Richterin Deborah Recht (Ri 4,5). Fast jedes Dorf hat seine Ölbäume (Dt 28,40). Auf einen Maulbeerfeigenbaum klettert der Zöllner Zachäus, um Jesus besser sehen zu können (Lk 19,4). Unter einem Feigenbaum sieht Jesus den Gelehrten Nathanael (Joh 1,48). Feigenbäume mit ihrem weit reichenden Blätterdach und den süßen Früchten sind die beliebtesten Bäume, die auch immer wieder zu Beispielen dienen: der Feigenbaum jedoch, der keine Frucht bringt, soll abgehauen werden.

Bäume als Schutz und Speise

Es hatte einer einen Feigenbaum, der war gepflanzt in seinem Weinberg, und er kam und suchte Frucht darauf und fand keine. Da sprach er zu dem Weingärtner: Siehe, ich bin nun drei Jahre lang gekommen und habe Frucht gesucht an diesem Feigenbaum, und finde keine. So hau ihn ab! Was nimmt er der Erde die Kraft? Er aber antwortete und sprach zu ihm: Herr, laß ihn noch dies Jahr, bis ich um ihn grabe und ihn dünge; vielleicht bringt er doch noch Frucht; wenn aber nicht, so hau ihn ab (Lk 13,6f.).

Der Feigenbaum aber, in den der Saft schießt, ist Bild für das nahende Gottesreich (Mt 24,32).

Bäume haben in der Bibel vor allem zweierlei Funktionen: Sie geben Früchte, und sie spenden Schatten. Sie vermitteln also Speise und Schutz. Den ersten Menschen, Adam und Eva, werden alle möglichen Bäume zur Verfügung gestellt, von denen sie essen können. Die Vielzahl dieser Bäume genügt ihnen allerdings nicht, und sie essen gerade von dem Baum, der ihnen verboten ist. Da sie ihre nackten Körper später mit Feigenblättern bedecken, ist es naheliegend, einen Teil der ihnen erlaubten Früchte als Feigen zu sehen. – In den Regeln der Kriegführung heißt es, daß bei der Belagerung einer Stadt die Obstbäume geschützt werden sollten, weil sie zur Nahrung dienen. Bäume sind nicht Feinde. Nur die unfruchtbaren sollen für Belagerungsanlagen verwendet werden. Zu den Baumfrüchten sind auch noch die Weintrauben vom Weinstock zu rechnen. Die israelitischen Kundschafter bringen aus Kanaan eine schwere Traube mit (Num 13,23). Von Äpfeln ist im Hohenlied die Rede (2,3; 8,5). Ebenfalls von Granatäpfeln (4,3; 6,7).

In der Hitze Palästinas ist das Laubwerk der Bäume Schutz für Menschen und Tiere. Unter Bäumen wird gerichtet und wird unterrichtet. Unter dem Laubdach der Bäume wohnen auch die Vögel und bauen ihre Nester.

Die Bäume Gottes stehen voll Duft, die Zedern des Libanon, die er gepflanzt hat. Dort nisten die Vögel, und die Reiher wohnen in den Wipfeln (Ps 104, 16f.).

Das Laubwerk des aus dem kleinen Senfkorn erwachsenen Baumes wird als so dicht beschrieben, daß die Vögel darinnen ihre Wohnungen bauen.

Das Himmelreich gleicht einem Senfkorn, das ein Mensch nahm und auf seinen Acker säte; das ist das kleinste unter allen Samenkörnern; wenn es aber gewachsen ist, so ist es größer als alle Kräuter und wird ein Baum, so daß die Vögel unter dem Himmel kommen und wohnen in seinen Zweigen (Mt 13,31f.).

Schutz und Speise – also das, was die Mutter (Göttin) dem Kind zu bieten hat, stehen in der Bibel mit dem Baum in enger Verbindung, ohne daß aber eine Göttin oder eine Gottheit dahinter noch sichtbar wird.

Heilige Bäume

Doch es gab in der Frühzeit Israels heilige Bäume, die jenseits von Schutz und Speise Bedeutung hatten. Wurzelnd in der Erde und aufstrebend zum Himmel, repräsentierten sie das Geheimnis, das Unten und Oben, Erde und Himmel zusammenhielt. Wir hören vom Orakelbaum von Sichem, der Eiche More, der Zaubereiche (Gen 12,6; Dt 11,30; Ri 9,37) und dem heiligen Baum von Ofra, unter dem ein Engel Gottes Gideon, dem späteren Retter Israels, erschien (Ri 6,11).

Und der Engel des Herrn kam und setzte sich unter die Eiche bei Ofra; die gehörte Joasch, dem Abiesriter. Und sein Sohn Gideon drosch Weizen in der Kelter, damit er ihn berge vor den Midianitern. Da erschien ihm der Engel Gottes und sprach zu ihm: Gott mit dir, du streitbarer Held! Gideon aber sprach zu ihm: Ach, mein Herr! Ist Gott mit uns, warum ist uns dann das alles widerfahren? Und wo sind alle seine Wunder, die uns unsere Väter erzählten und sprachen: Gott hat uns aus Ägypten geführt? Nun aber hat uns Gott verstoßen und in die Hände der Midianiter gegeben. Gott aber wandte sich zu ihm und sprach: Geh hin in dieser deiner Kraft; du sollst Israel erretten aus den Händen der Midianiter. Siehe, ich habe dich gesandt. Geh nicht fort, bis ich wieder zu dir komme und bringe meine Gabe und lege sie vor dir hin. Er sprach: Ich will bleiben, bis du wiederkommst. Und Gideon ging hin und richtete ein Ziegenböcklein zu und ungesäuerte Brote von einem Scheffel Mehl und legte das Fleisch in einen Korb und tat die Brühe in einen Topf und brachte es zu ihm hinaus unter die Eiche und trat hinzu. Aber der Engel Gottes sprach zu ihm: Nimm das Fleisch und die Brote und lege es hin auf den Fels hier und gieß die Brühe darüber. Und er tat es. Da steckte der Engel Gottes den Stab aus, den er in der Hand hatte, und berührte mit der Spitze das Fleisch und die Brote. Da fuhr Feuer aus dem Fels und verzehrte das Fleisch und die Brote. Und der Engel Gottes entschwand seinen Augen (Ri 9,11–14. 18–21).

Tote wurden unter Bäumen begraben, wodurch die enge Verbindung von fruchtbarem Erdschoß und dem mütterlich bergenden Todesschoß deutlich wird (1 Sam 31,12). Bäume tragen auch – wie im Märchen – in sich eine personhafte Würde, so daß der Psalmist sich jauchzende und der Prophet Jeremia sich Hände klatschende Bäume zu Ehren Gottes vorstellt (Ps 96,12; Jer 55,12). Bäume sind nicht »Feinde« (s. S. 201). In der Parabel von den Bäumen und ihrer Königswahl wird jedem seine eigene Würde und Eigenständigkeit zuerkannt (Ri 9,8 ff.). Doch die tief – vor allem im Christentum – verinnerlichte Polemik gegen die Verbindung von Weiblichkeit und Göttlichkeit hat uns vor allem auf die prophetischen Polemiken gegen kanaanäische Kulte, gegen die »grünen Bäume«, unter denen Israel scheinbar der Hurerei und Unzucht nachging, hören lassen. »Auf jedem hohen Hügel und unter jedem grünen Baum liegst du als Dirne«, klagt Jeremia (2,20; s. auch Jes 1,29; 57,5; Ez 20,28 u. ä.).

Heute wissen wir, daß es einen in Israel geduldeten und gepflegten Kult der Aschera, eines stilisierten Baumes, der mit einer kanaanäischen Göttin identifiziert wurde, neben Jahwe gegeben haben muß, der sich später verselbständigte und die Polemik der Propheten hervorrief. In diesen Auseinandersetzungen geriet Jahwe mehr und mehr in die Rolle *des* Baumes, von dem allein die Frucht kommt:

> »Ich bin wie eine immergrüne Zypresse, nur bei mir findet ihr, was ihr zum Leben braucht« (Hos 14,9).

Nur einmal scheint allerdings die alte Verbindung Baum-Schoß-Sexualität im Alten Testament erhalten zu sein: im Hohenlied, dem Liebeslied, heißt es:

> »Unter dem Apfelbaum habe ich dich erregt,
> dort, wo deine Mutter mit dir schwanger gegangen ist,
> dort, wo sie dich gebar, in Wehen gekommen ist« (Hoheslied 8,5).

Hier ist – wie Silvia Schroer gezeigt hat – »der heilige Baum, der die Anwesenheit des Schoßes der Erde symbolisiert, zugleich der Ort, wo die menschliche Generationenfolge fortgesetzt, wo Leben gezeugt wird.«

Weltenbaum/Lebensbaum als Herrschaftskritik

Neben den naturbezogenen Baumvorstellungen, die mit Erde, Fruchtbarkeit und Leben assoziiert werden, stehen im Orient Baumvorstellungen, die sich auf die Gesellschaft beziehen und sich mit Stärke, Macht und Herrschaft verbinden. Der Baum repräsentiert dann die Weltordnung und seinen Repräsentanten. Hier setzte in Israel allerdings scharfe Kritik an der Hybris der Herrscher an, die sich mit machtvollen Bäumen identifizierten: Pharao mit einer Zeder, die bis in die Wolken reicht (Ez 31,2ff. s. S. 213), Nebukadnezar mit einem Baum, »der zuletzt bis zum Himmel reichte« und den man »von den äußersten Enden der Erde aus sehen konnte« (Dan 4,7ff.). Aber die stolze Zeder muß in die Totenwelt zu den Unbestatteten. Der Himmel-erobernde Baum bleibt schließlich nur ein Stumpf, der an die Erde gefesselt wird, damit er sich nicht mehr erhebt.

Die Fabel Jotams (Ri 9,8ff.), nach der sich die Bäume einen König suchen, die fruchtbaren Bäume solche Funktionen ablehnen und schließlich nur der Dornbusch übrig bleibt, zeigt die kritische Haltung Israels gegenüber Herrschaftsideologien, wie sie sich in Baumvorstellungen zeigen. Statt dessen ist es das kleine Reis aus der Wurzel Jesse, das Israels Hoffnung auf einen Befreier ausdrückt (Jes 11,1; 53,2), in seiner Kleinheit und zugleich wunderbaren Effizienz eine Parallele zu den Wunderzweiglein der Märchen (S. 179, 189)! Noch eindrücklicher ist im Neuen Testament das kleine Senfkorn Parabel für wunderbares, kaum zu begreifendes Wachstum. Aus dem Senfkorn kommt der Baum mit den breiten Zweigen (Mt 13,32), der unbegreifliche und wunderbare Beginn der Königsherrschaft Gottes. Diese »Herrschaft« ist nicht klein und armselig: das Baumbild zaubert Fruchtbarkeit, Farbe, Speise,

Schutz und Geborgenheit für Mensch und Tier vor. Das Reich Gottes ist keine karge Angelegenheit, sondern Sinnbild für Fülle, die in dem Baum-Symbol und all seinen mütterlichen, kosmischen, wunderbaren Eigenheiten ausgedrückt ist.

Das Ideal israelischen Lebens ist nicht der stolze Herrscher, der sich mit einem prachtvollen Baum vergleicht, sondern der, der Lust am Gesetz Gottes hat und in sich selbst fruchtbar wird.

> Der ist wie ein Baum, gepflanzt an den Wasserbächen, der seine Frucht bringt zu seiner Zeit, und seine Blätter verwelken nicht, und was er macht, das gerät wohl. Aber so sind die Gottlosen nicht, sondern wie Spreu, die der Wind verstreut (Ps 1,3f.; s. Jer 17,7f.).

Solch Gerechter kann sich dann mit einer Palme und einer Zeder (Ps 92,13) oder mit einem Ölbaum (Ps 52,10) vergleichen. Der Baum, die verschiedenen Bäume werden Symbole für gerechtes Leben. Auch der »Baum des Lebens«, der zwar in der Mitte des Gartens, aber in der Schöpfungs- und Sündenfallgeschichte etwas beziehungslos im Raum steht, kann Sinnbild für vernünftiges, gutes und friedfertiges Leben werden.

> »Die Frucht der Gerechtigkeit ist ein Baum des Lebens, aber Gewalttat nimmt das Leben weg« (Spr 11,30; 13,12; 15,4).

In den Visionen der Endzeit, in der Apokalypse des Johannes, taucht dieser Lebensbaum wieder auf. Wer in den Verfolgungen ausharrt, der wird von seinen Früchten essen, d. h., das ewige Leben wird ihm zugesagt. Am Ende der Apokalypse (22,2) ist sogar in Anlehnung an Ezechiel (47,12) von mehreren Lebensbäumen die Rede, die am Strom des Lebenswassers stehen. Sie tragen monatlich neue Früchte und haben Blätter, die zur Heilung der Völker dienen. Hier bekommt der alte Lebensbaum märchenhafte Züge, und er verbindet noch einmal Ursprungs- und Endgeschichte der Menschheit in Vorstellungen von der menschlichen Sehnsucht nach ewig neuem glücklichem, gesättigtem Leben.

Matriarchales Denken

Ebenso wichtig jedoch wie solche märchenähnlichen Elemente, die sich durch die Bibel ziehen und unsere christlich verkümmerte Phantasie beleben könnten, scheint mir das Weiterwirken der Baumsymbolik in den Vorstellungen Jesu zu sein. Einmal sind es Gerichtsbilder, die die prophetische Tradition von der Vernichtung fruchtloser Bäume weiterführen: »Es ist schon die Axt den Bäumen an die Wurzel gelegt« (Mt 3,10). Eine Bild-Rede Johannes des Täufers, die Jesus aufgreift. Der Feigenbaum, der keine Frucht bringt, wird verflucht (Mt 21,19). Zweitens sind es Vorstellungen von dem guten Baum, der gute Frucht bringt. Ein schlechter Baum dagegen kann keine gute Frucht bringen. Bereits die Früchte sagen etwas über den Menschen aus.

> Denn es gibt keinen guten Baum, der faule Frucht trägt, und keinen faulen Baum, der gute Frucht trägt. Denn jeder Baum wird an seiner eigenen Frucht erkannt. Man pflückt ja nicht Feigen von den Dornen, auch liest man nicht Trauben von den Hecken. Ein guter Mensch bringt Gutes hervor aus dem guten Schatz seines Herzens; und ein böser bringt Böses hervor aus dem bösen. Denn wes das Herz voll ist, des geht der Mund über (Lk 6,43ff.; s. Mt 7,16ff.; 12,33f.).

Hinter diesen Bildern stehen Grundaussagen über den Menschen, die jede falsche Vorspiegelung, jedes scheinbare gute Verhalten, jede Falschheit hinterfragen. Hinter dem Baum-Bild steckt ein Denken, das die Ganzheit der Person, die Einheit von Person und Werk in ihrer Einbindung in Schöpfung und Gesellschaft erkennt und in dieser Ganzheit einen Urgrund erfaßt. Wie der Baum in der Tiefe der Erde wurzelt, so wurzelt der Mensch in einem Urgrund, der ihn nährt, lebendig und fruchtbar macht. Wer keine Wurzeln hat, fällt auseinander, kann auch nicht ganz und gut sein. Die Bibel kennt keinen Wunderbaum. Das Wunder ist der Mensch selbst, der seine Mutter-Wurzeln kennt und auf diese Weise Glück, Heil und Stehvermögen bewahrt. Luther hat dieses Baum-Bild 1500 Jahre später aufgegriffen, um daraus die Rechtfertigung allein aus Gnaden, allein aus der Zuwendung Gottes abzuleiten, die jeder Mensch ohne sein Mühen, sein Leisten, seine Arbeit erfährt. Nur indem wir gut sind, können wir auch gut handeln. Unser Sein geht unserem Tun voraus. Wie der gute Baum nicht gute Früchte hervorbringen *muß*, sondern sie *spontan* macht, so folgen unsere guten Werke aus unserem Gut-Sein. Und das ist das Gut-Sein Gottes, der Urgrund, aus dem wir leben. Wie nicht gute Früchte den Baum gut machen, so machen unsere guten Werke uns selbst nicht gut. Erich Fromm hat hier einen Einbruch matriarchalen Denkens in die sonst patriarchale Welt Luthers gesehen, ein Denken, das vom – mütterlichen – Angenommensein des Menschen und nicht von seiner Leistung ausgeht, ein später Hinweis auf die alte bergende, mit ihren Zweigen den Menschen umfassende Baumgöttin (S. 182f.).

Der alten Baumgöttin, die bergend und fruchtbringend die Menschen umfaßt und die immer wieder von Israel abgewertet wurde, begegnen wir schließlich nochmal in der späten alttestamentlichen Weisheitstheologie (2. Jh. v. Chr.). Die Weisheit spricht hier als Zeder, Terebinthe, Ölbaum und Palme. Sie ist die, die nährt, lockt, mit Genuß erfüllt, überredet (s. S. 215f.). Die Sprache ist erotisch und verführend. Das zuweilen strenge Gottesbild des Alten Testaments erscheint hier in sinnenhaften, wohlriechenden und wohlschmeckenden Phantasien. Menschen werden in ihrem tiefen, lustvollen Sein angesprochen und sehen sich auf der Seite der Weisheit, auf der Seite Gottes. »Wer auf mich hört, wird nicht zuschanden werden. Wer auf mich hört, wird nicht sündigen.«

Hinter diesen Bildern steckt die alte Zweiggöttin, die sich hier mit der Weisheit verbindet. Unter ägyptischem Einfluß war sie in israelisches Denken wieder eingedrungen und wurde nun im Bild der Weisheit akzeptiert. Ihre Botschaft lautet:

»Kommet her zu mir, die ihr meiner begehrt,
und sättigt euch an meinen Früchten« (Jes Sir 24,25f.).

Diesen Spruch hat Jesus, der sich selbst als die Weisheit verstand, in leicht verwandelter Form aufgenommen:

»Kommet her zu mir alle, die ihr mühselig und beladen seid.
Ich will euch erquicken« (Mt 11,28).

Wie die Zweiggöttin Weisheit spricht er Menschen in ihrem tiefsten Begehren an und lädt sie zu Gott ein, der keine moralische Instanz, kein Gesetzgeber mit unerfüllbaren Forderungen, sondern Leben und Fruchtbarkeit ist, der die Sinne öffnet und uns unsere menschliche Einbindung in Natur und Gesellschaft, in Vergangenheit und Zukunft erkennen läßt. Was in der Bibel sich nur andeutet, entfaltet sich später in der mittelalterlichen Kunst: Jesus selbst kann als Lebensbaum dargestellt werden (S. 224f.).

Baum-Spuren in jüdischer und christlicher Tradition

Der Baum begegnet auch noch in der nachbiblischen Theologie sowohl im rabbinischen Judentum als auch in der christlichen Theologie und in der Volksfrömmigkeit, wo er wieder – wie bei den Symbolen Erde und Wasser – in Verbindung mit der Gestalt der Maria erscheint. In der Darstellung der Kunst ist darüber mehr gesagt. In der jüdischen Tradition entwickelte sich die Mystik der Kabbala, deren Grundstruktur der Lebensbaum, Weltenbaum oder Sephirotbaum ist. Vor allem seit dem 13. Jahrhundert entfaltete sich die Kabbala, deren Wurzeln vermutlich in vorpatriarchale Zeiten reichen, mit der Entstehung des kabbalistischen Hauptwerks: des »Sohar«.

Was will die Kabbala? – Im Gegensatz zu der streng kirchlich-theologischen Lehre, die die Transzendenz Gottes und die schlechthinnige Diskontinuität des Verhältnisses von Gott und Mensch vertritt, will die Mystik wie die Kabbala die Gegensätze von Gott und Mensch wieder in Beziehung bringen. Gott und Schöpfung werden im Zusammenspiel gesehen, ohne allerdings sich pantheistisch in der Natur aufzulösen. Auch die menschlichen dualistischen Erfahrungen, die Aufspaltungen in Körper und Geist, in Erde und Himmel, in Göttliches und Menschliches sollen geheilt werden. Eine zentrale Rolle spielt nun in der Kabbala die menschliche Urerfahrung der Geschlechterpolarität. »Ein Geistbild, in dem nicht männlich und weiblich vereinigt sind, ist nicht himmlischer Art«, heißt es im Buch Sohar. Und ferner: »An einem Orte, wo sich nicht Männliches und Weibliches vereinigt finden, schlägt der Allerheilige nicht seinen Wohnsitz auf.« In der Kabbala soll aus der Geschlechtertrennung eine neue fruchtbare Einheit werden. Das Bild für diese umfassende Integration aller Gegensätze ist der Lebensbaum oder Weltenbaum. Seine Zweige streben in alle Richtungen, aber beziehen die Lebenskraft aus dem Stamm. Auseinanderstreben und Wiedervereinigen – in diesem Kräftespiel sieht die Kabbala die Welt. Es sind die kosmischen, religiösen/göttlichen und menschlichen Kräfte, die so zusammenwirken.

Doch wie sieht dieses Kräftespiel aus, und welche Art von Kräften sind es? Der Lebensbaum wird auch Sephirotbaum genannt; Sephirot – das sind die Urpotenzen, die aus Gott, dem En-sof, dem Urgrund hervorgehen. Es gibt zehn dieser Urpotenzen, die einander oft polar zugeordnet sind. Es gibt zeugende und empfangende Potenzen. Die ersten drei Urpotenzen sind Wille, Weisheit und Verstand (Kether, Hochma und Bina), unterschiedliche Urkräfte, die die Welt bewegen. Die Weisheit wird als Weltensame verstanden, während Bina-Verstand ein weibliches Element enthält. Aus ihnen gehen dann aber die gegensätzlichen Kräfte: Gnade und Gericht, (Chessed und Din) hervor. Diese vereinigen sich im Herzstück des Lebensbaumes: in der 6. Urpotenz, die als Liebe, Schönheit, Barmherzigkeit (Tif'eret oder Rachamin) verstanden wird. Der Name dieser 6. Urpotenz ist auffallend: Sie wird Rachamin = Barmherzigkeit – und das ist im Hebräischen zugleich »Uterus« – genannt, und sie gilt merkwürdigerweise als männlich und aktiv! Das Zentrum, das »Sonnengeflecht« dieses Weltgerüsts, ist also deutlich weiblichen Ursprungs. Daraus gehen wieder die Potenzen: Ewigkeit und Lob (Nezach und Hod) hervor und vereinigen sich in der bedeutungsvollen 9. Urpotenz, die »Fundamente« (Jessod) oder der »Gerechte« (Zaddik) genannt wird. Diese Kraft ist als zeugende, phallusähnliche Potenz verstanden, und sie bringt schließlich die letzte Kraft hervor: die Seele, die Gemeinde, das Weibliche überhaupt, die Ergänzung des Männlich-Menschlichen. Sie wird als »Schechina« oder »Malchut« bezeichnet. In der kabbalistischen Theologie wird in organischen, naturhaften Vorstellungen gedacht, und was Gott ist, wird in innergöttlichen Lebensprozessen enthüllt. Der in Israel so oft verdächtigte Baum hat hier zu einer neuen Sprache über Gott und zu einer Integration auseinanderstrebender Lebensprozesse geführt. Vermutlich ist dieser kabbalistische Baum ursprünglich sogar ein weiblicher Baum, der die Lebenskräfte der Göttin, die Göttin selbst darstellt. Nach einer Untersuchung von Christa Mulack haben wir es mit dem bekannten kabbalistischen Lebensbaum mit einer patriarchalen Umformung eines ehemals weiblichen Modells zu tun.

Im 17. Jahrhundert entwickelte die württembergische Prinzessin Antonia für eine Lehrtafel in Bad Teinach (Schwarzwald) aus dem jüdischen Lebensbaum einen jüdisch-christlichen Lebensbaum, dessen Kräftespiel sie statt aus männlichen Potenzen aus weiblichen Fruchtbarkeiten verstand und mit Frauengestalten darstellte.

In der christlichen Theologie kehrt der Baum immer wieder als Untermalung, Unterwanderung oder Korrektur des Kreuzes wieder. Das christliche Kreuz, das seit der konstantinischen Ära zum wichtigsten Symbol des Christentums wurde, ist häufig verdächtigt worden, nur die nekrophile Seite des Daseins zu betonen. Sehen wir aber in die künstlerische Tradition der Christenheit zurück, so begegnet – statt des in der Neuzeit hervortretenden kargen Kreuzes mit dem Gekreuzigten – oft als Kreuz ein mit Blumen geschmücktes Holz oder ein Lebensbaum mit Früchten und Blättern, mit Wurzeln, die tief in die Erde hinabreichen, und mit einer Baumkrone, die sich dem Himmel öffnet, der zugleich die Form eines Kreuzes hat. Wir können diese Verbindung vielleicht so verstehen: Das Todes- und Folterwerkzeug Kreuz, das erst spät zum Symbol der Christen wurde und den frühen Fisch ablöste, hat unterschwellig stets auch eine andere Bedeutung gehabt: Aus matriarchalen Kulturen kennen wir es als Symbol der Ganzheit und des Lebens, das mit seinen vier Querbalken in alle vier Himmelsrichtungen weist. In dem Todessymbol sah man lange vermutlich noch ein Lebenssymbol. Je mehr sich diese alte Bedeutung verlor, um so wichtiger wurde es, das historische Kreuz mit Baum- und Fruchtbarkeitssymbolen zu hintermalen und damit Kreuz und Lebensbaum zu vereinigen. Die Einheit von Leben und Tod, von Geschichte und Natur, von Verzweiflung und Hoffnung fand nun einen angemessenen Ausdruck. Der Baum als Blumenbaum, Früchtebaum, Weltenbaum rettete das christliche Symbol vor dem Verdacht, lebensfeindliche Askese zu vertreten, und bewahrte die in der Bibel enthaltenen Spuren von Kosmos, Liebe und Lust. Auch der Weihnachtsbaum stellt noch einmal die alte Verbindung von Natur, Geburt und Neuwerden dar.

Der biblische Baum hat also bis in die nachbiblischen Ausgestaltungen der Theologie, bis hinein in die Gegenwart seine Bedeutung behalten. Er eröffnet uns heute wieder neu die Dimension des Kosmischen und Weiblichen, die er durch die Jahrtausende bewahrt hat.

Texte

Der Baum des Lebens und der Baum der Erkenntnis

⁸Und Gott der HERR pflanzte einen Garten in Eden gegen Osten hin und setzte den Menschen hinein, den er gemacht hatte.

⁹Und Gott der HERR ließ aufwachsen aus der Erde allerlei Bäume, verlockend anzusehen und gut zu essen, und den Baum des Lebens mitten im Garten und den Baum der Erkenntnis des Guten und Bösen.

¹⁰Und es ging aus von Eden ein Strom, den Garten zu bewässern, und teilte sich von da in vier Hauptarme.

¹¹Der erste heißt Pischon, der fließt um das ganze Land Hawila, und dort findet man Gold;

¹²und das Gold des Landes ist kostbar. Auch findet man da Bedolachharz und den Edelstein Schoham.

¹³Der zweite Strom heißt Gihon, der fließt um das ganze Land Kusch.

¹⁴Der dritte Strom heißt Tigris, der fließt östlich von Assyrien. Der vierte Strom ist der Euphrat.

¹⁵Und Gott der HERR nahm den Menschen und setzte ihn in den Garten Eden, daß er ihn bebaute und bewahrte.

¹⁶Und Gott der HERR gebot dem Menschen und sprach: Du darfst essen von allen Bäumen im Garten,

¹⁷aber von dem Baum der Erkenntnis des Guten und Bösen sollst du nicht essen; denn an dem Tage, da du von ihm issest, mußt du des Todes sterben *(Gen 2,8–17).*

Der verführerische Baum

Aber die Schlange war listiger als alle Tiere auf dem Felde, die Gott der HERR gemacht hatte, und sprach zu dem Weibe: Ja, sollte Gott gesagt haben: ihr sollt nicht essen von allen Bäumen im Garten?

²Da sprach das Weib zu der Schlange: Wir essen von den Früchten der Bäume im Garten;

³aber von den Früchten des Baumes mitten im Garten hat Gott gesagt: Esset nicht davon, rühret sie auch nicht an, daß ihr nicht sterbet!

⁴Da sprach die Schlange zum Weibe: Ihr werdet keineswegs des Todes sterben,

⁵sondern Gott weiß: an dem Tage, da ihr davon esset, werden eure Augen aufgetan, und ihr werdet sein wie Gott und wissen, was gut und böse ist.

⁶Und das Weib sah, daß von dem Baum gut zu essen wäre und daß er eine Lust für die Augen wäre und verlockend, weil er klug machte. Und sie nahm von der Frucht und aß und gab ihrem Mann, der bei ihr war, auch davon, und er aß.

⁷Da wurden ihnen beiden die Augen aufgetan, und sie wurden gewahr, daß sie nackt waren, und flochten Feigenblätter zusammen und machten sich Schurze.

⁸Und sie hörten Gott den HERRN, wie er im Garten ging, als der Tag kühl geworden war. Und Adam versteckte sich mit seinem Weibe vor dem Angesicht Gottes des HERRN unter den Bäumen im Garten.
⁹Und Gott der HERR rief Adam und sprach zu ihm: Wo bist du?
¹⁰Und er sprach: Ich hörte dich im Garten und fürchtete mich; denn ich bin nackt, darum versteckte ich mich.
¹¹Und er sprach: Wer hat dir gesagt, daß du nackt bist? Hast du nicht gegessen von dem Baum, von dem ich dir gebot, du solltest nicht davon essen?
¹²Da sprach Adam: Das Weib, das du mir zugesellt hast, gab mir von dem Baum, und ich aß.
¹³Da sprach Gott der HERR zum Weibe: Warum hast du das getan? Das Weib sprach: Die Schlange betrog mich, so daß ich aß.
¹⁴Da sprach Gott der HERR zu der Schlange: Weil du das getan hast, seist du verflucht, verstoßen aus allem Vieh und allen Tieren auf dem Felde. Auf deinem Bauche sollst du kriechen und Erde fressen dein Leben lang.
¹⁵Und ich will Feindschaft setzen zwischen dir und dem Weibe und zwischen deinem Nachkommen und ihrem Nachkommen; der soll dir den Kopf zertreten, und du wirst ihn in die Ferse stechen *(Gen 3,1–15).*

Der Pharao – ein gestürzter Zedernbaum
Und es begab sich im elften Jahr am ersten Tag des dritten Monats, da geschah des HERRN Wort zu mir:
²Du Menschenkind, sage zum Pharao, dem König von Ägypten, und zu seinem stolzen Volk: Wem bist du gleich in deiner Herrlichkeit?
³Siehe, einem Zedernbaum auf dem Libanon, mit schönen Ästen und dichtem Laube und sehr hoch, so daß sein Wipfel in die Wolken ragte.
⁴Wasser ließ ihn groß werden und die Flut der Tiefe in die Höhe wachsen. Ihre Ströme gingen rings um seinen Stamm her, und ihre Rinnsale sandte sie zu allen Bäumen auf dem Felde.
⁵Darum ist er höher geworden als alle Bäume auf dem Felde und trieb viele Äste und lange Zweige; denn er hatte Wasser genug, sich auszubreiten.
⁶Alle Vögel des Himmels nisteten auf seinen Ästen, und alle Tiere des Feldes hatten Junge unter seinen Zweigen, und unter seinem Schatten wohnten alle großen Völker.
⁷Er war schön geworden in seiner Größe mit seinen langen Ästen; denn seine Wurzeln hatten viel Wasser.
⁸So war ihm kein Zedernbaum gleich in Gottes Garten, und die Zypressen waren seinen Ästen nicht zu vergleichen, und die Platanen waren nichts gegen seine Zweige. Ja, er war so schön wie kein Baum im Garten Gottes.
⁹Ich hatte ihn so schön gemacht mit seinen vielen Ästen, daß ihn alle Bäume von Eden im Garten Gottes beneideten.

¹⁰Darum – so spricht Gott der HERR: Weil er so hoch geworden war, daß sein Wipfel bis in die Wolken ragte, und weil sein Herz sich erhob, da er so hoch geworden war,

¹¹darum gab ich ihn dem Mächtigsten unter den Völkern in die Hände, daß der mit ihm umginge, wie er verdient hat mit seinem gottlosen Tun, und ihn vertriebe.

¹²Fremde hieben ihn um, die Gewalttätigsten unter den Völkern, und ließen ihn liegen. Seine Äste fielen auf die Berge und in alle Täler, und seine Zweige lagen zerbrochen an allen Bächen im Lande, so daß alle Völker auf Erden wegziehen mußten und ihn liegen ließen, weil er keinen Schatten mehr gab.

¹³Alle Vögel des Himmels saßen auf seinem gefällten Stamm, und alle Tiere des Feldes legten sich auf seine Äste,

¹⁴damit sich fortan kein Baum am Wasser wegen seiner Höhe überhebe und seinen Wipfel bis in die Wolken recke und kein Baum am Wasser sich erhebe über die andern. Denn sie müssen alle unter die Erde und dem Tod übergeben werden zu den Menschen, die in die Grube fahren.

¹⁵So spricht Gott der HERR: An dem Tage, an dem er hinunter zu den Toten fuhr, da ließ ich die Fluten der Tiefe um ihn trauern und hielt ihre Ströme an, daß die großen Wasser nicht fließen konnten. Ich ließ den Libanon um ihn trauern, daß alle Bäume auf dem Felde um seinetwillen verdorrten.

¹⁶Ich erschreckte die Völker, als sie ihn fallen hörten, da ich ihn hinunterstieß zu den Toten, zu denen, die in die Grube gefahren sind. Damit trösteten sich unter der Erde alle Bäume von Eden, die edelsten und besten vom Libanon, alle, die am Wasser gestanden hatten.

¹⁷Denn sie mußten auch mit ihm hinunter zu den Toten, zu den mit dem Schwert Erschlagenen, weil sie unter dem Schatten seines Arms gewohnt hatten inmitten der Völker.

¹⁸Wem bist du gleich, Pharao, mit deiner Pracht und Herrlichkeit unter den Bäumen von Eden? Und du mußt mit den Bäumen von Eden unter die Erde hinabfahren und unter den Unbeschnittenen liegen, die mit dem Schwert erschlagen sind. So soll es dem Pharao gehen und seinem stolzen Volk, spricht Gott der HERR.
(Ez 31,1–18)

Das Senfkorn wird ein Baum

³¹Ein anderes Gleichnis legte Jesus ihnen vor und sprach: Das Himmelreich gleicht einem Senfkorn, das ein Mensch nahm und auf seinen Acker säte;

³²das ist das kleinste unter allen Samenkörnern; wenn es aber gewachsen ist, so ist es größer als alle Kräuter und wird ein Baum, so daß die Vögel unter dem Himmel kommen und wohnen in seinen Zweigen.
(Mt 13,31f.)

Die Jotam-Fabel

⁸Die Bäume gingen hin, um einen König über sich zu salben, und sprachen zum Ölbaum: Sei unser König!

⁹Aber der Ölbaum antwortete ihnen: Soll ich meine Fettigkeit lassen, die Götter und Menschen an mir preisen, und hingehen, über den Bäumen zu schweben?

¹⁰Da sprachen die Bäume zum Feigenbaum: Komm du und sei unser König!

¹¹Aber der Feigenbaum sprach zu ihnen: Soll ich meine Süßigkeit und meine gute Frucht lassen und hingehen, über den Bäumen zu schweben?

¹²Da sprachen die Bäume zum Weinstock: Komm du und sei unser König!

¹³Aber der Weinstock sprach zu ihnen: Soll ich meinen Wein lassen, der Götter und Menschen fröhlich macht, und hingehen, über den Bäumen zu schweben?

¹⁴Da sprachen alle Bäume zum Dornbusch: Komm du und sei unser König!

¹⁵Und der Dornbusch sprach zu den Bäumen: Ist's wahr, daß ihr mich zum König über euch salben wollt, so kommt und bergt euch in meinem Schatten; wenn nicht, so gehe Feuer vom Dornbusch aus und verzehre die Zedern Libanons.
(Ri 9,8–15)

Die Weisheit als Zweiggöttin

¹Die Weisheit preist sich selbst, und unter dem Volk rühmt sie sich.
²Sie tut ihren Mund auf in der Gemeinde des Höchsten
³und lobt sich vor seinem himmlischen Heer und spricht:
⁴»Ich ging vom Munde des Höchsten aus
⁵und bedeckte wie Nebel die Erde.
⁶Mein Zelt war in der Höhe und mein Thron auf den Wolken.
⁷Ich allein durchwanderte das Himmelsgewölbe
⁸und durchzog die Tiefen des Abgrunds.
⁹Auf den Wogen im Meer, überall auf Erden,
¹⁰unter allen Menschen und Völkern gewann ich Besitz.
¹¹Bei diesen allen suchte ich Wohnung, um bei einem von ihnen einen Erbbesitz zu finden. –
¹²Da gebot mir der Schöpfer aller Dinge, und der mich geschaffen hat, gab mir eine bleibende Wohnung
¹³und sprach: In Jakob sollst du wohnen, und in Israel soll dein Erbbesitz sein.
¹⁴Vor der Welt, im Anfang bin ich geschaffen und werde ewig bleiben.
¹⁵Ich habe vor ihm im heiligen Zelt gedient und danach auf dem Zion eine feste Stätte gefunden; so hat er mich in die geliebte Stadt gesetzt, daß ich in Jerusalem regieren sollte.
¹⁶Ich bin eingewurzelt bei einem geehrten Volk, das Gottes Erbteil ist.

¹⁷Ich bin hoch gewachsen wie eine Zeder auf dem Libanon und wie eine Zypresse auf dem Gebirge Hermon.
¹⁸Ich bin aufgewachsen wie ein Palmbaum in En-Gedi und wie die Rosenstöcke in Jericho,
¹⁹wie ein schöner Ölbaum auf freiem Felde; ich bin aufgewachsen wie eine Platane.
²⁰Ich strömte einen lieblichen Geruch aus wie Zimt und köstliche Würze und duftete wie die beste Myrrhe,
²¹wie Galbanum und Onych und Stakte und wie der Weihrauch im Tempel.
²²Ich breitete meine Zweige aus wie eine Terebinthe, und meine Zweige waren schön und prächtig.
²³Ich sproßte lieblich wie der Weinstock,
²⁴und meine Blüte brachte herrliche und reiche Frucht. –
²⁵Kommt her zu mir, alle, die ihr nach mir verlangt,
²⁶und sättigt euch an meinen Früchten!
²⁷Denn an mich zu denken ist süßer als Honig, und mich zu besitzen süßer als Honigseim.
²⁸Wer von mir ißt, den hungert immer nach mir;
²⁹und wer von mir trinkt, den dürstet immer nach mir.
³⁰Wer mir gehorcht, der wird nicht zuschanden;
³¹und wer mir dient, der wird unschuldig bleiben.« –
³²Dies alles ist das Buch des Bundes, den der höchste Gott aufgerichtet hat
(Weish 24,1–32)

Literaturhinweise

Urs Winter, Frau und Göttin, Göttingen 1983
Silvia Schroer, Die Zweiggöttin in Palästina/Israel. In: Küchler/Uehlinger, Jerusalem. Texte-Bilder-Steine, Göttingen 1987
Erich Fromm, Die Kunst des Liebens, Frankfurt 1982
Christa Mulack, Die Weiblichkeit Gottes, Stuttgart 1983
Elisabeth Moltmann-Wendel, Ein Altar weiblicher Heilsgeschichte. In: dies., Wenn Gott und Körper sich begegnen, Gütersloh 1989
Gershom Sholem, Zur Kabbala und ihrer Symbolik, Frankfurt 1973
Martin Luther, WA 39, 1, 46,28
Harald Schweizer (Hg.), ... Bäume braucht man doch, Sigmaringen 1986.
Erich Neumann, Die große Mutter, Olten 1974
Eugen Drewermann, Die Symbolik von Baum und Kreuz in religionsgeschichtlicher und tiefenpsychologischer Betrachtung, Schwerte 1979 – ders., Strukturen des Bösen, Bd. II

3. Der Baum in der Kunst
Maria Schwelien

Der Baum in Kunst- und Kulturgeschichte

Adam, Eva, der Paradiesbaum und die nordische Mythologie

Wer sich einmal mit Bäumen, ihrer Gestalt, ihrer Mythologie, ihren Legenden und Märchen beschäftigt, befindet sich alsbald auf faszinierender Fährte. Der Mensch hatte von jeher ein besonderes Verhältnis zu Bäumen, ein uraltes, das sich auf der ganzen Welt ähnelt. Denkt man etwa an das Paradies, an Adam und Eva, so zeigt sich bereits hier, daß der Umgang der Menschen mit den Bäumen nicht so ganz einfach war. Das hatte die altbekannte Folge, daß Adam und Eva wegen dieses falschen Umgangs mit den Früchten der Bäume aus dem Paradies vertrieben wurden. Die Verführungsszene mit Apfel und Schlange ist eine der bekanntesten in der darstellenden Kunst, an der sich große und nicht so große Künstler immer wieder versucht haben. Im Text über den Sündenfall heißt es im ersten Buch Mose, daß ihrer beider Augen aufgetan wurden und sie sahen, daß sie nackt waren. Sie flochten Feigenblätter zusammen und machten sich Schürzen.

Seit dem frühen Mittelalter wurden viele Zeichnungen, Gemälde und Skulpturen gemalt und gemeißelt, die alle – mehr oder weniger naturgetreu – auch das Feigenblatt für Adam und Eva abbildeten. Wie es wirklich aussah, wußten jedoch nur wenige, denn nicht alle Maler und Bildhauer waren vertraut mit der Vegetation der Mittelmeerländer, auch Dürer nicht, bevor er nach Venedig kam. Zur Zeit des ersten Menschenpaares mögen nur Wildäpfel an den Zweigen gehangen haben. In manchen Darstellungen verführt Adam Eva jedoch mit einem Granatapfel, auch Apfel des Sündenfalls oder der Erkenntnis genannt. Ob es sich aber bei der Verführungsfrucht um einen Wildapfel, einen Granatapfel, vielleicht eine Feige, gar eine Quitte oder eine andere Frucht handelte, wird immer Geheimnis bleiben.

Robert von Ranke-Graves beschreibt in seinem Buch »Die weiße Göttin« das Geschehen so: »Als nun die biblische Geschichte von Adam und Eva nach Westeuropa gelangte, wurde die Frucht vom Baum der Erkenntnis von Gut und Böse als Apfel aufgefaßt – nicht als Feige, trotz des im gleichen Kontext vorkommenden Feigenblattes. Adam hatte die Frucht vom verbotenen Baum der Weisheit gegessen, die Eva, die Mutter aller Lebenden, ihm reichte; und die Barden übersetzten daher ›Frucht‹ als Apfel.«

In Raimondo Marcantonios Kupferstich »Adam und Eva« (s. S. 231) sind unidentifizierbare Obstbäume dargestellt und eine höchst seltsame Verführungsszene dazu, denn hier verführt Adam eine selbstsicher an einen Baum gelehnte Eva. Er nähert sich ihr, nach ihren Augen suchend, mit einem Zweig und zwei Früchten in seiner hohlen Hand. Sind es Feigen? Auf jeden Fall sind es die Früchte, die zur Erkenntnis geführt haben, ohne die menschliches Leben nicht vorstellbar ist.

Das Paradies, der Garten Eden, Arkadien, ländliche Idylle und Elysium sind nicht denkbar ohne Bäume. Als schatten- und nahrungsspendend sind sie auch ein häufig vorkommendes Traummotiv, symbolisieren Wachstum, Entwicklung, psychische Reife und kontinuierliche Veränderung. Mit ihrem immer wechselnden Aussehen während der Jahreszeiten versinnbildlichen sie auch die Wiedergeburt des Lebens. Mit ihren Zweigen und Wurzeln stehen sie für die Verbindung der kosmischen Bereiche: des Lebens in und auf der Erde und im Himmel. Sie empfangen den Regen aus den Wolken, und ihre Wurzeln ziehen das Wasser aus der Erde.

Baumsymbole sind in fast allen Kulturen und in den ältesten Mythen zu finden. Stellvertretend für viele Himmels-, Lebens- und Paradiesbäume der Erkenntnis seien hier assyrische Steinarbeiten, ägyptische und etruskische Darstellungen sowie mittelalterliche Miniaturen erwähnt.

In den Gesängen der isländischen *Edda* wird die Weltenesche Yggdrasill besungen als der Mittelpunkt der Welt, jedoch nur symbolisch gedeutet, ohne irgendwo geographisch lokalisierbar zu sein. In ihrem Geäst wohnen Vögel: die Seelen der Verstorbenen und Ungeborenen. Ihre Krone reicht bis zu den Gestirnen. Ihre Zweige bewegen sich über der Erdoberfläche, und ihre Wurzeln werden genährt von der Wasserquelle der Unterwelt. Im Erdinnern wohnen die drei Nornen, die Spinnerinnen des Lebensfadens und Genien des Schicksals, die durch die Jahrhunderte die Fantasie der Maler und Märchenerzähler beflügelten. Dazu später mehr.

In den Bäumen, so die nordische Mythologie, entstanden die ersten Menschen, sogenannte Baumgeburten. Der Mann wurde aus einer Esche geboren, die Frau aus einer Ulme: das erste Menschenpaar.

Die ägyptische Baumgöttin

Die Wälder des Mittelmeergebietes waren früher wesentlich dichter, die Bevölkerungsdichte bedeutend geringer. Der Wald spielte im Dasein der Menschen eine wichtige Rolle für die Nahrungsmittelsuche und als Material zum Hausbau. Die Nahrungsmittelsuche war wichtiger als die Jagd, die dem Zufall unterlag. Der Baum mit seinen Früchten und eßbaren Samen wurde daher als nährende Gottheit, als eigentliche Lebensquelle aufgefaßt. Im alten Ägypten war die Maulbeerfeige Wohnort der Göttinnen Isis, Nut und Hathor. Grabmalereien geben ein beredtes Zeugnis von dieser Glaubenstradition, in denen Baum und Göttin zwar noch zu erkennen, aber bereits zu einer Einheit verschmolzen sind.

Im Hannoverschen Kestner-Museum befindet sich ein Wandrelief der 19. Dynastie um 1200 aus Memphis, bei dem es sich um die Grabgedenkstätte eines Priesters und seiner Frau handelt. Ohne weiter auf die Details einzugehen, sei hier nur gesagt, daß der Körper der Baumgöttin und »Gottesmutter« Isis den Stamm darstellt, sie zwar Speise und Trank als Gastgeberin anbietet, sich der Kopf jedoch bereits in Blattwerk verwandelt hat. Es ist ein mit menschlichen Armen versehener Feigenbaum, eine Sykomore, in deren Schatten zwei vogelgestaltige Seelen der Verstorbenen im Nekropolenteich trinken.

Die Aufnahme des Hellmut Brunner zeigt eine Sykomorengöttin aus dem Grab Thutmosis III. aus etwa der gleichen Zeit wie das Relief im Kestner-Museum. Während dort aus einem Spendgefäß Wasser gereicht wird, zeigt diese Malerei Einzigartiges: König und Kronprinzen werden von Göttinnen aus der Brust ernährt und erhalten auf diese Weise Anteil an der göttlichen Welt, was selbstverständlich anderen Menschen nicht widerfährt. Die Übersetzung der Hieroglyphen: »Thutmosis III., es nährt ihn seine Mutter Isis.«

Baumkulte im frühen Christentum

Erblickst du einen Hain von dichtstehenden, alten, über die gewöhnliche Höhe aufragenden Bäumen, wo die Masse des über- und durcheinander sich erstreckenden Gezweigs den Anblick des Himmels ausschließt, dann gibt der riesige Baumwuchs das Geheimnis des Orts und die Bewunderung des im offenen Felde so dichten und zusammenhängenden Schattendunkels dir das Gefühl von der Gegenwart einer Gottheit. *Seneca*

Die Verehrung der Bäume war immer ausgerichtet auf ein darin wohnendes Wesen, eine Gottheit oder auf Geister. Bekannt ist die Legende des heiligen Bonifatius, der in der Gegend von Geismar eine dem germanischen Gott Donar geweihte Eiche fällt und mit dem gespaltenen Holz eine Kapelle baut. – Es war eine der ersten Aufgaben christlicher Missionare, den Baumkult abzuschaffen, aber noch im 10. Jh. wurde als Widerstand, Protest und Gegenwehr z. B. der heilige Adalbert von Prag von den Preussen in einem ihrer heiligen Wälder (in Fischhausen bei Königsberg) ermordet.

Das Konzil von Arles erließ 452 Gesetze gegen die Anbetung von Bäumen, Brunnen und Steinen und warnte davor, unter Bäumen einen »gotteslästerlichen Kult« zu betreiben. Die Missionare drohten ihren Gläubigen, die immer wieder allerlei Altäre auf Wurzeln errichteten, den Bäumen Opfer zu bringen und sie um Schutz für ihre Kinder, Häuser und Felder anzuflehen. Als einziges der verbotenen Baumheiligtümer war es die Linde, die sich in die christliche Zeit hinüberretten konnte, indem man an den der germanischen Liebes- und Glücksgöttin Freya geweihten Baum eine Marienfigur anbrachte.

Der Olivenbaum

In den Kapiteln der Genesis wird zwar noch kein Olivenbaum, aber dennoch bereits ein Olivenzweig erwähnt, und zwar im Zusammenhang mit der Sintflut. Als Noah eine Taube aus der Arche fliegen ließ, kam sie zur Abendzeit zurück und trug ein frisches Ölblatt in ihrem Schnabel, ein Zeichen dafür, daß die Vegetation wieder zu grünen begann. In zahlreichen Überlieferungen wird der Olivenbaum »Vater des Feuers« genannt wegen des Öls, das er liefert, vor allem aber als Quelle des Lichts, und so symbolisiert er auch geistige Stärke und Erkenntnis.

Die Verehrung der Hebräer für den Olivenbaum zog weite Kreise und breitete sich auch auf andere semitische Völker aus. Im Islam gilt er als heilig und gesegnet. Er ist für die Muslime der Weltenbaum, das Zentrum und der Stützpfeiler der Welt. Er ist außerdem der Baum Abrahams, des gemeinsamen Ahnherrn der Juden, Christen und Muslime. Abraham, wie vor ihm Noah, wird mit dem Olivenbaum identifiziert. Wahrscheinlich waren es die Phönizier, die ihn an den Küsten des Mittelmeers und vor allem in Karthago ansiedelten, von wo aus er sich über ganz Nordafrika und das Mittelmeergebiet ausbreitete. Überall in Griechenland waren die Olivenbäume und Haine geschützt. Sie zu fällen oder zu verbrennen wurde als Verbrechen geahndet. Die Geburt eines Kindes wurde mit einem Kranz aus Olivenzweigen bekanntgegeben, den man an der Haustür anbrachte. Er sollte das Neugeborene vor den Einflüssen der Dämonen schützen. Olivenzweige wurden bei Hochzeiten getragen und den Toten beigegeben.

Aus der Benediktinerinnenabtei Eichstätt in Bayern wird noch heute das sogenannte Walburgisöl – bekannt wegen seiner Heilwirkung – an Gläubige versandt, das sich als Wasser aus dem Gruftschacht der Reliquien der heiligen Walburga absondert. Walburga war eine angelsächsische Frau, die als Benediktinerin von Bonifatius zur Festlandmission gerufen wurde. Ihr Namenstag wird am 1. Mai gefeiert. Obwohl zwischen dem Fest der heiligen Walburga und der orgiastischen Walpurgisnacht keine innere Verbindung besteht, hat die Wunderfreudigkeit des Mittelalters doch Mythen und Sagen mit den Legenden um die Heilige verwoben. Walpurgis wurde in heidnischer Zeit als Acker- und Korngöttin verehrt. In ihrem Namen verweben sich christliches Brauchtum und Legenden mit Aberglauben und lassen eine Frauengestalt erscheinen, die in der Walpurgisnacht von Hexen verfolgt wird und mit feenhafter Schwerelosigkeit von Dorf zu Dorf flieht, überall ein Kreuz suchend, das sie vor ihren Verfolgern schützt. Die Heilige verwandelt sich bei Sonnenaufgang in die Patronin der Landfrauen und Bauern, Apotheker und der Haustiere. Statt eines Marterwerkzeuges trägt sie meist ein Ölfläschchen und drei Ähren wie die römische Fruchtbarkeitsgöttin Ceres.

Außer dem Walburigsöl gibt es noch das Walpurgiskraut, das über die Türen in Ställen angebracht wird, um Zauberei und Behexung abzuwehren. Botaniker nannten dieses Kraut früher Mondraute, Lunaria oder Selenitis, benannt nach der Mondgöttin Selene, denn der Mond galt von jeher als Symbol der Fruchtbarkeit und weist auf all das hin, was im Geist der Menschen als das Weibliche gilt.

Athene, die der Überlieferung zufolge den Ölbaum nach Athen brachte, wird oft mit Olivenlaub im Haar als Emblem der Fruchtbarkeit und Lebenskraft dargestellt, denn so wie die Eule war auch die Olive ihr Attribut. Botticelli jedoch hat sie in seinem Gemälde »Athene und der Centaur« – zu sehen in den Uffizien – nicht mit Olivenzweigen bekränzt, sondern ihre Haare, ihren Leib, ihre Brüste und ihre Arme mit Lorbeerzweigen geschmückt, was sie gleichzeitig als Schutzgöttin der Wissenschaften auszeichnet.

In der christlichen Symbolik gilt der Ölzweig als Sinnbild des Friedens und der Barmherzigkeit. Dies spricht auch aus einer mittelalterlichen Erzählung, daß bei Christi Geburt in Rom eine wunderbare Ölquelle entsprungen sei, die sich in den Tiber ergossen habe.

Daphne und der Lorbeerbaum

Ein Jahrhundertsprung führt zu einer der aufregendsten Skulpturen des italienischen Barock: Berninis »Apoll und Daphne«, in der die Flucht der Nymphe vor Apoll und ihre augenblickliche Verwandlung in einen Lorbeerbaum in großartiger Vollendung dargestellt wird. Apoll – verzweifelt – liebt nach Ovids Erzählung auch den Baum und erspürt unter der Rinde noch immer Daphnes flatternden Herzschlag. Er umschlingt die Zweige wie Glieder mit seinen Armen und küßt das Holz. Er will, daß sie ihm auch als Baum gehöre.

Für die Griechen war Daphne noch eine Priesterin der Erdmutter. Und so rief Daphne in ihrer Not die Mutter Erde an, die sie im letzten, gefahrvollen Moment nach Kreta zauberte, wo sie als Pasiphaë bekannt wurde. An ihrer Stelle ließ Mutter Erde einen Lorbeerbaum zurück, aus dessen Blättern sich der verzweifelte Apoll zum Trost einen Kranz wand (S. 184, 194).

Der Marienbaum

In der mit großen Phantasieflügeln bereicherten Legende eines Marienbaums in Matarîja außerhalb von Kairo heißt es, daß sich unter diesem Baum die heilige Familie auf der Flucht vor den Verfolgern des Herodes verborgen gehalten und ausgeruht habe. Der Baum, der bis heute dort steht, befindet sich in einem kleinen, ummauerten Garten und kann von außen nicht eingesehen werden. Um hineinzukommen, muß bei einem Wärter eine Gebühr bezahlt werden. Es handelt sich dort um einen Feigenbaum, der 1670 anstelle eines älteren Baumes gepflanzt wurde. Seine schweren Äste werden an vielen Stellen durch starke Holzpflöcke gestützt. – Matarîja war Wallfahrtsziel und Zwischenstation auf dem Weg in das Heilige Land und wurde von deutschen Pilgern des Mittelalters aufgesucht. Es stand dort in frühchristlicher Zeit bereits eine Kapelle. Hinzu kommt, daß man im nahen Heliopolis einen heiligen Baum verehrte, in dessen Schatten der Horusknabe von Isis gestillt worden sei. Wahrscheinlich ist daher, daß sich an diesen antiken Baumkult die Legende von dem Marienbaum angelehnt hat. Auch waren Isis und ihr von einem Lichtstrahl gezeugter Sohn Horus stets Vorlagen für Madonnendarstellungen. Beide, Isis und Maria, wurden als Jungfrauen und Mutter zugleich verehrt.

Das Kreuz – der Lebensbaum

Die Gestalt des Baumes mit seinen knorrigen Ästen wurde bereits im Mittelalter zum als Lebensbaum bezeichneten Kreuz. Die Darstellung des Lebensbaumes ist jedoch älter als das Christentum und kommt bereits bei den Babyloniern und Assyrern als Sinnbild der Lebenskraft vor. Die Ägypter stellten die Göttin Nut als Lebensbaum dar. Auf mesopotamischen Rollsiegeln ist der Baum häufig mit einem Königspaar in Anbetungshaltung abgebildet, und die jüdische Menora ist vom mesopotamischen Lebensbaumsymbol abgeleitet.

Im Christentum verwandelte sich der Lebensbaum in die Wurzel Jesse. Der Weltenbaum, einst Symbol der Erdmutter, der großen Göttin und der Erneuerin des Lebens, wurde nun mit Christus verbunden. Maria, die viele der ehemals der großen Göttin zugeschriebene Attribute verkörpert, wurde auf dem Konzil von Ephesus 431 von der Mutter Jesu zur Gottesmutter erhöht und erklärt. Ein mittelalterliches Gemälde in der Pinacoteca Nazionale in Ferrara zeigt im »Traum der Jungfrau« die christliche Version der großen Göttin als passiv liegende Gestalt. Statt selbst Lebensbaum zu sein, ist sie nur da, um eine männliche Gestalt zu nähren. Jetzt ist es Jesus, der mit diesem heiligen Baum verbunden wird und somit die Göttin als Quelle ständiger Erneuerung ersetzt.

Das Christentum sah im Lebensbaum das erlösende Gegenstück zum verderbnisbringenden Paradiesbaum, und so wird er direkt zum Kreuz, also nicht nur zum Holz, aus dem das Kreuz gezimmert wurde. Das Kruzifix in St. Maria im Kapitol in Köln (1304), auch »Pestkreuz« genannt, zeigt Christus an einem solchen Lebensbaum, aber mehr noch: In der Kathedrale St. Jones in Valetta auf Malta ist selbst der Christuskörper ge-

schnitzt, so daß *Christus* damit zum Lebensbaum wird. Kruzifixe aus Baumstämmen, in Malereien auch mit Blättern und Blüten dargestellt, sind als Allegorie der Todesüberwindung zu verstehen. Desgleichen stellen sie den Baum der Erkenntnis dar und damit auch die Überwindung der Erbsünde durch Christus. Eine der berühmtesten Kreuzigungsdarstellungen der Renaissance nördlich der Alpen mit einem aus Baumstämmen zusammengeschlagenen Kreuz ist der Isenheimer Altar des Matthias Grünewald im Unterlinden-Museum in Colmar.
Unter dem Motto

»Von einem Baum kommt der Tod,
von einem Baum kommt das Leben«

wurde von der katholischen Hilfsorganisation Misereor ein Gemälde des Gekreuzigten des haitianischen Malers Jacques Chéry zum *Hungertuch* des Jahres 1982 erklärt und Reproduktionen in alle Welt versandt (s. S. 235). Das Bild zeigt Jesus als dunkelhäutigen Haitianer an einem Kreuzes- und Lebensbaum, der zwar keine Blüten treibt, aber schwer behangen ist mit allen Früchten, die auf der Insel Hispañola wachsen und gleichzeitig die Fruchtbarkeit deutlich machen. Die Wurzeln des Baumes reichen tief in das Dunkel der Erde.

Nachstehend ein Gebet aus dem Buch »Herr über den Tau« des Haitianers Jacques Roumain, in dem Heidnisches der Voodoo-Religion mit Christlichem verwoben ist:

»Er ist der Herr aller Dinge.
Er hält in seinen Händen
den Wechsel der Jahreszeiten,
den Faden des Regens
und das Leben seiner Geschöpfe.
Er ist es, von dem die Sonne
ihr Licht erhält und der die
Kerzen der Sterne entzündet.
Er bläst den Tag an,
und er schafft die tiefe Nacht.
Er lenkt die Geister des Meeres,
der Bäume und der Quellen.«

Mariendarstellungen im Baum

In der Kathedrale St. Sauveur in Aix-en-Provence befindet sich im Hauptschiff das ungewöhnliche Gemälde des Nicolas Froment aus dem 15. Jh., das in einem Triptychon die »Madonna im brennenden Dornbusch« zeigt. Dargestellt ist Maria mit dem Kind in der Krone eines vielstämmigen Dornbuschbaums, dessen Spitzen sich in züngelnde Flammen verwandeln. Eigentlich geht es hier um die Begebenheit von »Mose am brennenden Dornbusch«. In vergleichenden Auslegungen des Alten und Neuen Testaments wird sie jedoch als Präfiguration der jungfräulichen Empfängnis Mariens gesehen. Daher erscheint hier nicht Gottvater, sondern Maria mit dem Kind.

Das Thema der Maria als Madonna und der Frau im Baum hat Segantini, der Schweizer Maler der Jahrhundertwende, sozusagen auf die Erde heruntergeholt und in verschiedenen, reizvollen Varianten gemalt. Da erscheinen Mutter und Kind in dem blattlosen Geäst eines Baumes. In dem großformatigen Bild »Werden« im Segantini-Museum in St. Moritz sitzen Mutter und Kind in dem Wurzelgeflecht eines Baumes an seinen Stamm gelehnt. Beide sind damit in den Kräftebereich der Natur, der Krone und des Stammes einbezogen. Der Baum ist hier wie eine Art Mutterschoß (s. S. 232).

Baumsymbolik und Baumverehrung sind wie ein Echo alter Naturreligionen, wie etwa der heute fast weltweit verbreitete Weihnachtsbaum, der mitten im Winter als tröstliches Symbol grünender Neugeburt gilt. Bäume wurden seit jeher als Wohnstätten göttlicher Wesen, Seelen und elfenartiger Nymphen verstanden. So weisen sie auch heute noch mit ihren am Stamm angebrachten Heiligenbildern darauf hin. »Waldandachten« werden sie in Österreich genannt. Vor allem aber wurde Maria selbst als Lebensbaum angesehen. Alte dörfliche Heiligtümer und Wallfahrtsorte geben die Tradition heiliger Bäume weiter, die eingewoben sind in Mariensymbolik: Maria Dreilinden, Maria Birnbaum, Maria Grün, Maria Rast u. a.

Nachgetragen sei hier noch eine Presse-Meldung aus Manila

vom März 1993, nach der dem jungen Philippiner Judiel Nieva in der Stadt Agoo an der nordphilippinischen Küste die »Himmelskönigin« in einem Guava-Baum erschienen sein soll.

Nymphen, Feen und Waldgeister

Durch die Jahrhunderte immer wieder als beseelt verstanden, waren die Baumbewohner vor und nach Christus jedoch nicht nur Götter und Göttinnen, sondern auch Halb- und Waldgötter: Geister, die sich gleichsam vor dem Christentum dorthin geflüchtet hatten, weil sie immer Kreaturen des Waldes waren. Einer von ihnen ist der gehörnte Halb- und Waldgott Pan, vor dem alle Nymphen fliehen und dessen animalische Sexualität alle weiblichen Wesen in panischen Schrecken versetzt. Sein Name, der »Alles« bedeutet, ist ihm verliehen worden, weil er die genetische Energie verkörpert, die die Welt belebt und ihren Ursprung ausmacht. Dargestellt als lüsterner Waldgeist mit Bocksbeinen, Bockshörnern, spitzen Ohren und halbtierischem Gesicht, ist er der Vetter des altrömischen Fruchtbarkeitsgottes Faun und des zur griechischen Mythologie gehörenden Satyrs. Als Begleiter der Venus, als Gefährte der Nymphen und des Bacchus hat ihn Michelangelo als Knaben dem Bacchus beigegeben, so zu sehen als Marmorskulptur im Bargello in Florenz. Wer sich im Metropolitan Museum in New York auskennt, der möge nach dem Satyr von Clodion suchen, der dort seit 1775 sein Liebesspiel mit einer schönen Bacchante treibt.

Zu den Waldgeistern gehören auch Hexen, die zwischen Rinde und Holz wohnen. Nach einer Sage kommen die kleinen Kinder aus den Bäumen, werden von einer Hebamme unter der Rinde hervorgeholt. Perchta und Frau Holle, der Dämonenherde entstammend, haben ihre Wohnstätten nicht nur in Brunnen, sondern auch in Bergen und Bäumen. So wird Frau Holle spinnend unter einem Baum gesehen, ganz wie die Nornen. Ebenso wird sie in Beziehung gebracht zu Maria. Wie diese segnet sie das Feld, und so können beide füreinander stehen.

Im Schatten alter Bäume, in der Tiefe des Waldes und in der Nähe von Quellen tummelten sich jedoch nicht nur Hexen und Waldgeister, sondern auch Nymphen und Feen, von denen man sagt, daß sie, den Sibyllen gleich, in die Zukunft schauen konnten und die Geheimnisse der Waldkräuter kannten. Wegen ihrer hellen, nebelhaften Gewänder wurden sie auch »weiße Frauen« genannt. Sie ähnelten den römischen Parzen, den griechischen Moiren, den in farbloses Leinen gekleideten Mondgöttinnen, die die Dreiheit des zunehmenden, abnehmenden und des Vollmondes in sich vereinigten und letztlich auch der im Wurzelgeflecht der Weltenesche Yggdrasill wohnenden Nornen.

Die drei Madeln

Einer der vielen nördlich der Alpen aus vorchristlicher Zeit entdeckten Weihesteine der keltisch-germanischen Muttergottheiten in Nettersheim (Nordrhein-Westfalen) zeigt drei nebeneinandersitzende Frauengestalten unter einem beschützenden Dach, begrenzt an beiden Seiten von Säulen. Es wird angenommen, daß diese Muttergottheiten ursprünglich in Bäumen verehrt wurden. Ihr Andenken verbindet sich mit dem nordischen Mythos der drei Nornen und der keltisch-irischen Göttin Brigid, deren Mythos in der heiligen Birgitta von Schweden aufging. Häufig als Trinität betrachtet, entsprach sie der Göttin der Fruchtbarkeit. Überhaupt ist die christliche Dreieinigkeit die buchstäbliche Umkehrung der drei Parzen und der dreifaltigen Mutter. Diese Dreiheit lebt nach der Christianisierung in der volkstümlichen Verehrung der drei Marien, der Figuration der Maria Selbdritt und den drei Jungfrauen weiter. Im Volksmund hört sich das so an:

> Heilige Margarete mit dem Wurm,
> heilige Barbara mit dem Turm,
> heilige Katharina mit dem Radl,
> das sind die drei Madel.

Im Württembergischen Landesmuseum in Stuttgart ist ein Prozessionsstab zu sehen, der

Maria mit dem Kind,
Barbara mit dem Turm und
Dorothea mit dem Blumenkörbchen

als Skulpturen zeigt. Ob Margarete oder Dorothea oder auch Maria-Magdalena – alle gehören sie zu den großen volkstümlichen Heiligen.

Die meisten dieser Skulpturen sind aus dem weichen Holz der Linde, dem »lignum sanctum«, dem heiligen Holz, hergestellt, aus dem Veit Stoß, Riemenschneider und viele unbekannte Meister ihre Werke schufen.

Das Baumhaus

René Magritte (1898–1967), der große surrealistische Maler dieses Jahrhunderts, beschäftigt sich in seinen Malereien immer wieder mit Bäumen und hat sie über Jahre hinweg in facettenreichen und immer kleiner werdenden Varianten wiederholt. Manchmal wohnt in seinen Zweigen der Mond. Wie in dem Märchen der Brüder Grimm (S. 195), in dem der Baum Schutz gewährt und mit einem Schlüsselchen aufgeschlossen werden kann, verwandelt sich in dem »Baumhaus« Magrittes der Stamm in eine surrealistische Architektur mit sich öffnender Rinde (S. 236). Geheime Verwandtschaften, verdeckte Zusammenhänge werden hier sichtbar: So wie der Baum in der Erde wurzelt, haben die Menschen ihre Wurzeln im Baum. Er gehört zu den Träumereien der Kindheit.

In dem Bild mit dem geheimnisvollen Titel: »La Voix du Sang« – es hängt im Museum Moderner Kunst in Wien – umspielt Magritte die Idee des Baumhauses, des Baums, in dessen Nähe man ruhig wird, der – weit entfernt von allem Lärm und Großstadttrubel – eine Heimstatt bietet.

Literaturhinweise

Hans Biedermann, Knaurs Lexikon der Symbole. München 1989
Jacques Brosse, Mythologie der Bäume. Freiburg i. Br. 1990
Emma Brunner-Traut, Ägypten. Stuttgart 1978
Emma Brunner-Traut/Hellmut Traut, Osiris, Kreuz und Halbmond. Stuttgart 1984
Judy Chicago, The Dinner Party. Frankfurt/Main 1987
Kenneth Clark, The Nude. New York 1956
Gisela Graichen, Das Kultplatzbuch. Ein Führer zu den alten Opferplätzen, Heiligtümern und Kultstätten in Deutschland. Hamburg 1988
Edith Hamilton, Mythology. New York 1963
Hiltgart L. Keller, Reclams Lexikon der Heiligen und der biblischen Gestalten. Stuttgart 1968
Robert von Ranke-Graves, Die weiße Göttin. Reinbek bei Hamburg 1990

Der Baum in der Kunst

Abb. 18: Adam, Eva und der Paradiesbaum
Marcantonio (16. Jh.)

Der Baum

Abb. 19: Mutter und Kind
Giovanni Segantini (1896)
Gallerie d'Arte Moderna
Mailand

Abb. 20 (rechte Seite): Der Kabbala-Baum

Der Baum in der Kunst

Der Baum

Abb. 21: Ägyptische Baumgöttin
»Thutmosis III., es nährt ihn seine Mutter Isis.«
(Ägyptische Grabmalerei, um 1250 v. Chr.)
Privatarchiv Brunner

Der Baum in der Kunst

*Abb. 22: Das Hungertuch aus Haiti
Jacques Chéry (1982)*

Der Baum

Abb. 23: Das Baumhaus
»Die Stimme des Blutes«
René Magritte (1959)
Museum Moderner Kunst in Wien

Der Baum in der Kunst

Abb. 24: Madonna mit Granatapfel
Botticelli (1444/1445)
Uffizien, Florenz

Sachregister

Adam und Eva 22, 74, 169, 175, 212f., 217f.
Apfel 27, 29, 39, 80, 169, 173ff., 180, 183, 201, 203, 217f., 186
Aschera 23, 203
Auferstehung, Verwandlung 27f., 38, 41, 61ff., 109, 135, 176

Baumhaus 170, 184, 195ff., 229
Biene, Honig 17, 32, 34, 38, 55
Brunnen 27, 86, 102, 106, 107, 110ff., 129ff., 144, 148ff., 220, 227
Brust 19, 23, 89, 129, 148, 220, 234

Demeter-Persephone 24, 27, 31, 81f., 84, 116, 174
Dornbusch 204, 215, 226
Drache, Schlange 18, 21, 36, 46ff., 59ff., 74, 86, 173, 212ff.

Eiche 176, 200, 202
Erdmutter, Gaia 17, 19ff., 30ff., 46ff., 54f., 74f., 78, 80, 84, 105, 108, 129, 150, 154, 158, 169
Erlösung 35, 103, 110f., 132, 150
Eros 21, 103ff., 110, 112f., 117, 136ff., 148f., 178

Feige, Sykomore 175, 199ff., 206, 215, 217f., 223
Frau Holle, Perchta 17, 26ff., 78, 115f., 157f., 169, 201, 220, 227
Früchte 13, 23f., 81, 169f., 175, 177f., 182, 199, 200f., 206f., 212, 216

Gaia s. Erdmutter
Garten, Paradies 10, 26f., 75, 134f., 149, 153f., 159, 162, 173f., 177, 212f., 217f.
Geburt
 auf der Erde 22, 68, 79, 92, 93
 aus dem Wasser 104f., 116, 130, 140, 147
 aus dem Baum 176f., 184, 219
Gerechtigkeit 57, 59, 60

Glück 169, 175, 180, 205, 206
Göttin
 des Baumes 171, 182f., 199, 210, 219
 der Erde s. Erdmutter
 des Wassers 104f., 114, 147, 150f., 155
Gold 26, 75, 126, 150, 179f., 212
Granatapfel 31, 81f., 150, 153, 170, 173f., 177f., 201, 217

Hel, Hölle 26, 60, 76
Heil, Heilung 62, 109, 111, 140, 183, 205
Heiliger Geist 53, 56, 135ff.
Hoheslied 83, 134f., 153f., 174, 201, 203
Höhle 17, 20, 26, 31ff., 37, 68, 75ff., 84ff., 147, 155ff.
Honig s. Biene

Jesus, Christus, Heiland 33, 55, 60, 62, 68, 72, 77, 79, 82, 108, 131, 134, 136ff., 140, 141, 144, 153, 161, 200, 206f., 214, 222, 224f., 227

Kabbala-Baum 208f., 210
Kreuz
 als Lebensbaum 190, 205, 208, 210f.
 als Früchte- und Blumenbaum 210f., 225
Baumkreuz 224f.

Leben, ewiges 29, 135, 139, 205
Lebensbaum 170f., 175f., 181, 186ff., 205, 208ff., 226
Linde 220, 229
Lorbeerbaum 184, 194ff., 222f.
Maria, Madonna
 Braune Madonna 83ff.
 Schwarze Madonna 83ff., 111
 im Ährenkleid 24f., 79f., 160
 als Erdmutter 25, 65, 80
 als Meeresgöttin 84, 152
 in der Mondsichel 13, 25, 160

mit Spindel 40, 69, 78
als Zoodochos pege 108, 114, 129, 135, 140, 152f., 164
Marienbaum 220, 222ff.
Meer 21, 35, 69, 102ff., 133, 139, 146f., 161, 215, 225
Mond 13, 21, 24f., 34, 39, 80, 84f., 107, 113, 160f., 222, 228f.

Nähren 19, 23, 89, 201, 220, 234
Nixen, Nymphen, Wasserfrauen 84, 103, 114, 117f., 147ff., 223, 226ff.
Norne, Schicksalsfrau 39ff., 77f., 106, 219, 227f.

Offenbarung, göttliche 132, 143
Olivenbaum, Ölbaum 200, 205, 207, 215f., 221f.

Palme 181, 205, 207, 216
Paradies s. Garten
Paradiesbaum 174ff., 182, 224
Paradiesflüsse 154, 159, 182, 205, 212

Samenkorn/Senfkorn 24, 27, 54, 62, 75, 80, 146, 201ff., 214, 219
Schönheit 29, 105, 117, 209
Schoß der Erde, der Mutter, Uterus 22, 26, 33, 74, 60, 140f., 203f., 209
Schöpfung, Schöpfungsberichte 19ff., 29, 37, 45, 54, 56, 200
Schützen, bergen 38, 117, 170, 195ff., 200ff., 204, 207
Spindel, spinnen 39ff., 78, 158, 219
Sterben 10, 18, 28ff., 62f., 69, 169

Sündenfall 169

Taufe/Taufbecken 103, 107, 114, 117, 130, 148f., 155
Terebinthe 200, 207, 216
Tod, Todesaspekt 17, 19, 24, 26ff., 42ff., 108f., 111, 115, 146, 181, 203, 210, 212, 214

Unterwelt 31, 35, 38, 60, 81f., 85f., 115f., 160, 219

Venus, Aphrodite 24, 27, 79, 81, 105, 147ff., 152, 161, 174f., 227
Verschlingen 36, 46ff., 59f.
Vögel 13, 30, 196, 201f., 205, 208f., 213f., 218f.

Wasser des Lebens 85, 108, 109ff., 133, 135ff., 159, 199, 205
Weiblichkeit, matriarchale 25, 28, 60, 135, 203, 211
Weihnachtsbaum 172, 211, 226
Weisheit 60, 106, 175, 185, 207, 215
Weltenbaum, Himmelsbaum 159, 168, 171, 173, 179, 189ff., 204, 208f., 221, 224
Wurzel Jesse 68, 204

Yggdrasill 39, 106, 173, 218, 228

Zeder 172, 200f., 204f., 207, 213, 216
Zweiggöttin 12, 185, 199, 207f.
Zweig 168, 170, 179, 189ff., 199f., 202, 204, 207, 209, 213ff., 218

Allgemeine Literaturhinweise

Ursula Früchtel, Mit der Bibel Symbole entdecken, Göttingen 1991
Barbara G. Walker, The Woman's Encyclopedia of Myths and Secrets, San Francisco 1983
Gerd Heinz Mohr, Lexikon der Symbole, Düsseldorf/Köln 1971
Robert Ranke-Graves, Die weiße Göttin, Hamburg 1988
Erich Neumann, Die große Mutter, Olten 1985
K. Ranke, Enzyklopädie des Märchens, Berlin/New York 1976

Spezielle Literatur zu Mythos und Märchen

Bächtold-Stäubli (Hrsg), »Handwörterbuch des deutschen Aberglaubens«, Berlin und New York 1987

Beit, H., »Symbolik des Märchens«, Bern 1952–57

Betz, O., »Lebensweg und Todesreise«, in: »Tod und Wandel im Märchen«, Sammelband der Europäischen Märchengesellschaft, Regensburg 1991

Birkhäuser-Oeri, S., »Die Mutter im Märchen. Deutung der Problematik des Mütterlichen und des Mutterkomplexes am Beispiel bekannter Märchen.« Hrsg. von Marie-Louise von Franz, Stuttgart 1983

Bolte, J. und Polivka, G., »Anmerkungen zu den Kinder- und Hausmärchen der Brüder Grimm«, Hildesheim 1963

Brednich, W., »Volkserzählungen und Volksglaube von den Schicksalsfrauen«, Helsinki 1964

Bryans, R., »Kreta«, München 1969

Fromm, E., »Märchen, Mythen und Träume, eine vergessene Sprache«, Stuttgart 1980

Göttner-Abendroth, H., »Die Göttin und ihr Heros«, Hamburg 1985

Heindrichs, U., »Der Brunnen«, in: »Die Welt im Märchen«, Sammelband der Europäischen Märchengesellschaft, Rheine 1984

Jacobi, M. / Kast, V. / Riedel, I., »Das Böse im Märchen«, Fellbach 1983

Laiblin, W., »Das Urbild der Mutter«, in: »Märchenforschung und Tiefenpsychologie, Darmstadt 1972

Neumann, E., »Die Große Mutter«, Olten und Freiburg im Breisgau 1985

Nitschke, A., »Was wissen Märchen von Göttern? Echo archaischer Vorzeit«, in: »Gott im Märchen«, Sammelband der Europäischen Märchengesellschaft, Kassel 1982

Petzoldt, L., »Tod und Jenseits in Märchen und Sagen«, in: »Tod und Wandel im Märchen«, Sammelband der Europäischen Märchengesellschaft, Regensburg 1991

Ranke-Graves, R. von, »Griechische Mythologie«, Hamburg 1987

Ranke-Graves, R. von, »Die weiße Göttin, Sprache des Mythos«, Hamburg 1988

Ranke, K. (Hrsg), »Enzyklopädie des Märchens. Handwörterbuch zur historischen und vergleichenden Erzählforschung«, Berlin/New York 1976ff

Rölleke, H., »Der Tod in den Märchen der Brüder Grimm«, in: »Tod und Wandel im Märchen«, Sammelband der Europäischen Märchengesellschaft, Regensburg 1991

Um die Authentizität der originalen Märchentexte, die zum Teil aus älteren Märchensammlungen entnommen wurden (s. Literaturangaben), zu gewährleisten, wurde die Orthographie dieser Texte unverändert belassen.